Dietrich Schotte · Was ist Gewalt?

Dietrich Schotte

Was ist Gewalt?

Philosophische Untersuchung
zu einem umstrittenen Begriff

KlostermannRoteReihe

Bibliographische Information der Deutschen Nationalbibliothek
Die Deutsche Nationalbibliothek verzeichnet diese Publikation in
der Deutschen Nationalbibliographie; detaillierte bibliographische
Daten sind im Internet über *http://dnb.dnb.de* abrufbar.

© Vittorio Klostermann GmbH · Frankfurt am Main · 2020

Alle Rechte vorbehalten, insbesondere die des Nachdrucks und der
Übersetzung. Ohne Genehmigung des Verlages ist es nicht gestattet,
dieses Werk oder Teile in einem photomechanischen oder sonstigen
Reproduktionsverfahren oder unter Verwendung elektronischer
Systeme zu verarbeiten, zu vervielfältigen und zu verbreiten.

Gedruckt auf Eos Werkdruck von Salzer.
Alterungsbeständig ∞ und PEFC-zertifiziert
Druck und Bindung: docupoint GmbH, Barleben
Printed in Germany
ISSN 1865-7095
ISBN 978-3-465-04422-2

Meinem Vater

Heinrich Eugen Schotte

(12. August 1945 – 20. April 2019)

Vorbemerkung

Dieses Buch habe ich vor allem in den drei Jahren geschrieben, in denen ich, dank der großzügigen Förderung durch die Deutsche Forschungsgemeinschaft, zum Zusammenhang von „Gewalt und politischer Ordnung" forschen konnte.

In dieser Zeit haben viele Personen zum Entstehen dieses Buches beigetragen. Neben den Studierenden, die im Sommersemester 2015 an der Universität Marburg meine Vorlesung „Gewalt und Politik" besucht haben, und den Kollegen, die erste Kapitel mit mir diskutiert haben, meint das vor allem auch diejenigen, die in den letzten Jahren auf Tagungen und in Kolloquien meine dort vorgetragenen Überlegungen kritisch kommentiert haben.

Abgesehen von den im Buch erwähnten Personen möchte ich vier Menschen gesondert namentlich danken: Maren Behrensen, Christian Kietzmann und Martin Warny haben ebenso wie meine Frau Christine die Arbeit auf sich genommen, das gesamte Manuskript kritisch und mit einem sorgsamen Auge zu lesen. Wenn sich trotz all dem noch Fehler in diesem Buch finden, dann liegt die Schuld einzig und allein bei mir. Dem Klostermann Verlag danke ich für die Aufnahme des Bandes in die „Rote Reihe" und die hervorragende Betreuung.

Zuletzt: Ich hätte die hier veröffentlichten Überlegungen gern mit meinem im April 2019 verstorbenen Vater diskutiert. Dies hat vor allem die Alzheimer-Demenz, die ihn in seinen letzten Lebensjahren immer stärker kennzeichnete, verhindert.

Daher widme ich dieses Buch seinem Andenken – in dem Wissen, dass er mit mir sicherlich nicht in allen Punkten übereingestimmt hätte.

Dietrich Schotte
(Leipzig, Januar 2020)

Inhalt

Vorbemerkung					7

Was ist Gewalt?				11

1. Gewaltbestimmung				17
1.1 Wie klärt man einen Begriff der Alltagssprache?	18
1.2 Abgrenzung von sachverwandten Begriffen	31
1.3 Ein notwendig umstrittener Begriff?		40

2. Gewalttat					49
2.1 Throwing stones and breaking bones		50
2.2 A World of Pain				57
2.3 Seelische Qualen				66
2.4 Tränen, Schreie und zerstörte Seelen	76
2.5 Ersehnte Qualen und verletzte Dinge		85
2.6 Was ist „Gewalt"?				95

Zwischenbemerkung				97

3. Gewalthaufen					99
3.1 Alle gegen alle?				100
3.2 Partners in Violence			109
3.3 Getrennt marschieren, vereint schlagen	118
3.4 Mörderische Rotten				126
3.5 Kollektive Gewaltidentitäten		143
3.6 Was ist „kollektive Gewalt"?		149

4	*Gewaltstrukturen*	151
4.1	Gewalt ohne Täter	152
4.2	Gewaltressourcen	162
4.3	Des Teufels General	174
4.4	Verletzungssysteme	193
4.5	Klarer Begriff, unklare Realitäten	204
4.6	Was ist „institutionalisierte Gewalt"?	207
5	*Gewaltverdammung*	211
5.1	Gute Gewalt?	212
5.2	Das Leiden der Kreatur	221

Plädoyer gegen die begriffliche Entgrenzung 235

Literaturverzeichnis 237
Personenregister 257
Sach- und Begriffsregister 260

Was ist Gewalt?
Einleitende Bemerkungen zu Frage und Aufbau
der Untersuchung

Kaum eine überregionale Tageszeitung wird eine Ausgabe bringen, in der nicht wenigstens ein Artikel von einer oder mehreren Gewalttaten berichtet. Wenigstens wird sie kurze Meldungen über „Kampfhandlungen" in mehr oder weniger weit entfernten „Krisengebieten" oder „Kriegsregionen" bringen, meist verbunden mit ersten Schätzungen über die Anzahl der Verletzten oder Getöteten. Es ist allerdings wahrscheinlich, dass sie auch über Gewalttaten aus der näheren Umgebung berichtet – eine Schlägerei unter Jugendlichen oder unter Anhängern unterschiedlicher Fußballclubs, ein Mord in einem „kriminellen Milieu", eine Vergewaltigung, neue Statistiken zum Ausmaß von Mobbing und Cybermobbing an deutschen Schulen und dergleichen mehr. Nimmt man nun noch die verschiedenen Online-Auftritte der diversen Tages- und Wochenzeitungen, ausschließlich online erscheinende Medien sowie die Nachrichten und Berichte von Radio- und Fernsehsendern hinzu, dann kann man festhalten: Es ist nahezu unmöglich, einen Tag zu verbringen, ohne in irgendeiner Form mit Gewalttaten konfrontiert zu werden, auch wenn man selbst weder Opfer noch Täter oder Zeuge ist.

Derartige Berichte, und seien sie noch so alltäglich, provozieren eine Reihe von Nachfragen: Warum fand die Gewalttat statt? Diese Frage kann wiederum auf verschiedene Weisen präzisiert werden: Welche Gründe oder Motive hatten die Täter? Warum traf es *dieses* Opfer und nicht andere? Gibt es, im einen wie im anderen Fall, strukturelle Ursachen für diese Gewalttaten, d.h. von den Motiven der Handelnden unabhängige Faktoren, die ihr Verhalten provozieren? Daran anschließend lässt sich die Frage stellen, ob sich womöglich eine Zunahme oder Abnahme an derartigen Gewalthandlungen belegen lässt? Und ob Mitglieder bestimmter gesellschaftlicher Gruppen ausschließlich oder in besonderem Maße als Täter oder als Opfer derartiger Gewalttaten in Betracht kommen? Gibt es Zusammenhänge zwischen diesen Gewalttaten und Gewalttaten eines anderen Typs, etwa zwischen schwerer Körperverletzung und sexualisierter Gewalt? Oder zwischen Gewalttaten eines bestimmten Typs und anderen illegalen oder illegitimen Handlungen? Gibt es etwa einen nachweisbaren, womöglich kausalen Zusammenhang zwischen Körperverletzungen und Beleidigungen – schlägt, wer andere häufig und schwer beleidigt, eher zu? Zuletzt ließe sich sowohl mit Bezug auf eine konkrete Gewalttat als auch auf bestimmte Typen von Gewalttaten oder bestimmte gesellschaftliche Gruppen als Gewalttäter die Frage der Legitimität stellen: Durfte Paula Thomas mit dem Messer angreifen und schwer verletzen? Damit verbunden ist die allgemeinere Frage: Darf man, d.h. darf *jeder* Akteur in bestimmten Situationen Gewalt anwenden, etwa in Notwehr, zur Verteidigung des eigenen Lebens? Oder dürfen nur bestimmte Personengruppen Gewalt anwenden, zum Beispiel Polizisten oder Soldaten?

Diese Liste an Fragen ließe sich fortsetzen. Interessant ist dabei, dass die Frage, wovon eigentlich die Rede ist, wenn hier von „Gewalt" gesprochen wird, sich im Alltag meist nicht unmittelbar aufzudrängen scheint. Dem scheint die Annahme zugrunde zu liegen, dass die Antwort auf diese Frage mehr oder weniger trivial ist, dass man nichts Neues zu hören bekäme. Schließlich wissen „wir" doch, was „Gewalt" ist. Und eben weil „wir" dies wissen, weil klar zu sein scheint, was „Gewalt" bedeutet, müsste dann auch klar sein, dass diese Fragen auf dieselbe Art von Phänomenen, auf dieselbe Art von Bestandteilen unserer Welt zielen.

Es reicht vielleicht eine kurze Liste von Beispielen, um zu zeigen, dass die Antwort auf die Frage, was „Gewalt" ist (und entsprechend ob dieses-oder-jenes „Gewalt" ist), so trivial nicht ist: Ist etwa Mobbing „Gewalt"? Erleidet „Gewalt", wer sich regelmäßig abfällige, aber vermeintlich oder sogar authentisch „als Scherz" gemeinte Anmerkungen über seine Hautfarbe, Religion oder Figur anhören muss? Oder erleidet „Gewalt", wer von seinen Mitschülern geschubst, beschimpft und ausgegrenzt wird? Betroffene und Angehörige werden dem vielleicht eher zustimmen als jene, die hier als Täter agieren. Und was ist mit der mutwilligen Zerstörung von Gegenständen, beispielsweise von Statuen, religiös oder historisch bedeutsamen Gebäuden oder Orten, oder von Kunstwerken? Nicht wenige Menschen sprechen ja bereits bei der absichtlichen Zerstörung fremden Eigentums von „Gewalt gegen Sachen" und nicht von „Vandalismus" oder „Sachbeschädigung".

All diese Fälle sind dabei noch verhältnismäßig alltäglich. Es sind Fragen, Vorwürfe, Kritik, die wir durchaus aus unserem Alltag kennen, weil wir auch die Ereignisse aus dem Alltag kennen, um die es hier geht. Aber es gibt zudem Begriffe wie den der „strukturellen Gewalt", der, grob gesagt, auf ungerechte, ausgrenzende soziale Strukturen unterschiedlicher Art zielt und aus der Friedens- und Konfliktforschung und den Sozialwissenschaften an verschiedenen Stellen in die breitere Öffentlichkeit und ihre politischen Debatten eingewandert ist. Das provoziert freilich die Frage, ob etwa die Diskriminierung von Menschen mit dieser-oder-jener Herkunft denn in jedem Falle „Gewalt" ist? Und wenn das so ist, ist es dieselbe „Gewalt", von der hier die Rede ist, wie die „Gewalt" des Faustschlags, der die Nase des Opfers bricht? Und was ist dann mit der „Amtsgewalt" und der „Gewaltenteilung", oder mit der „Naturgewalt"? Ist hier wirklich in allen Fällen von demselben die Rede, wenn wir von „Gewalt" sprechen?

Die meisten Sprecher des Deutschen werden das wohl ebenso umstandslos verneinen, wie sie die Frage, was „Gewalt" ist, wohl für mehr oder weniger trivial erklärt hätten. Aber was genau unterscheidet diese verschiedenen Redeweisen voneinander, sofern es denn einen Unterschied gibt? Oder ist es nicht doch so, dass sie alle in einem bestimmten, gemeinsamen Sinne von „Gewalt" sprechen, oder doch: zu sprechen beanspruchen? Denn dann wäre es denkbar, dass sich manche Redeweisen, so vertraut sie uns auch sein mögen, als unklar, unberechtigt oder geradewegs ideologisch kritisieren und zurückweisen ließen, eben weil das, wovon sie reden, keine „Gewalt" ist. Das aber setzt voraus, dass sich klar angeben ließe, was „Gewalt" – man könnte sagen: „eigentlich" oder „gewöhnlich" – bedeutet. Nur ist das, aus den eben erwähnten Gründen, alles andere als selbstverständlich.

Diese Untersuchung konzentriert sich allein auf die letzte Frage. Sie soll untersuchen, ob sich durch eine von der Alltagssprache ausgehende kritisch-philosophische Analyse klare Begriffe der personalen, kollektiven und institutionalisierten Gewalt bestimmen lassen, die letztlich auch den Ansprüchen wissenschaftlichen Arbeitens gerecht werden können.

Aber wie sollte man vorgehen, um diese Fragen zu beantworten? Ein Blick ins Wörterbuch taugt ebenso wenig wie ein einfacher Verweis auf eine allgemein anerkannte Definition. Jener Blick offenbart vor allem, dass es eben nicht nur „die Gewalt", sondern auch eine Vielzahl anscheinend verwandter Wörter – und damit, so wäre zu erwarten, ähnlicher Phänomene – gibt, etwa das „Gewaltmonopol", den „Gewaltmarsch" oder die „Naturgewalt". Und auch eine allge mein anerkannte wissenschaftliche Definition gibt es nicht. Es existiert vielmehr eine schwer überschaubare Anzahl an Versuchen zu bestimmen, was Gewalt ist, die diesem Begriff mit teils sehr unterschiedlichen Methoden und Vorannahmen auf den Leib rücken.

Dabei folgt diese Untersuchung in ihrer Vorgehensweise einerseits Überlegungen, die als „ordinary language philosophy", als „Philosophie der normalen (oder gewöhnlichen) Sprache" bekannt sind.[1] Diese werden andererseits unter Bezugnahme auf philosophische und sozialwissenschaftliche Definitionen und Arbeitsbegriffe und die entsprechenden Argumente kritisch auf ihre Plausibilität geprüft. Grob gesagt beruhen das Vorgehen und die Überlegungen der folgenden Kapitel auf der Annahme, dass zum einen die Umgangssprache einen hinreichend klaren Begriff der Gewalt kennt, der zum anderen nicht nur – als Vorverständnis – die verschiedenen Definitionen entsprechender Gewaltbegriffe in den jeweiligen Wissenschaften prägt, sondern durch diese auch kritisch hinterfragt und klarer bestimmt, also gewissermaßen „semantisch geschärft" zu werden vermag.

Es ist natürlich weder selbstverständlich, dass auf diese Weise vorzugehen sinnvoll ist, noch ist ohne weiteres klar, wie eine derartige Untersuchung konkret vorgeht und welche Voraussetzungen zu machen sie unter Umständen gezwungen ist. Ich werde Vorgehen und Annahmen im *ersten* Kapitel ausführlicher erläutern. Hier wird zugleich eine erste Bestimmung des Gewaltbegriffs durch Abgrenzung von sachverwandten Begriffen wie „Zwang" oder „Aggression" vorgenommen werden. Diese erste Bestimmung macht deut-

---

[1] Ich spreche hier bewusst von „Überlegungen", um den Eindruck zu vermeiden, bei „der" Philosophie der gewöhnlichen Sprache handele es sich um einen klar bestimmbaren und einheitlichen Ansatz, womöglich gar um eine „Schule". Es handelt sich vielmehr um eine bestimmte Art und Weise, philosophische Probleme anzugehen und (im Idealfall) zu klären, die von mehreren Autoren auf ähnliche Weise und mit sehr ähnlichen Vorstellungen davon, wie Sprache funktioniert und was sprachliche Bedeutung ist, auf verschiedene philosophische Probleme angewandt wurde (siehe Eike von Savignys *Die Philosophie der normalen Sprache* für eine Überblick über einschlägige Texte und Positionen und Avner Baz' *When Words Are Called For* für eine relativ aktuelle Verteidigung dieses „approach"). Und ich werde hier wiederum lediglich einige dieser Überlegungen aufgreifen, ohne den Anspruch erheben zu wollen, dass das, was ich hier tue, eins zu eins „dem" Vorgehen „der" Philosophie der gewöhnlichen Sprache entspräche.

lich, dass die Rede von „Gewalt" die entsprechenden Phänomene, die damit angesprochen oder bezeichnet werden, zugleich beschreibt und bewertet. Ich werde vorschlagen, den Gewaltbegriff aus diesem Grund als „essentiell umstrittenen Begriff" einzuordnen. Im *zweiten* Kapitel wird diese erste Bestimmung als Begriff personaler, d. h. von einem einzelnen Täter ausgeübter Gewalt analysiert und untersucht. Auf dieser Analyse aufbauend wird dann in den Kapiteln *drei* und *vier* kritisch geprüft, ob sich auf der Grundlage des im zweiten Kapitel entwickelten Begriffs der personalen Gewalt entsprechend klare Begriffe der kollektiven bzw. der institutionalisierten Gewalt bestimmen lassen.

Diese Analysen untersuchen allerdings nur, ob sich der beschreibende, feststellende Aspekt des Gewaltbegriffs klären lässt, ob sich also angeben lässt, was vorliegen muss, damit die Bezeichnung als „Gewalt" erlaubt oder angemessen ist. Damit ist nicht geklärt, in welchem Maße dieser Begriff an die deutsche Sprache und damit an kollektiv geteilte Überzeugungen oder Annahmen der entsprechenden Sprechergemeinschaft gebunden ist. Zudem ist die Frage unbeantwortet, ob die mit der Feststellung zugleich abgegebene Wertung gerechtfertigt ist. Diese beiden Fragen sollen abschließend im fünften Kapitel kurz diskutiert werden.

Der Anspruch dieser Analysen ist bescheidener, als diese kurzen Bemerkungen vielleicht nahelegen. Im Idealfall liefern sie eine Grundlage für Arbeitsbegriffe in verschiedenen, auch empirischen Wissenschaften und helfen zugleich dabei, auch in Debatten der breiteren Öffentlichkeit Missverständnisse zu beseitigen und vorschnelle Instrumentalisierungen zu vermeiden. Im Minimalfall klären sie auf über bestehende Missverständnisse, Einseitigkeiten und Fehldeutungen. Angesichts der nicht geringen Anzahl an Unstimmigkeiten und Missverständnissen in den Diskussionen über „Gewalt" wäre auch ein solcher Beitrag sicher nicht allzu gering einzuschätzen. Es ist ohnehin der einzige nennenswerte Beitrag, der von der Philosophie auf diesem Gebiet erwartet werden darf.

1. Gewaltbestimmung
Methodische Vorbemerkungen und eine erste Arbeitsdefinition

Die folgenden Analysen greifen vor allem im zweiten Kapitel methodisch auf Überlegungen zurück, die in der so genannten „Philosophie der gewöhnlichen Sprache" zur Untersuchung von Begriffen und ihrer Bedeutung angestellt wurden. Das bedingt nicht nur eine bestimmte Form der Argumentation, die immer wieder geltend macht, was „wir" sagen würden (oder eben nicht sagen würden). Mit dieser Entscheidung werden auch einige Annahmen über Begriffe und Sprache akzeptiert, die erläuterungsbedürftig sind und explizit gemacht werden sollten (1.1).

Der erste Schritt einer so vorgehenden Untersuchung des Gewaltbegriffs ist in jedem Falle die Abgrenzung von „Gewalt" und jenen ‚verwandten' Begriffen, die im Zusammenhang mit „Gewalt" zur Abgrenzung verwendet werden, wie etwa „Macht" oder „Zwang" (1.2). Die Untersuchung des Begriffsnetzes, in dem sich „Gewalt" mit diesen anderen Begriffen befindet, hilft dabei auch, die Rolle (oder Rollen) zu bestimmen, die der Gewaltbegriff spielt: Es hilft zu verstehen, was wir tun oder tun können, wenn wir von oder über „Gewalt" reden. Namentlich ist dies die doppelte Funktion der Bezeichnung und Bewertung von Handlungen eines bestimmten Typs.

Das provoziert allerdings die kritische Nachfrage, welche Konsequenzen für die hier unternommene Untersuchung der Umstand hat, dass „Gewalt" nicht allein zu der (neutralen) Feststellung, dass das-und-das der Fall ist, sondern auch zu der (wertenden) Behauptung genutzt wird, dass, was der Fall ist, schlecht ist. Es wurde und wird ja die These vertreten, dass derartige „dichte" Begriffe sich nicht klar bestimmen lassen. Unter Rückgriff auf das von Walter Gallie entwickelte Konzept „essentiell umstrittener Begriffe" lässt sich allerdings zeigen, dass zugleich beschreibende wie wertende Begriffe unter Umständen zwar nicht absolut eindeutig, aber dennoch hinreichend klar bestimmt werden können (1.3).

1.1. Wie klärt man einen Begriff der Alltagssprache?

Wie geht eine Analyse des Begriffs der Gewalt vor, wenn sie sich an den Überlegungen der „Philosophie der gewöhnlichen Sprache" orientiert? Wie bereits erwähnt, wird sie sich immer wieder auf das beziehen, was „wir" sagen, d.h. wie „Gewalt" tatsächlich gebraucht und verwendet wird. Relevant werden damit die Regeln, die für die Verwendung von „Gewalt" im Deutschen gelten, und die Frage, welche Sätze wir mit „Gewalt" bilden und was wir mit Sätzen über bzw. mit „Gewalt" tun, was wir mit ihnen sagen (können).

Die Bestimmung des „Begriffs" ist dann der Versuch, die durch diese Regeln bestimmte, im Alltag meist implizit bleibende Vorstellung von dem, was wir als „Gewalt" bezeichnen, explizit zu machen. Das bedeutet allerdings, wie Gilbert Ryle hervorgehoben hat, dass man nicht einfach nur dasjenige Wort und die Regeln seiner Verwendung untersucht, das Gegenstand der Untersuchung ist. Begriffe wie „Gewalt" werden im Zusammenhang einer Sprachpraxis immer auch in Verbindung mit anderen Begriffen verwendet. Diese können dazu dienen, die Verwendung von „Gewalt" genauer zu beschreiben oder sie von anderen Redeweisen abzugrenzen usw.[1] Ich kann folglich schlecht die Bedeutung von „Gewalt" untersuchen, ohne „Gewalt" einerseits von anderen, verwandten Begriffen wie „Macht" oder „Zwang" abzugrenzen. Andererseits muss ich Bezug nehmen auf Begriffe wie „Handeln", „Verletzung" usw., mit denen „Gewalt" näher bestimmt und von anderen Begriffen abgegrenzt wird. Eine Untersuchung dieses Begriffs, die sich auf die Umgangssprache stützt, wird also immer auch eine Art Kartographie des Netzes von Worten und Begriffen sein müssen, dessen Teil „Gewalt" ist.[2]

Ein solches Vorgehen ist gebunden an die Sprache, in der „Gewalt" gebraucht wird, namentlich an die deutsche Sprache und ihre

---

[1] Ryle: „Thinking thoughts and having concepts", 462-3 und Ryle: „Phenomenology versus ‚The Concept of Mind'", 196: „To fix the position of one concept is to fix its position *vis-à-vis* lots of others. Conceptual questions are inter-conceptional questions; if one concept is out of focus, all its associates are also out of focus."

[2] Vgl. Ryle: „The theory of meaning", 385, wo Ryle davon spricht, dass das Vorgehen des Philosophen in diesem Falle der Arbeit eines „cartographer" gleicht, da „philosophical problems inevitably interlock in all sorts of ways".

Regeln.³ Das ist nicht so sehr problematisch, weil der Autor sich eine Autorität anmaßt, die ihm nicht zusteht: Sofern er Muttersprachler ist, kann er mit gleichem Recht wie andere Muttersprachler Auskunft darüber geben, ob diese oder jene Verwendung eines Wortes legitim, sinnvoll o.ä. ist.⁴ Aber es mag dazu führen, dass manche Verwendungsweisen vorschnell als „ungewöhnlich" oder „unsinnig" abgelehnt werden, ohne dass die Gründe geprüft würden, die sich womöglich zu ihren Gunsten anführen lassen (oder es werden bestimmte Redeweisen als „unproblematisch" hingenommen, obwohl sich gewichtige Gründe gegen sie anführen lassen). Auch aus diesem Grund werden im Folgenden die Argumente unter Rückgriff auf das, was „wir" sagen würden, immer wieder hinterfragt durch kritische Überlegungen und Argumente insbesondere aus wissenschaftlichen Debatten.

So oder so liegen dieser Vorgehensweise bestimmte Annahmen zugrunde, die womöglich nicht unkontrovers sind und deshalb im Folgenden kurz explizit gemacht und begründet werden sollen. Diese betreffen zum einen (a) das Wesen von Begriffen sowie (b) den Zusammenhang zwischen den Regeln der Umgangssprache und der Bedeutung von Begriffen. Zum anderen sind mit diesem Vorgehen Annahmen verbunden bezüglich (c) der Güte der jeweils in der Umgangssprache tradierten Verwendungsweisen und Bedeutungen sowie hinsichtlich (d) des Verhältnisses von Umgangssprache und den mit ihr verwandten wissenschaftlichen Fachsprachen.

(a) Was sind Begriffe?
Die Frage, was eigentlich Begriffe sind, lässt sich in aller Grobheit so beantworten, dass ein Begriff, erstens, immer ein Begriff *von etwas* ist, etwa von Gott, von einem Dreieck, von einem Säugetier usw. Der Begriff von X ist dabei die abstrakte Bestimmung von X, das „Was-X-ist". Er gibt an, was es bedeutet, ein X zu sein, welche

---

³ Siehe Ryle: „Phenomenology versus ‚The Concept of Mind'", 193-4 und Cavell: „Müssen wir meinen, was wir sagen", 49-50, 55-60.
⁴ Zum Status dieser Bezugnahme auf das, was „wir" sagen, vgl. Cavell: „Müssen wir meinen, was wir sagen", 48: „Wenn ich mich über das, was ‚er' tut (sie tun), im Irrtum befinde, mag das nicht sonderlich überraschend sein; doch wenn ich mich über das, was ‚ich' tue (wir tun) im Irrtum befinde, so kann man das, sofern es nicht komisch ist, fast tragisch nennen."

Merkmale etwas aufweisen muss, um ein X zu sein (um „unter diesen Begriff zu fallen"). Damit ist allerdings noch nicht die Frage beantwortet, was es heißt, dass jemand über einen bestimmten Begriff verfügt, dass Paula etwa einen (richtigen, falschen, unvollständigen usw.) Begriff von einem Dreieck besitzt.

Wir wollen damit nicht sagen, dass diese Person irgendein seltsames Ding in ihrem Kopf hat oder mit sich herum trägt, womöglich eines, das sie auch wieder verlieren oder irgendwie vergessen kann.[5] Gewöhnlich sagen wir damit, dass Paula (um im Beispiel zu bleiben) weiß, wie das Wort „Dreieck" richtig gebraucht wird und dass sie Dreiecke richtig erkennen kann. Sie kann etwa entscheiden, ob eine geometrische Figur ein Dreieck ist oder nicht. Oder sie kann Behauptungen über Dreiecke oder auch über dieses-oder-jenes Dreieck richtig beurteilen und kommentieren. Natürlich lassen sich hier zahlreiche graduelle Unterschiede denken. Sie könnte etwa nicht in der Lage sein, gleichschenklige von nicht gleichschenkligen Dreiecken zu unterscheiden. Oder sie ist nicht in der Lage, die jeweils durch die Situation gegebenen Rahmenbedingungen in Betracht zu ziehen – wenn ein Kind freihändig mit Kreide etwas auf die Straße malt, dann wird es in den seltensten Fällen aus drei sich schneidenden Geraden bestehen und es ist im Zweifelsfall dennoch korrekt zu sagen, dass das Kind „ein Dreieck" gemalt hat. (In einer Schulprüfung in Mathematik wäre das anders.)

Wenn wir sagen, jemand habe einen Begriff von X, dann schreiben wir ihm also nicht den Besitz irgendeiner metaphysischen Entität, sondern bestimmte Kompetenzen im Umgang mit X bzw. mit Dingen vom Typ X zu. Je nachdem, um was für ein X es sich handelt, kann dies primär im richtigen Erkennen eines X bestehen, denkbar ist aber auch, dass es den richtigen Umgang mit einem X einschließt.[6]

---

[5] John Austin beschreibt dieses Missverständnis als Vorstellung von Begriffen „as an *article of property*, a pretty straightforward piece of goods, which comes into my ‚possession', if at all, in some definite enough manner and at some definite enough moment; whether I do possess it or not is, apparently, ascertained simply by making an inventory of the ‚furniture' of my mind." (Austin: „Are There *A Priori* Concepts?", 10)

[6] Austin: „A Plea For Excuses", 129, Ryle: „Thinking thoughts and having concepts", 461-2. Siehe auch Ryles Bestimmung von „etwas wissen" als „Wissen-wie": „Knowing a rule of inference is not possessing a bit of extra information but being able to perform an intelligent operation. Knowing a rule is knowing how. It is realised in performances which conform to the

Wenn Paula einen „Begriff von einem Dreieck hat", dann erwarten wir, dass sie bestimmte Dinge tun kann, wozu in jedem Falle die Fähigkeit gehört, korrekte und verständliche Aussagen mit „X" zu bilden, d.h. das entsprechende Wort, hier eben: „Dreieck", richtig zu gebrauchen.[7]

(b) Begriffe, ihre Bedeutungen und Sprachregeln
Die These, dass über einen Begriff zu verfügen vor allem bedeutet, entsprechend korrekte Sätze formulieren zu können, macht deutlich, dass die Bedeutung eines Begriffs in engem Zusammenhang mit den Regeln der jeweiligen Sprache steht. Das wird deutlich, wenn man die auf den ersten Blick durchaus plausible Vorstellung betrachtet, dass sich Wort und Begriff leicht voneinander trennen ließen, dass, präziser, das Wort lediglich ein „Name oder Zeichen"[8] für den Begriff ist.

In einer Hinsicht muss man Wort und Begriff sicherlich voneinander unterscheiden: Ich kann über den Begriff eines Dreiecks auch dann verfügen, wenn ich als Bezeichnung von Dreiecken statt dem deutschen „Dreieck" das englische „triangle" benutze. Worte als bloße „Eigennamen"[9] von Begriffen einzuordnen ist dennoch problematisch, weil es nahelegt, dass sich die Beziehung zwischen Wort und Begriff wie folgt beschreiben ließe: Es gibt den Begriff,

rule, not in theoretical citations of it." (Ryle: „Knowing how and knowing that", 227)

[7] Das erklärt dann auch, warum wir, wie im Beispiel des von einem Kind gemalten Dreiecks, graduelle Unterschiede in der Beherrschung eines Begriffs feststellen können. Wenn „einen Begriff von X haben" heißt, bestimmte Handlungen kompetent ausführen zu können, dann gilt schlicht dasselbe wie für alle Handlungen: man kann sie korrekt oder falsch ausführen (wenn man ein Ei mit einem Hammer statt mit Löffel oder Messer „köpfen" möchte), sie können misslingen, aber sie können eben auch besser oder schlechter (elegant, effektiv, ungelenk, „husch-husch", unangemessen, unpassend usw.) ausgeführt werden, wobei die entsprechenden Anforderungen wesentlich durch Situation und Kontext der jeweiligen Handlung bestimmt werden.

[8] Frege: „Über Sinn und Bedeutung", 40. Zur Geschichte dieses Bildes von Sprache als Menge von Namen und Regeln zu ihrer Verbindung siehe Ryle: „The theory of meaning", 365-70 und Ryle: „Discussion of Rudolf Carnap", bes. 234-6, 242 sowie Austin: „The Meaning of a Word", 29.

[9] Frege: „Über Sinn und Bedeutung", 41.

etwa den Begriff Gottes als höchstes, moralisch vollkommenes Wesen, oder besser: wir haben einen solchen Begriff Gottes, und dann einigen wir uns auf den Namen „Gott" für dieses höchste Wesen. Vielleicht nehmen wir mit „Gott" auch einfach ein Wort als Bezeichnung für den entsprechenden Begriff, das bereits in Gebrauch ist. Die Sprache ist in diesem Bild lediglich ein teils willkürlich geschaffenes, teils durch Zufall zustande gekommenes Mittel der Bezeichnung und Artikulation *auch unabhängig von ihr* vorhandener Begriffe. Das wäre durchaus praktisch, denn dann könnten wir eine gegebene Sprachpraxis kritisieren mit Blick auf ihre Tauglichkeit, die entsprechenden Begriffe klar zu bezeichnen und verständlich zu artikulieren.[10]

In diesem Bild des Verhältnisses von Begriffen und den sie bezeichnenden Worten ist die Bedeutung eines Wortes der Begriff, den es bezeichnet. Was ich mit dem Wort sprachlich tun kann, was ich sagen und behaupten, welche Sätze ich bilden kann usw. ist dann durch den Inhalt des Begriffs vorgegeben. Woher weiß ich aber, was dieser Inhalt ist? Das Bild suggeriert eine einfache Lösung: Man schaut eben, was die Merkmale des X sind, um dessen Begriff es geht. Wenn ich wissen will, was der Begriff des Löwen enthält, dann schaue ich, ganz allgemein gesprochen, welche Eigenschaften Löwen haben. Ähnlich verfahre ich bei Farben oder Tönen, indem ich auf die entsprechenden Wahrnehmungen verweise.[11] In diesen Fällen scheint das Bild angemessen zu sein, es ist also anscheinend nicht vollkommen falsch.

---

[10] Das wäre etwa eine Strategie der Kritik vorgefundener Sprachen, die bei Hobbes und Locke, vor allem aber in Bacons Angriff auf die „idola fori" zur Anwendung kommt. Das Problem ist nicht, dass eine derartige Kritik nicht möglich oder nicht notwendig wäre (im Gegenteil!). Das Problem ist vielmehr das Bild der Sprache, das man entwickelt, wenn man Sprache im Ausgang von dieser Art der Sprachkritik analysiert.
[11] Vgl. Ryle: „Discussion of Rudolf Carnap", 234: „the traditional belief that to ask What does the expression ‚E' mean? is to ask To what does ‚E' stand in the relation in which ‚Fido' stands to Fido? The significance of any expression is the thing, process, person or entity of which the expression is the proper name." John Austin hat dies auf den Fehler zurückgeführt, Wörter wie „rot" als Paradigma für Wörter bzw. Sprache und ihr Funktionieren zu behandeln (Austin: „Truth", 95-6, siehe auch Austin: „The Meaning of a Word", 42-3).

Dass es aber schief ist, wird deutlich, wenn man sich Sätze anschaut, für die und deren Bedeutung solche Begriffe wie der des Löwen relevant sind. Ein solcher Satz wäre: „Hinter dieser Tür befindet sich ein Löwe!" Gemäß dem eben skizzierten Bild müsste sich die Bedeutung dieses Satzes aus den Begriffen ergeben, die ihrerseits ihren Inhalt von den Phänomenen erhalten, deren Begriffe sie sind. Welches Phänomen bezeichnet aber „hinter"? Ein ähnliches Problem habe ich schon mit dem Begriff des Dreiecks, der sich eben nicht einfach aus der Betrachtung von tatsächlich vorgefundenen Dreiecken abstrahieren lässt – schließlich bestehen diese nicht aus sich kreuzenden Geraden im geometrischen Sinn (dann wären sie nämlich nicht sichtbar).

Und selbst wenn sich diese Frage irgendwie so beantworten ließe, dass sie in das Bild passt: Habe ich die Bedeutung dieses Satzes wirklich vollständig und korrekt erfasst, wenn ich sie übersetze mit „Lebewesen der Art Löwe an Ort a zur Zeit b"? Gemeinhin würden wir sagen, dass es zwar richtig ist, dass der Satz diese Information enthält, dass das aber nicht unbedingt die vollständige Bedeutung dieses Satzes ist. Sätze dieser Art, ob nun gesprochen oder geschrieben, sind im Regelfall Warnungen, d.h. sie geben nicht nur eine Information weiter, sondern sie ermahnen auch zu bestimmten Verhaltensweisen (den Raum nicht zu betreten oder besonders achtsam zu sein, wenn man es tut usw.). Und das tun sie auch dann, wenn sie nicht *als* Warnung ausgesprochen („performed") werden.

Dies lässt sich gut erklären unter der Annahme (a), dass „einen Begriff besitzen" sinnvoll zu verstehen ist als „über bestimmte Kompetenzen verfügen": Wenn ich den Begriff des Löwen besitze, dann kann ich nicht nur erkennen, ob das Wesen, das da auf mich zu schleicht, ein Löwe ist. Ich kann auch Sätze über Löwen bilden und verstehen. Das heißt etwa, dass ich den Satz „Hinter dieser Tür befindet sich ein Löwe!" nicht nur als Hinweis auf einen Tatbestand („hier jetzt Löwe"), sondern zugleich als Warnung verstehe, als Aufforderung, mich auf eine bestimmte Weise zu verhalten. Der Satz hat also offenkundig eine Bedeutung, die nicht einfach die Summe der Bedeutungen der Begriffe darstellt, die die Worte bezeichnen, aus denen der Satz gebildet ist. Denn von einer Warnung („Gehen Sie nicht hinter diese Tür!" o.ä.) ist ja keine Rede. Er hat eine Bedeutung, die wesentlich mit dem zu tun hat, was man gewöhnlich mit ihm und anderen Sätzen dieser Art *macht* (oder machen kann): Man spricht eine Warnung aus.

Gilbert Ryle und John Austin haben daher folgende Veränderung der Perspektive auf Begriffe und ihre Bedeutung vorgeschlagen: Wenn wir uns fragen, welche Bedeutung dieses-oder-jenes Wort hat, dann sollten wir uns vor Augen halten, dass es in erster Linie Sätze, und nicht einzelne Worte sind, die eine Bedeutung haben.[12] Diese Bedeutung ist, in aller Grobheit, das, was man mit ihnen sagen und tun kann: Informationen vermitteln, eine Warnung aussprechen, jemanden loben, kritisieren oder beschimpfen, eine Ehe oder einen Vertrag schließen usw. Deutlich wird dann nämlich, dass man all diese Dinge, je nach Situation, mit unterschiedlichen Sätzen tun kann. Ich könnte die Warnung ja explizit machen und statt „Hinter dieser Tür befindet sich ein Löwe!" sagen: „Geh' da nicht rein, da ist ein Löwe!"

Das heißt aber auch, dass die Bedeutung eines Wortes nicht einfach in den Merkmalen dessen besteht, was es bezeichnet, sondern dass sie durch die Rolle oder Rollen, die es in Sätzen spielen kann, bestimmt wird.[13] Ich weiß, was „hinter" bedeutet, wenn ich weiß, was für Sätze ich mit diesem Wort bilden kann, ohne Unsinn zu reden, und wenn ich entsprechend Sätze mit „hinter" richtig verstehe. Und ich weiß, was „Löwe" bedeutet, wenn ich korrekte Sätze mit diesem Wort bilden kann, wenn ich das Wort „Löwe" richtig verwende und richtig verstehe. Im Falle von „Hinter dieser Tür befindet sich ein Löwe!" gehört hierzu, dass ich Vorsichtsmaßnahmen ergreife oder eben gar nicht erst durch die Tür gehe.

Daher lassen sich Begriffe, allgemein, nicht einfach klären oder untersuchen, indem man schaut, welche Merkmale dasjenige hat, dessen Begriff sie sind. Man wird *zuerst* schauen müssen, welche Rollen das entsprechende Wort in Sätzen dieser-oder-jener Sprache spielen kann, was man mit ihm machen kann. So wird die Frage nach der Bedeutung eines Begriffs zu der Frage, welche Regeln für den Gebrauch des Wortes in der jeweiligen Sprache gelten, deren Bestandteil es ist. Wenn ich den Begriff der Gewalt klären möchte, dann besteht der erste Schritt in der Klärung, welche Rollen „Gewalt" in korrekten und verständlichen Sätzen der deutschen Sprache spielen, was ich mit ihm sagen kann. Dies setzt dann den Rahmen

---

[12] Austin: „Are There *A Priori* Concepts?", 9,12, Austin: „The Meaning of a Word", 24 sowie Ryle: „Thinking thoughts and having concepts", 462-3.
[13] Ryle: „The theory of meaning", 371-2, 377.

für die Klärung des Begriffs, der sich aus diesem Grund nicht so einfach von dem Wort, mit dem er bezeichnet wird, trennen lässt.[14]

Das bedeutet nicht, dass man nicht im Einzelfall eben doch schauen muss, welche Merkmale das besitzt, dessen Begriff wir klären wollen, sprich: welche Merkmale dasjenige X hat, das mit dem entsprechenden Wort bezeichnet wird. „Löwe" etwa übernimmt ja vor allem die Rolle, Aussagen über Löwen zu machen, sei es nun über die Art oder über einen konkreten Löwen. Das bedeutet, es dient durchaus zur Bezeichnung von uns vorgefundener Gegenstände, nämlich einer bestimmten Art von Tieren. Und *daher* kann die Frage, was „Löwe" bedeutet, nicht geklärt werden, ohne zu schauen, was für Tiere das sind, wie sie leben, worin sie sich von anderen Tieren, etwa von Tigern oder Leoparden, unterscheiden usw.

Eine solche Klärung ist notwendig, denn ohne sie könnte ich nicht entscheiden, ob bestimmte Aussagen, die aus korrekt gebildeten deutschen Sätzen bestehen, sachlich richtig oder falsch oder widersprüchlich sind. Ich könnte ja sagen: „Löwen sind in der Lage, etwa eine Stunde zu tauchen, ohne Luft holen zu müssen." Dieser Satz ist korrekt gebildet (anders als „Löwe Tauchen anhält Luft Stunde.") und er ist auch verständlich, d.h. ich verstehe, was damit gesagt sein soll. Er ist nur eben leider auch falsch, denn Löwen können nicht eine Stunde lang unter Wasser bleiben, ohne zu ertrinken. In diesem Falle *müssen* wir also „nachschauen", um beurteilen zu können, ob diese Aussage falsch oder richtig ist, obwohl der Satz keine Regeln der deutschen Sprache verletzt.[15] Aber auf diese Weise kann man eben nicht die Bedeutung aller Worte bzw. Begriffe klären, erinnert sei noch einmal an „hinter" und „Dreieck".

---

[14] Damit lässt sich dann in gewisser Weise auch das Problem lösen, wie wir uns miteinander verständigen können, wo doch jede von uns „sich etwas anderes vorstellt" oder „an etwas anderes denkt", wenn dieses-oder-jenes Wort fällt: Sofern wir beide Muttersprachler des Deutschen sind, wissen wir, wie „Löwe", „Dreieck" usw. zu gebrauchen sind und worauf man gegebenenfalls mit ihnen verweisen kann (vgl. Cavell: „Müssen wir meinen, was wir sagen", 43-6).

[15] Siehe den Satz aus Lewis Carrolls *Alice in Wonderland*, den Ryle („Use, usage and meaning", 425) als Beispiel verwendet: „,The Ceshire Cat vanished, leaving only her grin behind her'". Ryle bezeichnet diesen Satz als „amusingly wrong" (ebd.).

(c) Kritische Philosophie auf Grundlage der Umgangssprache?
So vorzugehen ist allerdings weniger unproblematisch, als es auf den ersten Blick zu sein scheint. Was „Gewalt" bedeutet, ist nicht notwendig einfach ein mehr oder weniger getreues Abbild irgendeiner von uns lediglich sprachlich protokollierten Realität. Es ist vielmehr abhängig von den letztlich zufällig zustande gekommenen Regeln, von den Konventionen unserer Sprache, die – ganz grundsätzlich – auch eine andere Geschichte haben und anders beschaffen sein könnten. Es reicht an dieser Stelle vielleicht der Hinweis, dass in drei Fällen, in denen im Deutschen von „Gewalt" die Rede ist, im Englischen drei bzw. vier verschiedene Wörter verwendet werden. Im Falle der „Amtsgewalt" wäre im Englischen eher von „power" die Rede (unter Umständen auch von „authority"), die „Naturgewalt" wird als „force (of nature)" übersetzt, und allein im Falle der „Gewalt gegen Sachen" spricht man im Englischen von „violence".[16] Eine philosophische Untersuchung des Begriffs der Gewalt, die diesen Begriff klären will, indem sie untersucht, wie „Gewalt" in der Umgangssprache gebraucht wird, gibt daher der Umgangssprache einen doppelten Vertrauensvorschuss.

Sie geht erstens davon aus, dass die Verwendung von „Gewalt" in der Umgangssprache Regeln folgt, die sich nicht widersprechen. Selbst wenn der Begriff etwa politisch heftig umstritten ist und von unterschiedlichen Gruppen oder Parteien sehr verschieden verwendet wird, dann wäre zumindest zu erwarten, dass sich für jede dieser Gruppen eine klare Bedeutung analysieren lässt. Auch wenn das unter Umständen zur Folge hätte, dass man nicht von *dem* Begriff der Gewalt, sondern von mehreren, einander vielleicht in Teilen ähnlichen Gewaltbegriffen sprechen muss.[17]

---

[16] Mit anderen Worten: Ein solches Vorgehen ist selbst dann nicht unproblematisch, wenn man ausschließen kann, dass die Regeln der Sprache und die von ihnen bestimmten Bedeutungen der Worte, von den verfügbaren Worten selbst ganz abgesehen, von einzelnen Gruppen einseitig bestimmt und vorgegeben, um nicht zu sagen: manipuliert werden oder wurden.

[17] Dies ließe sich begrifflich vielleicht so fassen, dass zwischen den einzelnen, als „Gewalt" bezeichneten Phänomenen lediglich „Familienähnlichkeiten" (Wittgenstein: *Philosophische Untersuchungen*, §67) bestehen: Zwar hat jedes Gewaltphänomen mit jedem anderen Gewaltphänomen bestimmte Merkmale gemeinsam, aber verschiedene Phänomene haben miteinander jeweils unterschiedliche Merkmale gemein; so ergibt sich ein Set von Merkmalen, von denen jedes Gewaltphänomen jeweils einige aufweist, ohne dass sich

Zweitens wird vorausgesetzt, dass die Verwendung des Wortes „Gewalt" in der Umgangssprache nicht nur klar, sondern auch, gemessen an dem, was wir mit dem Wort sagen oder tun wollen, vernünftig oder angemessen ist. Wir unterstellen ja, dass die Verwendung des Wortes „Löwe" dergestalt geregelt ist, dass wir nicht nur Löwen von Nicht-Löwen sinnvoll unterscheiden können, sondern auch, dass wir Löwen damit adäquat erfassen. Wenn die Verwendung von „Löwe" etwa einschlösse, dass wir sie zugleich als Tiere wie als mathematische Objekte beschreiben, dann wäre der Begriff widersprüchlich. Würden wir „Löwe" so verwenden, dass wir Löwen als ungefährliche Pflanzen beschreiben, dann wäre er vielleicht nicht notwendig widersprüchlich, aber er wäre in jedem Fall falsch (mit den absehbaren Folgen für uns, die wir mit ihm die Welt beschreiben).

Beide Voraussetzungen sind Ausdruck eines methodischen Konservatismus, aber sie sind nicht vollkommen unbegründet. Letztlich wird Sprache in diesem Modell als eine Art Werkzeug gedacht, als ein Mittel, mit dem wir uns miteinander auf die Welt, in der wir leben, beziehen, mit dem wir uns über sie austauschen, streiten, uns in ihr orientieren, mit dem wir einzelne Teile dieser Welt schaffen und erhalten (etwa Ehen) usw.[18] Wie Austin betont hat, lässt sich dieser doppelte Vertrauensvorschuss an die Umgangssprache mit einer einfachen Überlegung begründen: Wäre er gänzlich ungerechtfertigt, dann müsste man unterstellen, dass Generationen von Menschen einen Sprachgebrauch beibehalten, tradiert, mitunter auch verfeinert und reformiert hätten, der seinen Zweck nicht erfüllt.[19] Aber warum

---

auch nur ein Merkmal angeben ließe, dass *alle* gemeinsam haben. Kritisch hierzu Audi: „On the Meaning and Justification of Violence", 72-3 und Burgess-Jackson: „Gewalt in der zeitgenössischen analytischen Philosophie", 1242.

[18] Vgl. Austin: „A Plea for Excuses", 129-30: „words are our tools, and, as a minimum, we should use clean tools: we should know what we mean and what we do not, and we must forearm ourselves against the traps that language sets us." Aus diesem Grund ist nach Cavell das deutsche „Umgangssprache" so passend, da ihm zufolge hiermit „die im Deutschen angelegte außergewöhnliche Vorstellung der alltäglichen Sprache als Form des Verkehrs, der Kommunikation als Austausch" betont wird (Cavell: „Wittgenstein als Philosoph", 98).

[19] Siehe Austin: „A Plea for Excuses", 130, 133: „the inherited experience and acumen of many generations of men".

sollten Menschen weiterhin Werkzeuge gebrauchen, die sich als untauglich erwiesen haben, um die mit ihnen angestrebten Zwecke zu erreichen? Warum sollten wir weiterhin eine Sprache benutzen und sie an andere weitergeben, die die Verständigung untereinander eher erschwert als ermöglicht oder die unsere Orientierung in der Welt, in der wir leben, allenfalls mangelhaft erlaubt? Wenn „Löwe" uns weder die Unterscheidung von Löwen und Elefanten, noch einen zweckmäßigen Umgang mit Löwen ermöglichen würde – warum sollten wir es dann weiterhin verwenden?[20]

(d) Wechselwirkungen zwischen Umgangssprache und Fachsprachen
Warum dann aber der eingangs erwähnte kritische Abgleich mit philosophischen und sozialwissenschaftlichen Ansätzen zur Bestimmung oder Definition von „Gewalt", wenn doch die Alltagssprache anscheinend einen Vertrauensvorschuss verdient und *gerade* Philosophinnen, wie Austin dies einmal formuliert hat, ohnedies chronisch am Hang zur „Vereinfacherei" leiden?[21] Es lassen sich wenigstens zwei Gründe benennen, die dafür sprechen, sich bei einer Untersuchung des Begriffs der Gewalt nicht auf die Regeln der Verwendung von „Gewalt" in der Umgangssprache zu beschränken.

Erstens beeinflussen sich die Umgangssprache und die wissenschaftlichen Fachsprachen zumindest in diesem Fall wechselseitig. Die wissenschaftlichen Definitionen und Begriffe müssen daher zum einen deshalb thematisiert werden, weil sie teils auf verschiedene Weise die Umgangssprache beeinflussen. Gerade Argumente und Theorien aus Sozialwissenschaften und Philosophie werden immer wieder in öffentliche Debatten eingebracht und prägen diese Debatten und damit auch die Begriffe, mit denen sie arbeiten oder

---

[20] Einige Arbeiten, die in dieser Tradition stehen, haben ja durchaus gezeigt, dass der Rückgriff auf die Umgangssprache geeignet ist, philosophische Probleme wahlweise klarer zu fassen oder gar zu lösen – indem man, wie etwa Ryle im *Begriff des Geistes* oder Austin in *A Plea for Excuses*, deutlich macht, dass die (philosophischen) Begriffe, mit denen diese Probleme formuliert oder durch die sie ausgelöst werden, auf einer einseitigen oder missverständlichen Rekonstruktion bestimmter alltäglicher Redeweisen beruhen. Vgl. auch Cavell: „Müssen wir meinen, was wir sagen", 71: „Die tiefgründigsten wie die oberflächlichsten Fragen können nur verstanden werden, wenn sie in ihren natürlichen Kontexten geäußert worden sind."
[21] Vgl. Austin: *Zur Theorie der Sprechakte*, 57.

die sie zum Gegenstand haben. Besonders deutlich wird dies vielleicht am Beispiel der „strukturellen Gewalt": Dieser ursprünglich von Johan Galtung zur stärkeren Profilierung des Friedensbegriffs in der Friedens- und Konfliktforschung entwickelte Begriff[22] wird mittlerweile verschiedentlich in öffentlichen Debatten gebraucht, etwa zur Thematisierung und Kritik von strukturellen Ungleichheiten und systematischer Diskriminierung, wobei nicht immer der ursprüngliche Kontext beachtet wird, in dem Galtung ihn eingeführt hatte.

Zum anderen gehen auch wissenschaftliche (stipulative) Definitionen und Arbeitsbegriffe im Regelfall von einem Vorverständnis von „Gewalt" aus, das durch die Umgangssprache geprägt ist. Dieses Vorverständnis wird etwa wissenschaftlich relevant, wenn andere Begriffe oder Phänomene unter Rückgriff auf den Begriff der Gewalt präziser beschrieben, analysiert oder kritisiert werden sollen. Häufiger definieren diese Arbeitsbegriffe „Gewalt" allerdings deutlich enger oder weiter, d.h. der Gebrauch folgt anderen, restriktiveren oder weniger restriktiven Regeln als in der Umgangssprache.[23] Diese Veränderungen im Gebrauch sind in der Regel nicht willkürlich, sondern werden meist damit begründet, dass sonst bestimmte Phänomene entweder fälschlicherweise als „Gewalt" behandelt werden müssten oder alternativ nicht als „Gewalt" behandelt werden dürften. Der abweichende Gebrauch wird also gerechtfertigt durch den Hinweis, dass die Regeln der Alltagssprache widersprüchlich, unvollständig, willkürlich o.ä. sind.

Diese Kritik ist ernst zu nehmen, denn der Vertrauensvorschuss an die Umgangssprache darf, zweitens, nicht missverstanden werden als vorweggenommener „Beweis", dass die Umgangssprache in jedem Falle richtig liege und ihre Regeln in keinem Falle kritisiert oder gar ersetzt werden dürften.[24] Es besteht, wie ich weiter oben bereits

---

[22] Siehe dazu unten Kapitel 4.1.

[23] Nadia Mazouz hat mich darauf hingewiesen, dass die in einer früheren Fassung an verschiedenen Stellen kritisierten Überlegungen Derridas zur durch Urteile ausgeübten „Gewalt" (vgl. etwa Derrida: „Gewalt und Metaphysik", 188-90, 194-7, 224-6) gerade *nicht* das Ziel haben, „Gewalt" klarer zu bestimmen. Derridas Überlegungen werden allerdings häufig auch als Versuch einer klareren Bestimmung des Gewaltbegriffs eingeordnet, so etwa bei Žižek: *Gewalt*, 59-65 und Schinkel: *Aspects of Violence*, 48-53.

[24] Cavell: „Müssen wir meinen, was wir sagen", 51-2, 54. Austin („A Plea for Excuses", 133) hat dementsprechend darauf hingewiesen, dass, je nach

kurz angedeutet hatte, grundsätzlich immer die Möglichkeit, dass bestimmte Redeweisen nicht deswegen beibehalten und weitergegeben werden, weil sie zweckmäßig oder angemessen sind, sondern weil sie bestimmte Überzeugungen, womöglich sogar bestimmte Vorurteile oder Ressentiments stabilisieren oder normalisieren (oder dies tun sollen).[25] So hat Ryle im *Begriff des Geistes* etwa darauf hingewiesen, dass der von ihm kritisierte Begriff des menschlichen Geistes als eine Art unkörperliche Entität, die auf irgendeine mysteriöse Weise mit dem menschlichen Körper verbunden ist (der „Geist in der Maschine"), sich nicht nur einem Missverständnis bestimmter Redeweisen verdankt. Dieser Begriff des Geistes ist zugleich eine Reformulierung, mehr noch: eine philosophische Rechtfertigung der im siebzehnten Jahrhundert noch weit verbreiteten religiösen Vorstellung, dass jeder Mensch eine von seinem Körper getrennte, unsterbliche Seele besitze.[26]

Diese Möglichkeit der Verzerrung oder gar Manipulation der Umgangssprache benevolent auszuschließen heißt im schlimmsten Fall, sich zum Steigbügelhalter oder Erfüllungsgehilfen von Totalitaristen und anderen Menschenfeinden zu machen.[27] Derartige, sei es absichtliche, sei es durch Zufall zustande gekommene Verzerrungen und Manipulationen lassen sich durch einen kritischen Abgleich mit philosophischen oder sozialwissenschaftlichen Reformulierungen und kritischen Rekonstruktionen des umgangssprachlichen Gewaltbegriffs aufdecken und gegebenenfalls als illegitim ausschließen.

Begriff, entsprechende Wissenschaften durchaus in der Lage sind, uns zu einem klareren, besser begründeten oder angemesseneren Begriff – sozusagen zu einem „optimierten Werkzeug" – zu verhelfen.

[25] Austin („A Plea for Excuses", 133) spricht von „superstition and error and fantasy of all kinds", die sich in die Umgangssprache einschleichen und sie prägen. Siehe auch von Savigny: *Philosophie der normalen Sprache*, 394.

[26] Ryle: *Der Begriff des Geistes*, 17-8, 24-5.

[27] Eine der deutlichsten Warnungen in dieser Hinsicht gibt wohl immer noch Victor Klemperers *Lingua Tertii Imperii*. Ihm sei, schreibt Klemperer einleitend, „oft aufgefallen, wie die jungen Leute in aller Unschuld und bei aufrichtigem Bemühen, die Lücken und Irrtümer ihrer vernachlässigten Bildung auszufüllen, an den Gedankengängen des Nazismus festhalten. Sie wissen es gar nicht; der beibehaltene Sprachgebrauch der abgelaufenen Epoche verwirrt und verführt sie." (Klemperer: *LTI*, 10)

1.2. Abgrenzung von sachverwandten Begriffen

Der erste Schritt einer kritisch-philosophischen Analyse des Gewaltbegriffs ist nach dem Gesagten sinnvollerweise eine erste Entflechtung des Begriffsnetzes, in dem sich „Gewalt" mit anderen, verwandten Begriffen befindet. Gemeint sind damit vor allem die Begriffe (a) der Macht, (b) des Zwangs, (c) der Aggression sowie (d) der Kraft und (e) der Grausamkeit.

(a) Gewalt und Macht
Jeder Versuch der Unterscheidung von Gewalt und Macht ist mit dem Umstand konfrontiert, dass das deutsche Wort „Gewalt" mehrdeutig ist. Anders als etwa das englische „violence" bezeichnet „Gewalt" im Deutschen nicht allein die Verletzung, Beschädigung oder Zerstörung bzw. Tötung einer Sache oder Person, sondern auch ein Machtpotential, über das jemand, eine Person oder Institution, oder etwas, etwa ein natürliches Phänomen, verfügt.[28] Die auf diese Weise gegebene Verflechtung von Macht und Gewalt ist mit Blick insbesondere auf die im vierten Kapitel diskutierte institutionalisierte Gewalt durchaus plausibel, unter analytischen Gesichtspunkten ist sie hingegen problematisch.

Die Unterscheidung von Macht und Gewalt lässt sich allerdings mit Hilfe lateinischer Begriffe etwas klarer fassen. „Gewalt" im Sinne von Verletzungen oder Beschädigungen ist *violentia*, „Gewalt" im Sinne von Macht hingegen lässt sich mit zwei verschiedenen lateinischen Begriffen übersetzen: *potentia* und *potestas*. Macht als *potentia* bezeichnet die tatsächlichen Möglichkeiten, Veränderungen in der Welt hervorzurufen, auf andere Dinge oder Lebewesen einzuwirken, sie zu bewegen, zu verändern usw. Macht als *potestas* wäre dann die *als legitim anerkannte* Möglichkeit, besser vielleicht noch: das Recht von Personen, Veränderungen in der Welt zu bewirken.[29]

---

[28] Vgl. den Eintrag „Gewalt" in Grimms *Deutschem Wörterbuch*, Bd. 6, Sp. 4910-5094. Siehe dazu Faber und Ilting: „Macht, Gewalt", bes. 818-20, 835-40 sowie Forschner, „Gewalt und Politische Gesellschaft", 16.
[29] Reemtsma (*Vertrauen und Gewalt*, 166) schlägt vor, Macht im Sinne von *potentia* derart von *potestas* zu unterscheiden, dass letztere lediglich die Möglichkeit benennt (unabhängig von eigenen Absichten), „Einfluss" auf etwas oder jemanden zu nehmen (ähnlich auch Searle: *Making the social world*,

Die Gründe oder Ursachen, deretwegen Personen dieses Recht faktisch zuerkannt wird, sind dabei erst einmal irrelevant.[30] Das Elternteil, dessen Forderungen die Kinder Folge leisten, obwohl es sie in keiner Weise zwingen oder nötigen kann, dies zu tun, hat die Möglichkeit, das Handeln der Kinder zu beeinflussen (*potentia*) aufgrund seiner Autorität (*potestas*). Ob die Kinder den elterlichen Anweisungen trotzdem nicht folgen sollten, etwa weil das, was das Elternteil fordert, unmoralisch oder illegal ist, ist für diese Feststellung nicht entscheidend. Wichtiger ist hingegen, dass hier, erst einmal, noch keine Gewalt im engeren Sinne im Spiel ist. Der Vater fordert das Kind auf, den Opa anzulügen, damit er der Familie Geld gibt, das sie dringend benötigt. Er könnte sein Kind allerdings auch durch Schläge dazu zwingen, zu tun, was er von ihm fordert. Diese Handlung wäre in jedem Falle ein Ausdruck von Macht, schließlich ist er tatsächlich in der Lage, das Kind zu schlagen und zu verletzen. Und sofern sein Kind dann tut, was er von ihm fordert, besitzt er auch die Macht, das Verhalten seines Kindes zu beeinflussen, ohne deshalb notwendig die Autorität zu besitzen, das entsprechende Verhalten fordern zu dürfen.[31]

Um die drei verschiedenen, im Deutschen mit „Gewalt" bezeichneten Begriffe zu differenzieren: Der Faustschlag ist eindeutig *violentia*, so wie die Amtsgewalt eindeutig ein Fall von *potestas* ist. Wenn man wiederum davon spricht, dass eine Person eine andere „in ihrer Gewalt hat", dann handelt es sich zuerst einmal um Gewalt als *potentia*. Diese kann sich als *potestas* herausstellen, wie im Falle des rechtmäßigen Polizeigewahrsams, aber dies ist keineswegs notwendig. Diese Überlegungen deuten darauf hin, dass Gewalt und Macht „kategorial verschieden" sind.[32] „Macht" benennt – in beiden Fällen – Möglichkeiten zu handeln (die man nutzen kann, aber nicht

---

148). Man kann allerdings sowohl bei *potentia* als auch bei *potestas* unterscheiden zwischen unbeabsichtigtem „Einfluss" und beabsichtigter Beeinflussung.

[30] Siehe etwa die Unterscheidung von „de facto" und „legitimer" Autorität bei Wendt: *Politische Autorität*, 11-2.

[31] Der Begriff der Autorität ist hier bewusst nicht ‚moralisch imprägniert': „Autorität" besitzt in diesem Sinne, wer von anderen als höherstehend anerkannt und wessen Vorgaben unhinterfragt befolgt werden (vgl. Arendt: *Macht und Gewalt*, 46). Ob sich diese Machtposition auch rechtfertigen lässt, ist eine andere Frage.

[32] Matz: *Politik und Gewalt*, 49.

muss³³), „Gewalt" bezeichnet hingegen eine bestimmte Art von Handlungen, die allerdings in jedem Falle Ausübung von Macht darstellen.

Schwierig einzuordnen ist in diesem Kontext allerdings die Rede von „Naturgewalten", die gegen diese kategorische Unterscheidung zu sprechen scheint. In der Tat überlagern sich in der Rede von der „Naturgewalt" die beiden mit dem deutschen „Gewalt" benannten Begriffe gewissermaßen: Hier verbindet sich die Möglichkeit, auf andere Gegenstände schädigend einzuwirken, mit der Wahrnehmung dieses Potentials als etwas potentiell Bedrohlichem, das verletzt und zerstört. Allerdings spricht dies nicht unbedingt dagegen, dass sich „Macht" und „Gewalt" analytisch trennen lassen. Zumal ein Blick auf andere Sprachen auch hier hilfreich ist: Im Englischen etwa würde man Gewalt als „violence" und Macht als „power" übersetzen, während eine Naturgewalt als „force of nature" auf das Potential physischer Kraft reduziert und primär weder mit Gewalt noch mit Macht in Verbindung gebracht wird.³⁴

Zwei Gründe sprechen dafür, das Problem der Mehrdeutigkeit des Wortes „Gewalt" zu lösen, indem man den Gewaltbegriff auf verletzende oder schädigende Handlungen beschränkt: Erstens liegt mit „Macht" für den zweiten Aspekt eine alternative und zudem gebräuchliche Bezeichnung vor. Zweitens findet sich diese begriffliche Unterscheidung in dieser Form, als Unterscheidung von „Gewalt" und „Macht", auch in anderen europäischen Sprachen.³⁵

Nun muss in diesem Sinne Macht zwar von Gewalt unterschieden werden; Gewalt ist aber sowohl Ausdruck und Ausübung von Macht (zu verletzen), als auch ein mögliches *Mittel* zur Erlangung

---

³³ Vgl. Lukes: *Power*, 12, Searle: *Making the social world*, 145-6.

³⁴ Ein anderer Fall, in dem sich mit den entsprechenden Begriffen auch diese semantischen Eigenschaften von „Macht" und „Gewalt" überlagern, wäre meines Erachtens „gewaltig" als eine weniger Hochachtung als vielmehr Ehrfurcht (und damit auch Angst) gebietende Eigenschaft eines Gegenstands, etwa eines Sakralbaus oder eines Polargletschers.

³⁵ Zudem deutet alles darauf hin, dass „Gewalt" im Deutschen heutzutage primär zur Bezeichnung von verletzenden Handlungen verwendet wird. Siehe dazu Röttgers: „Andeutungen zu einer Geschichte des Redens über die Gewalt" und Busse: „Der Bedeutungswandel des Begriffs ‚Gewalt' im Strafrecht".

von Macht.³⁶ Der Viertklässler, der von einem Erstklässler nach der Schule das Taschengeld oder etwas anderes erpresst, kann dies (er hat die Macht dazu), weil der Erstklässler ihm glaubt, dass ‚man das so macht', weil er glaubhaft mit Gewalt drohen kann oder weil er dem Erstklässler vielleicht bereits ein paar Schläge versetzt hat. Nur im letzten Fall hat er unzweifelhaft Gewalt angewendet – aber er hat in allen Fällen Macht ausgeübt!

(b) Gewalt und Zwang
Das Beispiel der Schulhoferpressung zeigt allerdings, dass Gewalt nicht nur von Macht, sondern auch von Zwang unterschieden werden muss. Der Grund für den Erstklässler, sein Taschengeld abzugeben, muss nicht der Faustschlag sein. Es kann genauso gut sein, dass der Viertklässler ihm damit droht, wahlweise den Lehrerinnen oder den Eltern zu erzählen, dass der Erstklässler für die Malereien an der Wand der Schultoilette verantwortlich ist und ihn auf diese Weise *zwingt*, ihm das Taschengeld zu geben. Gewalt *kann* dabei ein Bestandteil der Ausübung von Zwang sein, notwendig ist dies allerdings nicht. Wenn meine Mitspielerin mich beim Schachspiel ins Schach setzt, dann zwingt sie mich, den König in irgendeiner Form aus dem Schach zu ziehen bzw. ihre Figur, die ihn Schach setzt, zu schlagen.³⁷ Es wäre unsinnig, hier davon zu sprechen, dass sie mich mit Gewalt zwänge, dies zu tun. Richtig ist, dass die Anwendung von Gewalt unmittelbar Ausübung von Zwang darstellt: Wer jemand anderen verletzt, zwingt ihm („gewaltsam") seinen Willen auf, er zwingt ihn, wenn auch nur für einen Moment, in eine bestimmte Situation. In diesem Sinne kann Gewalt ein *Mittel* sein, um Zwang auszuüben.³⁸ Aber insofern Zwang auch auf andere, nicht gewaltsame Weise ausgeübt wird und werden kann, müssen Zwang und Gewalt ebenso klar unterschieden werden wie Gewalt und Macht.

---

³⁶ Matz: *Politik und Gewalt*, 50-1. Die entsprechende Kritik an der These, Macht könne durch Gewalt erlangt oder ausgeübt werden, die Hannah Arendt vorgetragen hat (siehe *Macht und Gewalt*, 54), setzt allerdings voraus, dass man den Begriff der „Macht" wie Arendt deutlich enger fasst, nämlich als Ergebnis „der menschlichen Fähigkeit, nicht nur zu handeln oder etwas zu tun, sondern sich mit anderen zusammenzuschließen und im Einvernehmen mit ihnen zu handeln"(ebd., 45).
³⁷ Vgl. Holmes: „Violence and Nonviolence", 107.
³⁸ Miller: „Violence, Force and Coercion", 27, 30, Coady: *Morality and Political Violence*, 39.

Allerdings haben „Gewalt" und „Zwang" eines gemeinsam, das sie von „Macht" unterscheidet. „Macht" ist weder in besonderem Maße positiv noch besonders negativ konnotiert. Wenn man sagt, jemand verfüge über die Macht, dieses oder jenes zu tun, dann handelt es sich erst einmal um eine relativ wertfreie Feststellung; es ist nichts darüber gesagt, ob es gut oder schlecht ist, dass die infrage stehende Person diese Macht besitzt. Sagt man hingegen, jemand wende „Gewalt" an oder er übe „Zwang" aus, dann handelt es sich zwar *auch* um Feststellungen, dass das-und-das der Fall ist. Ein Lehrer stellt etwa fest, dass der Viertklässler den Erstklässler schlägt. Aber *zugleich* enthält seine Behauptung eine Wertung, selbst wenn der Lehrer nicht explizit hinzusetzt, dass es schlecht oder verwerflich ist, dass der Viertklässler den Erstklässler schlägt.

Das Merkmal der Schlechtigkeit ist, anders formuliert, ein Bestandteil der Bedeutung der Worte „Gewalt" und „Zwang". Wenn wir sie gebrauchen, dann stellen wir nicht nur fest, was (unserer Ansicht nach) der Fall ist. Wir artikulieren auf diese Weise zugleich eine negative Bewertung, eine abwertende Haltung unsererseits zu dem, was der Fall ist. Diese Artikulation einer Haltung und einer Haltungserwartung ist ein wesentlicher Bestandteil der Funktion, die der Begriff der Gewalt im Alltag hat. Stellt der Lehrer fest, dass der Viertklässler Gewalt gegen den Erstklässler ausübt, dann erwarten wir, dass er angemessen reagiert: dass er eingreift, die Handlung des Viertklässlers unterbindet, ihn zwingt, sich zu entschuldigen, eine Rechtfertigung für sein Handeln fordert o.ä. Folgt auf die Feststellung des Lehrers nichts dergleichen, dann erwarten wir, dass der Lehrer Gründe nennt, warum er nicht eingreifen muss oder sollte, *obwohl* seiner Ansicht nach Gewalt angewendet wird. Es mag durchaus sein, dass in einem konkreten Fall Gründe existieren, die die Gewaltanwendung erlauben und die stärker sind als der Grund ihrer Schlechtigkeit *als* Gewaltanwendung, der gegen ihre Ausübung spricht. Aber insofern die Schlechtigkeit ein Teil der Bedeutung von „Gewalt" ist, ist eine entsprechende Feststellung dem Alltagsgebrauch gemäß immer zugleich auch eine Wertung, mit der im Regelfall auch die Erwartung eines entsprechenden (abwehrenden, sanktionierenden usw.) Verhaltens einhergeht. Der Lehrer könnte sich allenfalls darauf berufen, nicht gewusst zu haben, dass „Gewalt" gewöhnlich so gebraucht wird; zumindest für einen Muttersprachler dürfte dies allerdings eine wenig glaubwürdige Behauptung sein.

(c) Gewalt und Aggression

Deutlich schwieriger als die Unterscheidungen von Gewalt und Macht und von Gewalt und Zwang ist die Abgrenzung von Gewalt und Aggression. Selbst wenn er nicht auf gänzlich gewaltfreie Zwangsmittel zurückgreifen kann, muss der Viertklässler ja nicht sofort zuschlagen. Er könnte aber durch sein Verhalten und nicht zuletzt durch eine entsprechende Körpersprache seine Bereitschaft zeigen, dies zu tun. Wer andere beschimpft und bedroht, wer die Faust ballt oder Gegenstände so in die Hand nimmt, dass sie wie Waffen gehalten werden, verhält sich *aggressiv*, aber er wendet nicht unbedingt Gewalt an.

Jenseits spezifisch evolutionspsychologischer Kontexte bezeichnen wir als „Aggression" in erster Linie Verhaltensweisen, die die Adressaten zu einem bestimmten Verhalten zwingen sollen, indem sie drohend oder einschüchternd auf sie wirken. Solche Verhaltensweisen sind nicht notwendig selbst Verletzungen oder Beschädigungen, aber sie zeigen wenigstens die Bereitschaft oder Tendenz, das Verhalten in Richtung der Verletzung oder Beschädigung Dritter zu eskalieren. Die Anwendung von Gewalt ließe sich dann als eine, um genau zu sein: die extremste, Form aggressiven Verhaltens bestimmen. Denn Gewalthandeln zeigt nicht allein die Bereitschaft, andere zu verletzen, sondern es verletzt sie aktiv. Zu beachten ist allerdings, dass eine Gewalthandlung nicht notwendigerweise auf eine „aggressive", d.h. Wut, Hass, Rage o.ä. zeigende oder ausdrückende Art und Weise ausgeführt werden muss. Alles andere würde bedeuten, dass etwa eine „Tötung aus Distanz" keine Gewalt sein könnte.[39]

„Aggression" ist dabei einerseits eine Artikulation von Macht, oder besser: der Überzeugung, die Möglichkeiten zur Verletzung Dritter zu besitzen. Andererseits sind Aggressionen eine Möglichkeit, Zwang auszuüben, ohne dass deshalb jede Form von Zwang

---

[39] So der Einwand bei Koloma Beck und Schlichte: *Theorien der Gewalt*, 42. Ihre darüber hinaus gehende Kritik, dass „Gewalthandeln mit Aggression gleichzusetzen" bedeute, „menschliches Verhalten auf seine animalischen Aspekte zu reduzieren", setzt freilich den von ihnen gebrauchten spezifischen, aus evolutionspsychologischen und neurowissenschaftlichen Theorien übernommenen Begriff voraus, der Aggression definiert als „feindselig-angreifende Verhaltensmuster und [die] damit in Zusammenhang stehende[n] emotionale[n] und physiologische[n] Zustände, deren entwicklungsgeschichtliche Bedeutung in der Bewältigung existenziell bedrohlicher Situationen liegt" (ebd.).

zugleich ein Fall von Aggression wäre. Es sei nur noch einmal an den Schachzug erinnert, der meinen König Schach setzt. Diese scheinbar klare Unterscheidung von Gewalt und Aggression wird allerdings brüchig, wenn man zumindest die Möglichkeit anerkennt, dass „Gewalt" nicht allein auf körperliche Verletzungen begrenzt ist, sondern auch auf nicht-körperliche Weise (als „seelische" oder „psychische Gewalt") ausgeübt werden kann.[40] Kontextabhängig kann bereits aggressives Verhalten, insofern es berechenbar massiven psychischen Stress hervorruft, ein solcher Fall seelischer Gewalt sein. Ein Beispiel wäre der Folterer, der, ohne sein Opfer in irgendeiner Form körperlich zu berühren, wütend und brüllend um es herum geht. Der Übergang von nicht-gewaltsamer Aggression zu Gewalthandeln ist hier fließend, vorsichtig formuliert.[41]

(d) Gewalt und Kraft
Eines scheint „Gewalt" dabei nicht allein von „Macht", sondern auch von „Zwang" und „Aggression" zu unterscheiden: Damit eine Handlung „Gewalt" ist, muss, so scheint es, eine Verletzung oder Beschädigung eines Menschen oder Objekts vorliegen. Diese ersten Abgrenzungen legen also nahe, „Gewalt" zumindest grob auf erstens schädigende bzw. verletzende und zerstörende bzw. tötende Handlungen einzugrenzen, die wir zweitens als schlecht oder verwerflich beurteilen.

Anhand des Schulhofbeispiels lässt sich allerdings noch eine weitere Abgrenzung vornehmen: Der Faustschlag ist ja nicht nur Gewalt, er ist zugleich Anwendung physischer Kraft. Und es liegt nahe, dass er „Gewalt" gerade *aufgrund* der Anwendung physischer Kraft ist – schließlich ist sie ja maßgeblich für die Verletzung verantwortlich. Unabhängig von den Problemen der Definition von „Gewalt" als (zerstörerischer) Anwendung physischer Kraft, die ich im nächsten Kapitel diskutieren werde, muss „Kraft" grundsätzlich von „Gewalt" unterschieden werden: Mit „Kraft" verweisen wir, ganz allgemein, auf die Möglichkeiten eines Körpers, auf andere Körper

---

[40] Siehe dazu unten Kapitel 2.3.
[41] Vgl. Koloma Beck und Schlichte: *Theorien der Gewalt*, 41 sowie Meßelken: *Gerechte Gewalt*, 185: „Die Nötigung oder Drohung mit Gewalt muss von ‚echt' gewaltsamem Handeln unterschieden werden, kann aber unter Umständen als eine Vorstufe nicht mehr gewaltfreien Handelns oder eine schwächere Form von Gewalt interpretiert werden."

einzuwirken bzw. auf die Einwirkungen anderer Körper zu reagieren.[42] Dies zielt primär, wenn auch nicht ausschließlich, auf das physische oder physikalische Kraftpotential. Wir sprechen in diesem Sinne nicht allein von der „Kraft" eines Schlages, sondern auch von „elektromagnetischen Kräften" oder der „Gewichtskraft" eines Gegenstandes. Auf diese Weise würden daher alle Arten physischer Einwirkung angesprochen, einschließlich der „kräftigen Umarmung", und nicht nur jene verletzenden oder zerstörenden, die wir als „Gewalt" bezeichnen.

(e) Gewalt und Grausamkeit
Der Viertklässler muss sich allerdings nicht damit begnügen, den Erstklässler zu schlagen. Er könnte ihn auch vor der ganzen Schule auf dem Pausenhof demütigen, indem er ihn z.B. zwingt, sich vor allen nackt auszuziehen. Er könnte ihn allerdings auch, womöglich gemeinsam mit anderen, verprügeln und vergewaltigen. In beiden Fällen müsste nicht einmal die Erpressung des Opfers, es könnte auch der aus der Ausübung von Macht *durch* Demütigung oder Verletzung gezogene Lustgewinn das Ziel sein.

Beide Fälle lassen sich als Beispiele grausamen Verhaltens bezeichnen. Der Begriff der Grausamkeit verdiente sicherlich eine ebenso eingehende Analyse wie der Begriff der Gewalt,[43] aber wenigstens näherungsweise lässt sich „Grausamkeit" definieren als unverhältnismäßiges oder exzessives Leidenlassen des Opfers. Es ist allerdings umstritten, worin die Unverhältnismäßigkeit besteht. Einige Autoren haben argumentiert, dass sie in dem Umstand bestehe, dass Grausamkeit „ein Zufügen von Schmerzen rein aus Spaß"[44] darstelle;[45] andere hingegen sehen sie in dem totalen Ausgeliefertsein des Opfers an die Täter.[46] Selbst wenn die Handlungen des Viertklässlers

---

[42] Wolff: „On Violence", 604, Arendt: *Macht und Gewalt*, 46.
[43] Siehe für einen ersten Versuch meinen Aufsatz „‚Grausamkeit' als essentiell umstrittener Begriff".
[44] Mackie: *Ethik*, 47.
[45] Diese Ansicht findet sich bei Autorinnen in nahezu allen Epochen der Philosophiegeschichte, siehe Schröder: Art. „Wildheit; Grausamkeit; Roheit". Prominentere Beispiele wären Hobbes: *Leviathan*, 45, Schopenhauer: *Preisschrift über die Grundlage der Moral*, 556, 566, Moore: *Principia Ethica*, 286 sowie Shklar: *Ordinary Vices*, 24-5.
[46] Vgl. Montaigne: „Die Feigheit ist die Mutter aller Grausamkeit", 778, 780-781 und Shklar: *Ordinary Vices*, 25.

einen Zweck haben: Gemessen an diesem Zweck ist die Verletzung des Erstklässlers unverhältnismäßig und in diesem Sinne grausam. Aber auch, wenn es sich in beiden Fällen um Grausamkeit handelt, so ist nur der zweite *eindeutig* zugleich ein Fall von Gewalt. In jedem Falle bezeichnen sowohl „Gewalt" als auch „Grausamkeit" Verletzungshandlungen; aber es ist offensichtlich, dass nicht jede Gewalthandlung notwendigerweise grausam ist. Das gilt selbst dann, wenn man akzeptiert, dass es analog zu grausamen Unterlassungen[47] auch eine „Gewalt durch Unterlassung" geben kann.[48]

(f) Eine erste tentative Bestimmung
Aus dieser Abgrenzung von verwandten Begriffen lässt sich eine erste, tentative Definition von „Gewalt" ableiten als Begriff, der eine doppelte Funktion besitzt: er benennt (deskriptiv) einen bestimmten Typ von Handlungen, die er allerdings zugleich (normativ) bewertet. Diese erste Bestimmung ließe sich wie folgt ausformulieren: „Gewalt" bezeichnet erstens verletzende oder zerstörerische Handlungen, die zweitens abgelehnt bzw. grundsätzlich als schlecht beurteilt werden. Letzteres bedeutet, dass mit der Rede von „Gewalt" immer auch eine wertende Haltung und eine entsprechende Haltungs- und Verhaltenserwartung artikuliert wird (selbst wenn die Sprecher sich dessen unter Umständen nicht bewusst sind).

Ein eindeutiger Fall von „Gewalt" in diesem Sinne ist der verletzende Faustschlag. Weitere Beispiele wären der Messerstich in den Bauch, das Ausschlagen von Zähnen, das Brechen von Fingern oder der Schuss in den Kopf. Und dass es sich bei diesen Ereignissen um etwas handelt, das wir – grundsätzlich zumindest – als schlecht beurteilen, das wir ablehnen und meiden oder vermeiden wollen, ist zumindest intuitiv einsichtig. Wer möchte schon, dass man ihr die Zähne ausschlägt oder den Finger bricht?

Dieser Einwurf des zumeist so genannten gesunden Menschenverstandes provoziert allerdings nicht nur die Frage nach den Gründen, die für diese Verwerflichkeit angeführt werden können und auf die ich im letzten Kapitel kurz zu sprechen kommen werde. Es stellt

---

[47] Vgl. Schröder: „Wildheit; Grausamkeit; Rohheit", 755: „Zumeist ist [bei Grausamkeit] auch an entsprechende Unterlassungshandlungen (Verweigerung von elementarer Förderung oder vitaler Hilfeleistung; Gleichgültigkeit gegenüber akuten Notlagen und Bedrohungen anderer) gedacht."
[48] Siehe dazu unten Kapitel 2.1.

sich zudem die Frage, ob dieser zugleich feststellende wie wertende Gebrauch von „Gewalt" nicht ein deutlich größeres Hindernis für die Bestimmung dieses Begriffs ist, als die scheinbar problemlosen Unterscheidungen und Abgrenzungen in diesem Abschnitt dies nahelegen.

1.3. Ein notwendig umstrittener Begriff?

Warum sollte der zugleich feststellende wie wertende Gebrauch des Gewaltbegriffs ein Problem darstellen, wenn die Frage beantwortet werden soll, wie „Gewalt" zu bestimmen oder zu definieren ist? Nun, es wäre zum Beispiel denkbar, dass wir von zwei augenscheinlich identischen Handlungen nur diejenige als „Gewalt" zu bezeichnen bereit sind, die wir als schlecht beurteilen. Umgekehrt ist es nicht unwahrscheinlich, dass wir auch Handlungen, die eigentlich kaum an Gewalthandlungen erinnern, als „Gewalt" bezeichnen, eben weil sie unserer Ansicht nach ebenso schlecht sind wie diese Gewalthandlungen (sie führen vielleicht zu vergleichbaren Schäden und Verletzungen).

Das Problem ist dabei weniger, dass „Gewalt" sich polemisch oder politisch instrumentalisieren lässt (a). Problematisch ist vielmehr, so der Einwand, dass die Beziehung zwischen dem beschreibenden und dem wertenden Aspekt des Gewaltbegriffs sich nicht so analysieren lässt, dass eine klare Angabe der deskriptiven Merkmale von Gewalthandlungen ohne weiteres möglich ist (b). Dieses Problem lässt sich allerdings lösen unter Rückgriff auf Walter Gallies Konzept „essentiell umstrittener Begriffe" (c).

(a) Das Problem der „Skandalisierung von Sachverhalten"
Der strategische, im Extremfall sogar manipulative Gebrauch des Gewaltbegriffs ist etwa aus Debatten um die Einordnung gesellschaftlich oder politisch bedeutsamer Ereignisse bekannt. Gegner bestimmter Demonstrationen haben oft wenig Schwierigkeiten damit, bereits Sitzblockaden oder andere Formen zivilen Ungehorsams als „Gewalt" gegen die Polizisten, die diese Blockaden auflösen sollen, zu bezeichnen. Dieselben Sprecher tun sich dann allerdings häufig ungleich schwerer damit, das Agieren der Polizei, selbst bei Einsatz von Wasserwerfern und Pfefferspray, als „Gewalt" zu klassifizieren. Den betroffenen Demonstranten geht letzteres deutlich

leichter von der Hand, so wie sie im Gegenzug wahrscheinlich darauf pochen werden, dass ihr Handeln vielleicht „Widerstand gegen die Staatsgewalt", aber doch gewaltfrei gewesen sei.[49] Thorsten Bonacker und Peter Imbusch haben diese Möglichkeit der strategischen Nutzung des Gewaltbegriffs recht treffend als Möglichkeit der „Skandalisierung von Sachverhalten"[50] bezeichnet.

Es ist allerdings auf den ersten Blick nicht zu sehen, warum sie einer klaren Definition dieses Begriffs Probleme bereiten sollte. Bereits unter Rückgriff auf die im vorigen Abschnitt erarbeitete tentative Definition könnte man etwa auf Folgendes hinweisen: Insofern sich von allen akzeptierte Beispielfälle benennen lassen und insofern sich aus diesen ein klares Set gemeinsamer deskriptiver Merkmale analysieren lässt, kann er hinreichend klar definiert werden.[51] Auf diese Weise könnten dann strategische Verwendungen kritisch hinterfragt und gegebenenfalls als illegitim oder falsch, polemisch oder propagandistisch kritisiert werden.

Wer sagt, dass die Schläge, mit denen er seinen Sohn täglich schwer verletzt, keine Gewalt, sondern lediglich „ein Klaps" seien, der irrt sich; oder er lügt, um etwas zu rechtfertigen, das letztlich nicht zu rechtfertigen ist.[52]

---

[49] Ein nicht zwingend politischer, aber gleichermaßen strategischer Gebrauch des Gewaltbegriffs findet sich meines Erachtens auch in der Rede davon, dass eine bestimmte Interpretation einem Text „Gewalt antut".
[50] Bonacker und Imbusch: „Zentrale Begriffe der Friedens- und Konfliktforschung", 99, siehe hierzu auch Neidhardt: „Gewalt", 125-7.
[51] Vgl. Barth: *Genozid*, 45: „Die Tatsache, daß sich wissenschaftlich kontroverse Termini politisch mißbrauchen lassen, bedeutet nicht, daß sie sinnlos wären, sondern nur, daß sie weiter präzisiert werden sollten und daß Historiker und Juristen sich gegen die mißbräuchliche Instrumentalisierung ihrer Forschungsergebnisse im politischen Raum zur Wehr setzen müssen."
[52] Man könnte allerdings auch versucht sein, aus der Skandalisierungsfunktion des Gewaltbegriffs Kapital zu schlagen, indem man ihn als vermeintlich zivilisierendes Bannwort zur möglichst umfassenden Tabuisierung gesellschaftlich nicht erwünschter Praktiken instrumentalisiert. Man braucht sich daher vielleicht nicht allzu sehr zu wundern, wenn man bei Neidhardt („Gewalt", 140) liest: „Der Bann des Wortes soll einer Steigerung von Zivilisation dienen. Dagegen kann niemand sein."

(b) Das Problem der Definition „dichter Begriffe"
Zugegeben, in den eben angeführten Beispielen ist es ohne weiteres möglich, die jeweiligen abweichenden Verwendungsweisen als strategisch motivierten Missbrauch des Gewaltbegriffs zu desavouieren. Ähnliches gilt für andere vergleichbare Fälle, insbesondere für die Beschreibung des eigenen Handelns im Kontrast zu den Aktionen des Gegners bzw. Feindes, wie sie bei politischen Gruppierungen häufig anzutreffen ist.[53]

Diese Strategie der Kritik setzt allerdings voraus, dass sich die deskriptiven, für die Feststellung, dass das-und-das „Gewalt" ist, gebrauchten Bedeutungsmerkmale *unabhängig* von dem normativen, „Gewalt" als schlecht bewertenden Bedeutungsmerkmal bestimmen und angeben lassen. Man könnte diese Voraussetzung vielleicht als stillschweigende Annahme bezeichnen, dass der Gewaltbegriff sozusagen aus einem neutralen, deskriptiven (Gewalt-Sein) und einem wertenden, normativen Aspekt (Schlecht-Sein) zusammengesetzt ist. Dann aber müsste es prinzipiell möglich sein, so etwas wie einen wertneutralen Schwesterbegriff des Gewaltbegriffs zu benennen. Dieser würde dann allein zur Feststellung verwendet, dass das-und-das der Fall ist. Er würde also dieselben Gegenstände oder Phänomene bezeichnen – nur eben ohne den Zusatz „ ... ist schlecht".[54] Ein Beispiel für Begriffe, bei denen eine solche ‚Aufspaltung' möglich zu sein scheint, wären etwa so genannte „derogaroty terms", d.h. abfällige, z.B. rassistische oder sexistische Bezeichnungen. Statt von „Krauts" kann man ja genauso gut von „Germans" oder „Deutschen" sprechen, es ändert sich letztlich nichts außer dem (ab)wertenden Charakter.[55] Die Einführung eines neuen Wortes anstelle zum Beispiel einer entsprechend veränderten Artikulation desselben Wortes lässt sich dann recht leicht erklären als der bewusste oder

---

[53] Enzmann: „Gewalt – Repression – Widerstand", 166: „Der Gewaltbegriff wird selektiv erweitert, um bestimmte Handlungsweisen oder Strukturen zu skandalisieren; oder er wird verengt, um sozialadäquate Gewalt vom Rechtfertigungsdruck zu befreien."
[54] Siehe hierzu kritisch Williams: *Ethics and the Limits of Philosophy*, 156. Für die („präskriptivistische") These, dass eine solche Zerlegung dichter Begriffe in *allen* Fällen möglich sei, siehe Hare: *Moral Thinking*, 17-8, 21-2, Gibbard: *Wise Choices, Apt Feelings*, 113-4 und Blackburn: *Ruling Passions*, 102-3.
[55] Vgl. Elstein und Hurka: „From Thick to Thin", 518 und Blackburn: *Ruling Passions*, 94-5.

unbewusste Versuch, die Wertung als objektives Merkmal der so bezeichneten Gegenstände zu tarnen.[56] Nur gelingt eine solche Entwirrung längst nicht bei allen wertenden Begriffen, man denke etwa an „Grausamkeit" oder „Tugend".

Williams und andere Autoren haben aus dieser meist komplexen und nur schwer zu entwirrenden Verflechtung wertend-normativer und neutral-deskriptiver Bedeutungsmerkmale bei Begriffen wie „Gewalt", „Tugend" oder „Friede" folgende These abgeleitet: Es handelt sich hier um so genannte „dichte Begriffe", die einen deskriptiven und einen normativen Bedeutungsaspekt besitzen. Das bedingt zum einen eine besondere „world-guidedness"[57], d.h. ihre Verwendung eröffnet nicht allein die Möglichkeit, die vorgefundene Welt zu beschreiben, sondern sie markiert, bildlich gesprochen, auch aufzusuchende, erlaubte und verbotene Gegenden in dieser Welt. Insofern sind dichte Begriffe ein essentieller Bestandteil unserer moralischen Praxis, da sie eine moralisch geleitete Orientierung in der Welt ermöglichen.

Zum anderen beeinflussen die beiden Aspekte sich wechselseitig, vor allem bestimmt der wertend-normative Aspekt, welche konkreten Phänomene innerhalb der Sprechergemeinschaft anerkannt werden als unter diesen Begriff fallend.[58] Da aber die Merkmale, die den neutral-deskriptiven Aspekt ausmachen, lediglich von der Gruppe der Phänomene abstrahiert werden können, die als unter diesen Begriff fallend anerkannt wird, lässt sich letztlich keine Gruppe an neutral-deskriptiven Merkmalen angeben, die „Gewalt" besitzt. Schließlich muss davon ausgegangen werden, dass die Sprecher sich immer wieder auf neue, noch unbekannte Phänomene *als Fälle von*

---

[56] Maren Behrensen hat mich allerdings darauf hingewiesen, dass man bei diesen Beispielen durchaus hinterfragen kann, ob die beabsichtigte Aufspaltung wirklich gelingt. Schließlich entpuppen sich selbst so vermeintlich objektive und neutrale Bezeichnungen wie die Namen von Nationalitäten („Deutsche", „Franzosen") auf den zweiten Blick als komplexe, mit einer Vielzahl von Annahmen sowie rechtlichen und identitätspolitischen Normen überlastete Begriffe, die nicht von ungefähr umstritten und, als politische Begriffe, durchaus normativ sind.
[57] Williams: *Ethics and the Limits of Philosophy*, 168, vgl. auch Putnam: „The Collapse", 32-3.
[58] Vgl. Williams: *Ethics and the Limits of Philosophy*, 138-9, 143-4. Siehe auch McDowell: „Non-Cognitivism and Rule-Following", 201-2.

„Gewalt" einigen. Und diese haben dann wieder andere Eigenschaften als diejenigen, die bisher als „Gewalt" anerkannt waren.[59] Die Bedeutung eines dichten Begriffs, so die These, ist daher erstens immer gebunden an die Konventionen und Überzeugungen einer konkreten Sprechergemeinschaft.[60] Aber selbst mit Blick auf diese historisch konkrete Sprachpraxis lässt er sich zweitens nicht eindeutig und klar definieren. Es bleibt so etwas wie ein praktisches, nicht in einem Regelbuch explizit machbares „Wissen-wie" des Gebrauchs dieses Begriffs.[61]

(c) Gallie über „essentiell umstrittene Begriffe"
Williams' Konzept „dichter Begriffe" ist allerdings nicht der einzige Ansatz, mit dem sich zugleich beschreibende und wertende Begriffe analysieren lassen. Eine Alternative ist die von Walter B. Gallie entwickelte Konzeption sogenannter „essentiell umstrittener Begriffe", deren Bedeutung ebenfalls an die zugleich feststellende und wertende Funktion gebunden ist, die ihren Gebrauch innerhalb einer Sprechergemeinschaft auszeichnet.[62] Gallies Konzeption liefert eine tragfähige Erklärung sowohl für die Wechselwirkung zwischen feststellendem und wertendem Gebrauch als auch für die partielle Offenheit dieser Begriffe, die angesichts umstrittener, nicht von allen Sprechern anerkannter Verwendungen deutlich wird und den Verdacht begründet, der Begriff sei eben nicht so klar, wie behauptet.

„Essentiell umstrittene Begriffe", etwa der von Gallie selbst als Beispiel diskutierte Begriff „Champion", zeichnen sich durch folgende Eigenschaften aus: Erstens lässt sich wenigstens ein Phänomen angeben, bei dem unumstritten ist, dass es unter den Begriff fällt.[63] Wenn zur Diskussion steht, was einen „Champion" des Boxens auszeichnet, dann werden sich etwa alle einigen können, dass Muhammad Ali ein solcher Champion war. Zweitens gibt ein essentiell umstrittener Begriff zwei oder mehr Merkmale an, die ein Phänomen aufweisen muss, damit es unter ihn fällt und damit die mit

---

[59] Putnam: *Für eine Erneuerung der Philosophie*, 114.
[60] Williams: *Ethics and the Limits of Philosophy*, 157 sowie Foot: „Moral Arguments", 104-5.
[61] Siehe etwa McDowell: „Non-Cognitivism and Rule-Following", 211 und Williams: *Ethics and the Limits of Philosophy*, 161, 167-8.
[62] Gallie: „Essentially Contested Concepts", 168.
[63] Ebd., 176, 180.

ihm verbundene Bewertung angemessen ist. Gallie formuliert dies so, dass essentiell umstrittene Begriffe eine komplexe, aus mehreren Aspekten bestehende[64] und „wertgeschätzte Leistung" („valued achievement") benennen.[65] Wer, wie Muhammad Ali, ein „Champion" im Boxen sein will, muss nicht allein erfolgreich sein, d.h. Kämpfe gewinnen, er muss zudem gegen gute („Weltklasse"-)Gegner kämpfen und gewinnen. Er muss aber auch technisch sauber boxen und die „sweet science" beherrschen, statt einfach nur wild um sich zu schlagen.

Wichtig ist nach Gallie, dass man Folgendes beachtet: Erstens sind diese Merkmale „,open' in character", d.h. sie sind zwar nicht beliebig, aber geben auch nicht mit absoluter Eindeutigkeit an, wann genau sie vorliegen.[66] Ein Champion im Boxen sollte seine Kämpfe gewinnen – aber muss er dafür *alle* Kämpfe gewonnen haben? Rocky Marciano und Floyd Mayweather Jr. sind ungeschlagen in den Ruhestand gegangen, für Muhammad Ali allerdings gilt das ebenso wenig wie für Ann Wolfe oder Sugar Ray Robinson. Offen ist auch die Frage, ob ein Champion eine hohe KO-Quote nachweisen können muss. Und heißt, dass er das Boxen technisch beherrschen sollte, dass er technisch makellos, oder vielleicht sogar mit einem ebenso individuellen wie erfolgreichen Stil boxen muss? In all diesen Fällen lassen sich mühelos verschiedene, unterschiedliche Beispiele denken, die *alle* das entsprechende Merkmal aufweisen, aber auf je verschiedene Weise.[67]

---

[64] Ebd., 171-2.
[65] Ebd., 171.
[66] Ebd., 174. Einen vergleichbaren Hinweis auf die partielle Offenheit der einzelnen Merkmale als Schlüssel zur Erklärung der Offenheit dichter Begriffe geben auch Elstein und Hurka: „From Thick to Thin", 521-34.
[67] Nach Austin („A Plea for Excuses", 131-2) gilt dies übrigens in vielen Fällen: Wir klären Uneinigkeiten bezüglich der Verwendung eines Wortes im Zweifelsfall dadurch, dass wir die Situation, bezüglich derer wir uneins sind, ausführlicher und detaillierter beschreiben. Eine solche Beschreibung wäre dann das, was Gilbert Ryle („The thinking of thoughts", 494, 497-8) als „thick description" bezeichnet, die das Verhalten nicht allein als Abfolge körperlicher Bewegungen, sondern als Agieren innerhalb eines bestimmten sozialen Kontextes analysiert und beschreibt. Ohne eine dichte, adverbiale Beschreibung lässt sich nach Ryle („Thinking and reflecting", 488-9, 491, „The thinking of thoughts", 498) die für die Beschreibung von Handlungen essentielle Frage des Gelingens oder Misslingens nicht klären.

Diese Merkmale können nach Gallie, zweitens, in beliebiger Form unterschiedlich gewichtet werden.[68] Dies ist ein erster Punkt, an dem der wertende Charakter für Uneinigkeit oder Unklarheit sorgt innerhalb der Sprechergemeinschaft. Die Hintergrundannahme ist freilich, dass der essentiell umstrittene Begriff selbst in ein Netz von Werten und Normen eingebunden ist, die dann wiederum in unterschiedlicher Weise innerhalb einer Sprechergemeinschaft geteilt werden und anerkannt sind, etwa abhängig von der Sozialisation, Berufsgruppe, Religion usw. der Sprecher. Wenn ich etwa die (angestrebte) Perfektion bei der Ausübung von Tätigkeiten generell höher bewerte, dann wird die Beherrschung der jeweiligen Technik von mir stärker gewichtet werden bei der Frage, ob nun Paula oder doch eher Susi Champion im Boxen ist. Diese Entscheidung wird womöglich anders ausfallen, wenn ich generell den Erfolg, das Erreichen eines angestrebten Ziels höher gewichte als die Art der Ausführung einer Sache. Ein zweiter Punkt, an dem sich dieser Einfluss zeigt, ist das genaue Verständnis des jeweiligen Merkmals. Beides könnte sich verbinden und ich lege stärkeren Wert auf die KO-Quote, schließlich demonstriert sie wie nichts anderes sowohl den Erfolg als auch die Beherrschung der „essentials" des Boxsports, die sich eben nicht in sauberer Technik, sondern in der Effektivität zur Erreichung des Ziels – und das ist nun einmal die Verletzung des Gegners – zeigen.

Diese partielle Offenheit ist es, die Begriffe wie „Champion" oder „Kunstwerk", um ein anderes Beispiel Gallies aufzugreifen, notwendig „umstritten" macht: Als Sprecher wissen wir, dass wir denselben Begriff verwenden, so wie wir uns auch auf unumstrittene Beispiele einigen können. Aber wir wissen eben auch, dass man konkrete Fälle „anders sehen", d.h. dass man die Begriffsmerkmale verschieden spezifizieren und unterschiedlich gewichten kann. Und daher wissen wir, dass wir uns über konkrete Fälle streiten werden und dass diese Streitigkeiten sich nur bedingt auflösen lassen, etwa dadurch, dass ein Merkmal gemeinsam genauer (nur eben nicht: absolut eindeutig) bestimmt wird.[69] Das ändert allerdings nichts an der Definierbarkeit des Begriffs – denn es lassen sich die deskriptiven Merkmale klar, wenn auch nicht absolut eindeutig bestimmen.

---

[68] Gallie: „Essentially Contested Concepts", 172.
[69] Ebd., 174.

Daher sind essentiell umstrittene Begriffe durchaus, wie Gallie betont hat, funktional sinnvoll – sie erlauben uns genau jene moralische Orientierung in der Welt, die Williams dichten Begriffen als Aufgabe bzw. Funktion zugeschrieben hatte.[70] Und gerade mit Blick auf diese Funktion lassen sich essentiell umstrittene Begriffe zudem funktional kritisieren – weil sie eben doch zu unklar oder zu offen sind, um ihre Aufgabe erfolgreich zu erfüllen.[71]

(d) „Gewalt" als essentiell umstrittener Begriff
Dafür, „Gewalt" als essentiell umstrittenen Begriff zu verstehen, spricht vor allem, dass wir uns bei vielen (paradigmatischen) Fällen einig sind, dass es sich um Gewalt handelt, auch wenn wir bei anderen Phänomenen darüber streiten.[72] Uneinigkeit tritt etwa zutage, wenn es um Sportarten wie Boxen oder MMA geht, nicht aber bei Fällen wie dem Faustschlag ins Gesicht oder dem Schuss in den Kopf. Wie überzeugend diese Einordnung ist, hängt vor allem davon ab, ob sich für „Gewalt" zwei oder mehr deskriptive Merkmale angeben lassen. Insofern man die Verletzung durch einen gezielten Schlag als „Gewalt" von der Verletzung infolge eines unabsichtlich vom Baugerüst gestoßenen Werkzeugs unterscheiden sollte, wären bereits hier mehrere Merkmale zu diskutieren: „Gewalt" bezeichnet (a) menschliches Verhalten, das (b) absichtlich jemanden oder etwas (c) verletzt oder beschädigt.

Selbst wenn die Analyse von „Gewalt" als essentiell umstrittenem Begriff grundsätzlich gelingen mag, bleibt dennoch die Möglichkeit, dass der am Ende der Analyse definierte Gewaltbegriff einer funktionalen Kritik nicht standhält – weil sich unter Rückgriff auf ihn das Feld der verschiedenen Phänomene, die wir im Alltag in der einen oder anderen Form mit dieser Gewalt in Verbindung bringen, nicht klarer strukturieren und ordnen lässt als mit anderen Begriffen.

---

[70] Siehe ebd., 180.
[71] Ebd., 179.
[72] „Gewalt" im Anschluss an Gallie als „essentially contested concept" zu verstehen, schlagen auch Meßelken: *Gerechte Gewalt?*, 176-8 und de Haan: „Violence as an Essentially Contested Concept" vor. In beiden Fällen fehlt allerdings eine Auseinandersetzung mit Gallies Konzept und zudem eine eingehendere Begründung, *warum* Gewalt ein „essentiell umstrittener Begriff" sein sollte.

Der Vorschlag lautet, anders formuliert, den Gewaltbegriff als Werkzeug zu betrachten, mit dessen Hilfe wir uns in der von uns belebten Welt orientieren: indem er es uns erlaubt, eine bestimmte Gruppe von Verhaltensweisen deskriptiv klar und normativ gerechtfertigt als „Gewalt" von anderen zu unterscheiden und als grundsätzlich schlecht, d.h. in besonderem Maße einer Rechtfertigung bedürftig zu behandeln. Dies kann besser oder schlechter, differenzierter oder unkritischer, reflektierter oder ideologisierter geschehen.

Insofern muss sich diese Untersuchung daran messen lassen, ob und inwiefern die in ihr entwickelten Begriffe „fruchtbarer", d.h. *bessere* Werkzeuge sind als andere Gewaltbegriffe:[73] „Gewalt" sollte so klar bestimmt sein, dass dieser Begriff einerseits die so bezeichneten Phänomene eindeutiger zu erfassen und abzugrenzen erlaubt als alternative Begriffe, sonst wäre er überflüssig. Und er muss andererseits zum besseren Gelingen derjenigen sozialen Praktiken beitragen, in denen er genutzt wird – sonst wäre er weniger überflüssig als vielmehr schädlich.[74]

---

[73] Gallie: „Essentially Contested Concepts", 180.
[74] Peirce: „Wie unsere Ideen zu klären sind", 338-9. Damit sollte der Gewaltbegriff der (berechtigten) Forderung von Spierenburg („Violence", 18-9) gerecht werden, sowohl an der Alltagssemantik orientiert als auch analytisch klar genug zu sein, um gleichartige Phänomene aus verschiedenen sozialen und kulturellen Kontexten und Zeiten klar und präzise zu erfassen.

2. Gewalttat
Zum Begriff personaler Gewalt

Auf den ersten Blick scheint die tentative Bestimmung von „Gewalt" als Bezeichnung (und Bewertung) von *Verhaltensweisen*, die *absichtlich* jemanden oder etwas *verletzen* oder *beschädigen*, im Extremfall sogar töten bzw. zerstören, hinreichend zu sein. Mit diesem Gewaltbegriff lassen sich Gewalthandlungen von Unfällen, Unglücksfällen oder Schicksalsschlägen wie Naturkatastrophen oder tödlichen Krankheiten und sogar von fahrlässigen Verletzungen oder Tötungen unterscheiden. Warum sollte das nicht hinreichend sein? Zumal dieser Arbeit ja die Annahme zugrunde liegt, dass der Gewaltbegriff ein essentiell umstrittener und daher ohnehin nicht absolut eindeutig zu bestimmender Begriff ist?

Auch wenn mit der Annahme, „Gewalt" sei ein essentiell umstrittener Begriff, die Erwartung einhergeht, dass die einzelnen Merkmale dieses Begriffs „open in character" sind, so sind sie dennoch erläuterungsbedürftig. Das betrifft die Absichtlichkeit von Gewalthandlungen (2.1) ebenso wie ihren verletzenden Charakter (2.2) und die Frage, ob sich Gewalt allein durch die körperliche Verletzung des Opfers ausüben lässt (2.3). Zudem lässt die tentative Bestimmung die Frage offen, ob eine absichtliche Verletzung nur dann „Gewalt" ist, wenn das Opfer dieser Handlung in einer bestimmten Form auf sie reagiert (2.4).

Diese Erläuterungen grenzen die tentative Bestimmung weiter ein und führen so zu einem deutlich klareren, schärfer konturierten Gewaltbegriff. Dass es sich allerdings um einen essentiell umstrittenen Begriff handelt, lässt sich anhand einiger problematischer Fälle illustrieren, die ich abschließend diskutieren werde (2.5).

2.1. Throwing stones and breaking bones: Gewalt als absichtliche Verletzung

Es dürfte nahe liegen, die Absichtlichkeit von Gewalthandlungen so zu beschreiben, dass bei einer Gewalthandlung der Täter das Opfer verletzen *will*, im Gegensatz etwa zu der Fahrerin eines Unfallwagens, die weder die Kontrolle über ihr Fahrzeug verlieren noch den Passanten verletzen wollte. Nun lässt sich selbst diese Beschreibung (a) auf verschiedene Weise erläutern und konkretisieren, vor allem aber stellen sich zwei weitere Fragen: Wie ist (b) mit jenen Verletzungen umzugehen, die eine Handlung gegen den Willen der Täterin hervorruft? Und sollte dann nicht (c) unterschieden werden zwischen Verletzungen, die man selbst dem Opfer zufügt, und Verletzungen, die man lediglich zulässt oder nicht verhindert?

(a) Beabsichtigte Gewalt vs. unbeabsichtigte Verletzung
Inwiefern ist die These erläuterungsbedürftig, mit einer Gewalthandlung müsse der Täter das Opfer verletzen oder töten *wollen*?[1] Es ist offenkundig nicht relevant, ob es auch gelingt, denn wie jede Handlung, so können auch Gewalthandlungen misslingen. Wenn ein Scharfschütze sein Opfer nicht trifft und es infolge dessen nicht, wie geplant, tötet oder verletzt, dann verfehlt er sein Ziel, im übertragenen wie im wörtlichen Sinne. Die Handlung bleibt allerdings eine Gewalthandlung. Und es ist gleichermaßen irrelevant, ob es sich um eine von langer Hand geplante oder um eine spontane Handlung handelt. Der Scharfschütze wird seinen Schuss im Regelfall sorgsam planen, zumindest wird er bei größerer Entfernung Windgeschwindigkeiten u.ä. kalkulieren, bevor er den Abzug betätigt. Der Gewaltcharakter bliebe aber auch erhalten, wenn er den Schuss als Reaktion auf einen in seinem Sichtfeld auftauchenden feindlichen Kämpfer abgibt, Bruchteile von Sekunden nach dem besagten Auftauchen des Feindes. In beiden Fällen ist die Verletzung oder Tötung des Opfers beabsichtigt, es ist das, was erreicht werden soll, selbst wenn nicht gelingen sollte.

Das unterscheidet eine solche Handlung von dem Stolpern eines Kellners, infolge dessen einem Gast die auf dem Tablett des Kellners

---

[1] So etwa der Vorschlag von Honderich: *Violence for Equality*, 30-1, Nedelmann: „Gewaltsoziologie am Scheideweg", 62 und Hitzler: „Gewalt als Tätigkeit", 13.

stehende Flasche an den Kopf fliegt, denn hier ist keine Verletzungsabsicht zu erkennen. Daran ändert auch der Umstand nichts, dass der Kellner womöglich fahrlässig gehandelt hat, indem er etwa sein Tablett absichtlich zu voll beladen hatte oder während des Gehens lieber mit anderen Gästen geredet statt vor seine Füße geschaut hat. Das Stolpern ist, selbst wenn es aus Unachtsamkeit geschah, keine Gewalt, wenn auch eine (in diesem Fall) verletzende Handlung.[2] Genau dies ist aber beim Schuss des Scharfschützen der Fall: Dieser Handlung ist eine Verletzungsabsicht immanent, könnte man sagen; wer den Abzug drückt und auf einen Menschen schießt, der will diesen Menschen verletzen oder töten, denn das ist Sinn und Zweck einer solchen Handlung, es ist das, was sie macht, wozu sie dient.[3]

Engt man die Absichtlichkeit in diesem Sinne auf die Form der Handlung ein, eine Verletzungshandlung zu sein, dann heißt das allerdings auch, dass die Motive oder Gründe des Täters allenfalls bedingt relevant sind für die Frage, ob es sich bei seinem Verhalten um eine Gewalthandlung handelt. Der Schütze wendet Gewalt nicht nur dann an, wenn er schießt, weil er dafür bezahlt wird, weil es Teil seines Jobs ist oder er das Opfer hasst. Er wendet auch dann Gewalt an, wenn er von Dritten dazu gezwungen wird zu schießen.

Unter Umständen führt die vermeintlich klarere Formulierung „Gewalt bedeutet, dass der Täter das Opfer verletzen will" hier zu einer Verwirrung: Denn in diesem letztgenannten Fall „will" er das in einem ganz profunden Sinne ja gar nicht, sondern er wird gezwungen; und zugleich „will" er es in einer bestimmten Hinsicht natürlich doch, denn das, was er tut, ist eine ebenso berechenbare wie gezielte Verletzung des Opfers. Und in diesem Fall ist auch kein Rekurs auf pathologische Ursachen für das Verhalten des Täters möglich, die dem Schuss womöglich den Charakter einer Handlung nehmen könnten.[4]

---

[2] Vgl. Vorobej: *The Concept of Violence*, 8, 14.
[3] Ein Grenzfall wäre dann vielleicht eine Handlung, mit der eine Boxerin beim Schattenboxen aus Versehen und unbeabsichtigt einen Trainingspartner mit einem Haken oder einem High Kick trifft und verletzt, weil sie nicht darauf Acht gibt, wer sich außer ihr noch auf der Matte befindet.
[4] Wobei ich vermute, dass man pathologisches Gewalthandeln ebenso wie ein Gewalthandeln in Rauschzuständen unter Umständen grundsätzlich ähnlich beschreiben müsste, auch wenn die jeweilige Erklärung dann eine andere wäre. Zumindest, sofern in diesen Fällen das Verhalten des Täters

Es ist daher sinnvoll, die ursprünglich gewählte Formulierung beizubehalten und davon zu sprechen, dass Gewalthandlungen absichtliche, d.h. ungeachtet der Motive oder Gründe der Akteure *eindeutig* und *berechenbar* auf die Verletzung des Opfers abzielende Handlungen sind.

(b) Unbeabsichtigte Opfer beabsichtigter Gewalt
Auf diese Weise lässt sich auch ein anderes Problem lösen, das sich, je nach Lesart, aus der Formulierung „dass der Täter das Opfer verletzen will" ergeben kann: Gewalthandlungen können nicht nur misslingen, indem sie ihr Ziel verfehlen und das Opfer entweder gar nicht oder nicht in dem beabsichtigten Maße verletzen. Allzu oft treffen sie auch ein Opfer, auf das sie gerade nicht gezielt waren. Wurde diese Person dann etwa nicht Opfer von Gewalt, wenn der Täter *sie* doch gar nicht hatte verletzen wollen? Was ist, anders formuliert, mit sogenannten „Kollateralschäden", also mit Verletzungen oder Tötungen, die als Nebenfolgen bestimmter Handlungen auftreten, aber von dem Handelnden nicht beabsichtigt wurden? Wie etwa will man beschreiben, was Menschen zustößt, die im Zuge der Festnahme eines gewaltbereiten und bewaffneten Kriminellen in einem Mehrfamilienhaus verletzt werden, wenn man hier nicht von „Gewalt" reden darf? Sie zu verletzen ist das Ziel bzw. die Absicht weder des Polizisten, noch des Kriminellen, aber unter Umständen werden sie dennoch durch einen Querschläger verletzt oder sogar getötet, wenn es zwischen beiden zum Schusswechsel kommt.

Versteht man die Behauptung, nur absichtliche Verletzungen seien als „Gewalt" zu bezeichnen, so, dass dies auf das *konkrete* Ziel des Täters begrenzt bleibt, dann bedeutet das: Sofern sie nicht das Ziel der jeweiligen Handlungen waren, dürfte man bei Opfern absichtlichen Schusswaffengebrauchs nicht sagen, dass ihnen Gewalt angetan wurde. Ähnliches träfe dann auf jene Kriegstoten zu, deren Tötung zwar durch das Flächenbombardement eines Industriekomplexes verursacht wurde, die aber, anders als die industriellen Anlagen und die zugehörige Infrastruktur, nicht das eigentliche Ziel dieses Bombardements waren. Damit würden diese „Kollateralschä-

---

nicht aus anderen Motiven oder Gründen, sondern allein aus den pathologischen Faktoren bzw. aus der Wirkung der eingenommenen oder verabreichten Substanzen zu erklären ist.

den" letztlich eher den Betroffenen von Unfällen oder Naturkatastrophen gleichgestellt als den Opfern von Gewalthandlungen. Ein solches Vorgehen erweckt nicht zu Unrecht den Verdacht, dass es sich um einen Versuch handelt, einen Teil der Konsequenzen des eigenen Handelns durch vorgreifende Sprachhygiene dem Zugriff moralischer Kritik zu entziehen.[5] Aber sollte die Einschränkung von „Gewalt" auf absichtliche Verletzungen dann nicht aufgegeben werden?[6] Auch hier ist allerdings die Frage, ob die ebenso naheliegende wie vermutlich sogar korrekte Aussage, „sie wollte diese Menschen aber nicht verletzen", an dieser Stelle nicht mehr Probleme schafft als sie löst.

Zumindest bei den hier als Beispiel angeführten „Kollateralschäden" muss auf zweierlei hingewiesen werden. Erstens – und das wird auch in den Beispielen deutlich – bezeichnen wir auf diese Weise schwere oder tödliche Verletzungen oder Zerstörungen, die zwar nicht das eigentliche Ziel der jeweiligen Handlungen waren, die aber mögliche, teils sehr wahrscheinliche oder sogar unvermeidliche Nebenfolgen dieser Handlungen darstellen. Wer Industriekomplexe bombardiert oder in einer Menschenmenge das Feuer auf einen Flüchtigen eröffnet, der nimmt in Kauf, Menschen zu verletzen oder zu töten, die eigentlich nicht das Ziel seiner Handlung sind.[7] Das hat wesentlich mit dem Umstand zu tun, dass, zweitens, die entsprechenden Handlungen als solche Gewalthandlungen sind. Ganz gleich, welches Ziel sie treffen oder welche Opfer sie verletzen: *dass* sie die Getroffenen schädigen, verletzen oder töten, ist absehbar, denn das ist das, was diese Handlungen tun, wozu sie dienen. Sie sind, könnte man sagen, „wesenhaft" absichtliche Verletzungen. Das

---

[5] Siehe Coady: *Morality and Political Violence*, 132, der „collateral damage" als schlagendes Beispiel für jene Bestandteile der Rede über (militärische) Gewalthandlungen anführt, „that help to sanitize the horrible reality of war and other employments of political violence".

[6] So der Einwand von Bufacchi: *Violence and Social Justice*, 69-78.

[7] Siehe Vorobej: *The Concept of Violence*, 23 4. Dass mein Ziel also die Zerstörung der Fabrikanlagen, nicht aber die Tötung der Fabrikarbeiter ist, zeigt sich etwa daran, dass ich einen zweiten Angriff fliegen oder befehlen würde, wenn beim ersten die Fabrikanlagen nicht zerstört worden wären, aber nicht, wenn die Fabrikanlagen zerstört, aber nicht alle Fabrikarbeiter getötet worden wären (vgl. Bratman: *Shared Agency*, 19). Das ändert aber nichts an dem Umstand, dass die (mögliche) Tötung der Fabrikarbeiter als Nebenfolge in Kauf genommen wurde.

wird auch daran deutlich, dass sich bei ihnen ebenso wie bei anderen Gewalthandlungen unabhängig von diesem Charakter die Frage stellt, welche Motive oder Gründe die Täterin hatte, wobei eben auch Fahrlässigkeit oder sogar Unwissenheit um die Folgen der jeweiligen Handlung in einzelnen Fällen entscheidende Faktoren sein mögen.

Insofern die tatsächlich verursachten Verletzungen nicht das eigentliche Ziel dieser Handlungen waren, ähneln sie folglich eher misslungenen Gewalthandlungen: Der Täter erreicht nicht das, was er sich vorgenommen hat, nur dass es in diesem Fall nicht die ausbleibende Verletzung des Opfers ist, sondern die Verletzung von Opfern, deren Verletzung nicht beabsichtigt war. Auf dieselbe Weise müsste man auch die gezielte Tötung einer Person durch einen Scharfschützen beschreiben, der die falsche Person als Zielperson identifiziert und damit den Falschen getötet hat. Seine Handlung ist eine Gewalthandlung, aber sie ist genauso misslungen wie der Schuss, der das Ziel verfehlt, freilich mit anderen Folgen. Dass es sich hingegen um eine absichtliche Verletzung handelt, ist in beiden Fällen aufgrund des Charakters der Handlung selbst letztlich nicht zu bestreiten.

(c) Absicht vs. Verantwortung

Die Begrenzung von „Gewalt" auf Handlungen, die das Ziel absichtlich, d.h. eindeutig und berechenbar verletzen oder töten bzw. zerstören, ohne dass hiermit etwas über die Motive oder Gründe des Täters entschieden wäre, ist zudem aufschlussreich hinsichtlich zumindest eines Aspektes der moralischen Bewertung von Gewalthandlungen. Auf diese Weise lässt sich die Frage, ob die infrage stehende Handlung eine Gewalthandlung war, trennen sowohl von der Frage, wie sie abschließend moralisch zu bewerten ist, als auch von der Frage, ob bzw. inwiefern der Täter für die verursachte Verletzung verantwortlich zu machen ist.

Die Verwirrung, die die Rede davon, „dass der Täter das Opfer verletzen will", bereits bei der Beschreibung einiger Gewalthandlungen stiftete, dürfte sich ja gewissermaßen weiter vererben: Wenn er den Abzug gedrückt und die Verletzung gewollt hat, ist er verantwortlich und entsprechend zur Verantwortung zu ziehen. Wenn er es aber eigentlich nicht gewollt hat (weil er etwa gezwungen wurde), dann gilt doch das Gegenteil. Das Problem ist nicht, dass diese Beschreibung Schwierigkeiten bereiten dürfte, wenn die mannigfaltigen graduellen Unterschiede zwischen verschiedenen Täter-Opfer-Konstellationen angemessen abgebildet werden sollen. Auch utilitaristische Ansätze, denen zufolge ja ohnehin allein die Folgen der jeweiligen Handlungen für die moralische Bewertung relevant sind, können diesen graduellen Unterschieden mit Bezug auf verschiedene Grade der Verantwortlichkeit (und die entsprechend zu unterscheidenden Grade der Schwere der Schuld) Rechnung tragen.[8] Das Problem ist, dass diese Beschreibung dazu verleitet, die Frage der *Verantwortung für* die erlittene Verletzung mit der Frage nach ihrer *Absichtlichkeit* zu vermengen. Allein letztere aber ist entscheidend, wenn geklärt werden soll, ob es sich um eine Gewalthandlung oder eine andere Art der Verletzung handelt. Man könnte dies vielleicht so formulieren, dass man die Einordnung als Gewalthandlung als Antwort auf die Frage versteht, *was* die Akteurin getan hat, während die nach ihrer Verantwortung vor allem mit der Frage zusammenhängt, *warum* sie es getan hat. Das lässt die Möglichkeit offen, dass die Antwort auf die erste Frage Einfluss darauf hat, wie die Antwort auf die zweite Frage bei der moralischen Bewertung der Handlung gewichtet wird, weil etwa gewisse Gründe *grundsätzlich* gegen die Anwendung von Gewalt sprechen.[9]

Mit dieser Unterscheidung lässt sich zudem ein eng verwandtes Problem wenn nicht lösen, so doch etwas klarer fassen. Jörg Baberowski hat wie einige andere Autoren[10] die These vertreten, dass für die Frage, ob ein Verhalten die Bezeichnung „Gewalt" verdient, allein der Wille des Täters zählt, das Opfer zu verletzen. Dafür muss er es aber nicht selbst verletzen. Es reicht, dass er andere nicht daran hindert oder sie anstiftet, vielleicht sogar nötigt, das Opfer zu verletzen, es zum Beispiel zu töten. Mit Blick auf den Täter ist dann allein entscheidend, dass er diese schwere Verletzung *will*, und es ist unerheblich, ob er sie nun selbst verursacht oder sie „nur" zulässt. Diese These könnte noch gestützt werden durch die Beobachtung, dass ja auch Unterlassungen, insofern sie ein *willentliches* Nicht-Handeln darstellen, als Handlungen zu klassifizieren sind.

---

[8] Vgl. Singer: *Praktische Ethik*, 345-54, bes. 353-4.
[9] Auf diese Frage werde ich am Ende der Untersuchung in Kapitel 5 zurückkommen.
[10] Baberowski: *Räume der Gewalt*, 124. Siehe auch Bufacchi: *Violence and Social Justice*, 51-2, 61-3, Wimmer: *Gewalt und das Gewaltmonopol des Staates*, 5 und Harris: „The Marxist Conception of Violence", 190-1, 197-8.

Auch hier ist die Unterscheidung der Frage der Einordnung von jener der moralischen Bewertung und Verantwortung hilfreich. Letztere lässt sich hier wiederum sehr unterschiedlich beantworten, je nachdem, wie genau die Konstellation zwischen den Akteuren beschaffen ist. Mit Blick auf die bisher diskutierten einschlägigen Beispiele wie den Schuss mit dem Gewehr, den Stich mit dem Messer oder den Faustschlag spricht allerdings einiges dafür, „Gewalt" auf unabhängig von derartigen Faktoren berechenbar verletzende, d.h. auf *aktive*, tätliche Verletzungshandlungen zu beschränken.

Die Vorgesetzte mag dieselbe, im Zweifelsfall sogar eine größere Verantwortung für die Verletzungen tragen, die das Opfer erleiden musste. Zugefügt hat ihm diese Verletzung allerdings derjenige, der auf ihren Befehl hin zugeschlagen, geschossen oder gefoltert hat. Das Gegenbeispiel wäre daher der Unterstützer, der zwar selbst das Opfer nicht verletzt, aber andere dabei *aktiv* unterstützt, etwa durch Festhalten des Opfers. Der Unterstützer ist, anders als Zuschauer oder Vorgesetzte, in dem Sinne Mittäter, dass sein individuelles Handeln *Bestandteil* einer Gewalthandlung ist.[11] Nur handelt es sich eben daher bei seiner Handlung nicht um eine Unterlassung.

(d) Gewalt als absichtliche aktive Verletzung
Die Überlegungen zur Frage, ob man auch durch eine Unterlassung, durch ein Zulassen oder Nicht-Eingreifen Gewalt ausüben kann, sprechen meines Erachtens dafür, Gewalthandlungen über die Art und Weise der Verletzung, nicht aber über die Verantwortung für die zugefügte Verletzung zu bestimmen. Daher der Vorschlag, den Aspekt der Absichtlichkeit zu konkretisieren als aktive, berechenbare Verletzung des Opfers. Dennoch wird bereits hier deutlich, dass auch diese Konkretisierung in gewissem Sinne angreifbar und erläuterungsbedürftig ist.

Selbst wenn man ihr aber zustimmt, dann bleiben gerade hinsichtlich des Aspekts der Verletzung noch verschiedene Fragen offen. So ist unklar, ob nur auf eine bestimmte Weise, mit bestimmten Mitteln zugefügte Verletzungen als „Gewalt" zu klassifizieren sind. Diese Frage, die Gegenstand des dritten Abschnitts ist, lässt sich wiederum nur sinnvoll diskutieren, wenn man zuvor eine andere

---

[11] Hier haben wir es mit einer Variante kollektiver Gewalt zu tun, da Helfer und Täter das Opfer *gemeinsam* schwer verletzen, obwohl unter Umständen nur einer von ihnen das Opfer aktiv verletzt. Siehe dazu unten Kapitel 3.2.

Frage beantwortet hat: Ist *jede* absichtliche Verletzung, vom Rempler über den ausgerissenen Fingernagel bis zum eingeschlagenen Schädel, „Gewalt"?

2.2. *A World of Pain: Gewalt und andere Arten verletzenden Handelns*

Ad hoc würden wir wohl auf die Frage am Ende des vorigen Abschnittes antworten: Nein, in allen drei Beispielen – Rempler, ausgerissener Fingernagel, eingeschlagener Schädel – handelt es sich sicherlich um absichtliche Verletzungen, aber allenfalls die letzten beiden sind klarerweise Gewalthandlungen. Der Rempler hingegen ist vielleicht unnötig oder auch tadelnswert, aber wir würden ihn nicht ohne weiteres als Gewalthandlung einordnen. Es müsste sich schon um einen stark verletzenden Rempler handeln, damit wir bereit wären, die Rede von Gewalt zu akzeptieren. Damit stellt sich freilich die doppelte Frage, ob sich diese ad hoc-Antwort einerseits begründen lässt und was dies andererseits für unseren Begriff der Gewalt bedeutet?

Es ist zur Klärung dieser Fragen hilfreich, Gewalthandlungen in einem ersten Schritt zu unterscheiden sowohl von Handlungen, die das Opfer nur leicht verletzen, als auch von absichtlichen Tötungen, denen aus verschiedenen Gründen der Gewaltcharakter zu fehlen scheint (a). Diese Überlegungen legen nahe, „Gewalt" als absichtliche *schwere* Verletzung zu bestimmen, was allerdings das Problem aufzuwerfen scheint, dass ein und dieselbe Verletzungshandlung von unterschiedlichen Opfern auf sehr verschiedene Weise – und das bedeutet auch: einmal als schwere Verletzung, einmal als leichte – empfunden wird (b). Dieses Problem lässt sich auf zwei Arten lösen: Man kann einerseits die Schwere der Verletzung nicht auf die Empfindungen der Opfer, sondern auf ihre Körper, die durch die Handlung verletzt werden, zurückführen (c). Aussichtsreicher scheint mir allerdings der Ansatz zu sein, schwere Verletzungen als Verletzungen der Integrität des Opfers zu konkretisieren (d).

(a) Gewalthandlungen als schwer verletzende Einzeltaten
Die Eingrenzung auf schwere Verletzungen ist nicht nur ad hoc vorgenommen worden, sie ist auch erläuterungsbedürftig: Denn was genau macht eine Verletzung zu einer schweren Verletzung, die die

entsprechende Handlung als Gewalthandlung qualifiziert? Ein Rempler, so die in unserer Sprache sedimentierte Überzeugung, mag absichtlich geschehen sein, aber dennoch ist er keine Gewalthandlung, denn die Verletzung ist „nur leicht". Diese Überzeugung ließe sich vielleicht so ausformulieren, dass allein lebensbedrohliche oder tödliche Handlungen als „Gewalt" gelten können.

Zwei Überlegungen sprechen gegen diese Eingrenzung. Zum einen lässt sich bereits der Faustschlag ins Gesicht deutlich von dem Rempler unterscheiden hinsichtlich der Schwere der Verletzung: er verursacht stärkere Schmerzen und die schädigenden Einwirkungen auf Körper und Seele des Opfers sind deutlich schwerwiegender. Zum anderen ist es möglich, Menschen absichtlich lebensgefährliche oder tödliche Verletzungen zuzufügen, ohne dass man notwendig Gewalt anwenden muss.

Man braucht hier nicht einmal auf komplizierte Fälle wie jene zu verweisen, in denen jemand durch Rufmord oder ähnliches dazu getrieben wird, sich das Leben zu nehmen. In diese Kategorie gehören etwa auch die im vorigen Kapitel erwähnten unterlassenen Hilfeleistungen, indem man jemanden gezielt lebensnotwendige Güter wie Nahrung oder Medikamente vorenthält. Eine andere Möglichkeit, Menschen gewaltlos zu töten oder schwer zu verletzen, ist, sie absichtlich in Situationen zu bringen, die berechenbar ihren Tod zur Folge haben. Ein Beispiel hierfür wären gezielt weitergegebene Falschinformationen („*Natürlich* ist das Eis dick genug, um Dich zu tragen.", „Durch dieses Viertel kannst Du auch nachts gehen, das ist sicher, keine Sorge!"). In all diesen Fällen ist das eigene Tun nicht nur verantwortlich für den Tod eines Menschen, es hatte diesen auch zum Ziel. Das macht es zu einer absichtlichen Tötung oder zu einer absichtlichen schweren Verletzung, ohne dass die Rede von „Gewalt" hier zwangsläufig angemessen wäre.

Schwieriger sind jene Fälle einzuordnen, in denen der Täter sein Opfer tötet oder schwer verletzt durch eine Reihe einzelner Handlungen, die für sich genommen allenfalls leichte Verletzungen darstellen oder mitunter gar keine Verletzungen sind. Das einschlägige Beispiel hierfür sind Vergiftungen: Der Täter hat die Möglichkeit, sein Opfer schwer zu verletzen oder zu töten, indem er ihm über einen längeren Zeitraum hinweg heimlich entsprechend lethale Mengen einer oder mehrerer schädlicher Substanzen verabreicht. Es handelt sich eindeutig um eine ebenso absichtliche wie berechenbar schwere Verletzung des Opfers, weshalb einige Autoren den Schluss gezogen haben, dass es sich in diesem Fall genauso um „Gewalt" handele wie bei dem Schlag ins Gesicht oder dem Kopfschuss.[12]

Das Problem ist nicht, dass es sich um eine absichtliche schwere Verletzung bzw. um eine absichtliche Tötung handelt. Irritierend ist allerdings, dass hier aus einer Vielzahl einzelner Handlungen, die *in der Summe* diese schwere oder tödliche Verletzung zur Folge haben, gewissermaßen eine einzige Handlung gemacht wird. Das ist deshalb irritierend, weil denkbar ist, dass einige dieser einzelnen Handlungen selbst Gewalthandlungen sind, während dies für andere nicht gilt. Das Gift kann dem Opfer ja ohne Gewalt und auch ohne jede Verletzung zugeführt werden, etwa mit dem Essen; aber dies kann genauso gut in einem Gewaltakt geschehen, was sich vielleicht am besten an der gewaltsam gesetzten Spritze verdeutlichen lässt.[13]

Das spricht dafür, unter Gewalthandlungen absichtlich schwer verletzende Einzelhandlungen zu verstehen, nicht aber Reihen oder Gruppen von Handlungen, die lediglich in der Summe das Opfer schwer oder sogar tödlich verletzen. Aber selbst wenn man außer Acht lässt, dass diese Eingrenzung zwar plausibel sein mag, aber dennoch Fragen aufwirft etwa hinsichtlich von Fällen wie Mobbing (auch hier kann es sich um eine Menge von – für sich genommen – nur leicht verletzenden Handlungen handeln), so bleibt zu klären: Was genau macht die Schwere jener Verletzungen aus, die wir als Gewalthandlungen einordnen? Aus den genannten Gründen ist die Eingrenzung auf tödliche oder lebensgefährliche Verletzungen ja ungenügend.

Mit Blick auf die Beispiele des Remplers und des Faustschlags bietet sich die folgende Eingrenzung an: Schwere Verletzungen beeinträchtigen das Verhalten des Opfers stark, es sind Verletzungen, die wir nicht ignorieren *können*, weil sie unser Verhalten unmittelbar beeinflussen. Das zielt nicht unbedingt auf den unvermittelt ausgestoßenen Schmerzensschrei oder das Humpeln, das sich unweigerlich nach dem Schuss ins Bein einstellt. Entscheidend ist mit anderen Worten nicht die Art der Reaktion auf die erlittene Verletzung, sondern dass wir sie nicht einfach ausblenden oder ignorieren können, dass der Schmerz sich nicht ohne weiteres aus dem Bewusstsein drängen lässt. Ein Messerstich, der tief in einen Muskel

---

[12] Vgl. Lawrence: „Violence", 34 und Meßelken: *Gerechte Gewalt?*, 158.
[13] Coady: *Morality and Political Violence*, 41.

schneidet oder innere Organe wie Lunge oder Nieren verletzt, *wird von uns mit Notwendigkeit wahrgenommen*, und die Schmerzen, die er verursacht, können von uns auch nicht einfach ausgeblendet werden. Boxer wiederum lernen zwar, mit den Schmerzen umzugehen, die die Treffer ihrer Gegner hervorrufen (wobei das im Kampf vom Körper ausgestoßene Adrenalin hier sicherlich hilft). Aber sie können sie dennoch nicht einfach „ausblenden". Sie spüren die rechte Gerade, die die Schläfe trifft, ebenso unweigerlich wie den Leberhaken – auch wenn weder die eine noch der andere sie „zu Boden schickt". Daher ist es in diesen Fällen durchaus angemessen, sogar zwingend, von „Gewalt" zu sprechen. Aber eben nicht im Falle eines Remplers, eines Tritts auf den Fuß oder einer unhöflichen Bemerkung.

Diese Erläuterung mag nicht mehr ganz den ad hoc-Charakter haben wie die simple Feststellung am Anfang dieses Abschnitts; und es spricht auch einiges dafür, dass der Gewaltbegriff unserer Umgangssprache auf diese Weise recht adäquat wiedergegeben wird, zumal diese Art der Unterscheidung zwischen leichten und schweren Verletzungen alles andere als unplausibel sein dürfte. Nur unterstellt sie, dass sich ebenso umstandslos wie allgemein anerkannt klären lässt, welche Verletzungen „schwer" und welche „leicht" sind. Das ist allerdings mehr als fraglich.

(b) Die Subjektivität des Gewaltempfindens
Das Problem dieser Variante der Einschränkung auf *schwere* Verletzungen liegt in dem Umstand, dass sie die Schwere der Verletzung letztlich an die Wahrnehmung einer Handlung *als* schwere Verletzung durch das jeweilige Opfer bindet. „Gewalt" liegt demnach allein dann vor, wenn das Opfer die erlittene Verletzung als schwere Verletzung empfindet.

Nun gibt es schwere Verletzungen, die das betroffene Opfer in keiner Weise empfindet oder wahrnimmt. Das gilt auch dann, wenn wir an dieser Stelle noch offen lassen, ob auch leblose Dinge Opfer von Gewalt, d.h. der so genannten „Gewalt gegen Sachen" werden können. Das naheliegende Beispiel wäre Gewalt gegen Menschen, die nicht wahrnehmen können, was mit ihnen geschieht, weil sie zum Beispiel im Koma liegen. Wer eine Komapatientin schlägt oder einen Komapatienten misshandelt oder missbraucht, wendet allem Anschein nach Gewalt an, ebenso wie das Opfer Gewalt erleidet, auch wenn es dies nicht spürt. Letztlich verschärft die Eingrenzung auf *schwer* verletzende Handlungen ein ohnehin im Raum stehendes Problem:[14] Was der eine als stark schmerzenden Schlag empfindet, kann für die andere (subjektiv) wenig mehr als ein freundschaftlicher Klaps sein.

Man könnte versucht sein, dieses Problem mit einem beiläufigen Hinweis auf die vermeintliche „Überempfindlichkeit" einiger Menschen lösen, oder besser: vom Tisch wischen zu wollen. Aber selbst wenn wir uns ohne Schwierigkeiten darin einig werden, dass die Wahrnehmung eines kräftigen Händedrucks als schwere Verletzung überzogen ist, so muss man doch in Rechnung stellen, dass Einzelne dies dennoch *authentisch* so empfinden können. Ähnliches gilt für Menschen, die selbst harte Schläge nicht als schwere Verletzungen empfinden, weil sie einfach keine starken Schmerzen verspüren. Beides, die drastisch erhöhte Empfindlichkeit ebenso wie die ungewöhnliche Unempfindlichkeit, sind ein Problem für den Vorschlag, „Gewalt" über als schwer empfundene Verletzungen zu bestimmen und auf diese Weise von anderen Verletzungshandlungen zu unterscheiden. Hinzu kommt, dass auch unser Schmerzempfinden nicht gänzlich unbeeinflusst bleibt von den jeweiligen gesellschaftlichen Rahmenbedingungen: Wie wir Situationen und Ereignisse erfahren und wahrnehmen, wie wir sie beurteilen, all das ist nicht unwesentlich geprägt durch die Habitus und Verhaltensweisen, die wir in unserer (jeweiligen) Gesellschaft erlernt haben. Dasselbe dürfte dann auch für die Erfahrung von Gewalt gelten, deren gesellschaftlich vermittelte Subjektivität dann praktisch unhintergehbar wäre.[15]

Natürlich liegt der Einwand nahe, dass es sich bei diesen Fällen um Ausnahmen handelt, die hier zu Unrecht aufgebauscht werden. Das Phänomen der Unempfindlichen ist nicht nur ebenso selten wie das Phänomen des Überempfindlichen; beide können wir im Regelfall recht gut erklären, d.h. wir können Gründe nennen, warum ihre Reaktionen auf diese Weise von den Reaktionen der Mehrheit abweichen. Gegen den Hinweis auf den Einfluss kontingenter sozialer Faktoren wiederum wird man vielleicht einwenden wollen, dass auch diese nicht überbewertet werden sollten. Schließlich ist es relativ gleichgültig, in welcher Gesellschaft jemand sozialisiert wurde, wenn es um die Frage geht, was er empfindet, wenn man ihm die Zähne ausschlägt. Was sich ändern mag, ist die Art und Weise, wie

---

[14] Ich danke Holmer Steinfath für den Hinweis auf dieses Problem.
[15] Vgl. Liebsch: *Verletztes Leben*, 85-6.

er damit umgeht und wie er darauf reagiert, obwohl man dieses Phänomen auch innerhalb einer Gesellschaft beobachten kann, wenn man etwa verschiedene soziale Milieus einander gegenüber stellt.

Dieser Einwand ist nicht gänzlich überzeugend, er zeigt aber eine mögliche Alternative auf: Die Frage, ob eine Handlung eine schwere Verletzung darstellt, muss unter Verweis auf Kriterien entschieden werden können, die nicht nur für das Opfer, sondern auch für beliebige unbeteiligte Dritte anwendbar sind.[16] Ungenügend ist sie, weil diese Kriterien ad hoc unter Berufung auf das, was „wir" wissen, worin „wir" uns einig sind, festgesetzt wurden. Die entscheidende Frage lautet daher: Wie lässt sich die Schwere der Verletzung so bestimmen, dass sie für die Beteiligten wie auch für beliebige Unbeteiligte grundsätzlich nachprüfbar ist?[17]

(c) Gewalt als Verletzung basaler Rechte
Eine Möglichkeit ist Bernard Gerts Vorschlag, schwere Verletzungen als Verletzungen der universalen Rechte des Opfers zu definieren.[18] Ob eine bestimmte Handlung eines dieser Rechte verletzt, lässt sich ja weitestgehend unabhängig von den Empfindungen des Opfers klären. Dieser Ansatz hätte zudem den Vorteil, dass sich diese Frage auch ohne eingehende Diskussion der konkreten Handlung und ihrer Umstände klären lässt: Bei einem Schlag ins Gesicht handelt es sich um eine Gewalthandlung, weil er das Recht auf körperliche Unversehrtheit verletzt, ganz gleich, welche Gründe der Täter für diesen Schlag hatte usw. Selbst bei so umstrittenen Fällen wie der im fünften Abschnitt noch zu diskutierenden Tötung auf Verlangen

---

[16] Bufacchi: *Violence and Social Justice*, 34-6, zur Perspektive einer beliebigen unbeteiligten Dritten vgl. auch Tugendhat: *Vorlesungen über Ethik*, 286-9.
[17] Dass sie „grundsätzlich" nachprüfbar sein muss, bedeutet hier lediglich, dass die Kriterien hinreichend transparent sind. Um tatsächlich in der Lage zu sein, entscheiden zu können, ob diese oder jene Person Gewalt erleidet oder erlitten hat, dürfte im konkreten Einzelfall deutlich mehr erforderlich sein als ein (abstraktes) Wissen um die entsprechenden Kriterien. Ohne eine gewisse Empathie gegenüber dem Opfer und ein gewisses Verständnis für dessen Perspektive und Lage etwa werden auch diese Kriterien wenig nützen.
[18] Siehe Gert: „Justifying Violence", 617. Vgl. auch Kuhn: „Macht – Autorität – Gewalt", 22, Bäck: „Thinking clearly about violence", 225 und Meßelken: *Gerechte Gewalt?*, 166-9, 178-82.

ließe sich auf diese Weise die Intuition rechtfertigen, dass es sich um eine Gewalthandlung handelt, obwohl das Opfer sie ja will oder vielleicht sogar einfordert.

Ein Problem dieses Ansatzes ist, dass unklar ist, ob jede Verletzung eines universalen Rechts eine Gewalthandlung ist, oder ob dies nur für einige dieser Rechte gilt. Denn zum einen kennen unterschiedliche moralphilosophische Ansätze je unterschiedlich umfangreiche Kataloge universaler Rechte; zum anderen gehören im Zweifelsfall auch das Recht auf freie Entfaltung der Persönlichkeit und das Recht auf freie Meinungsäußerung zu diesen universalen Rechten. Es gibt zahlreiche Möglichkeiten, diese Rechte zu verletzen, ohne Gewalt anzuwenden, etwa durch ein gesetzliches Verbot bestimmter Lebensstile.[19] Dies waren etwa Mittel der Verfolgung und Unterdrückung von Homosexuellen durch die Jahrhunderte, und diese Ausgrenzung und Kriminalisierung führte dann zu Gewalthandlungen gegen Homosexuelle, sie ist aber nicht mit ihnen identisch. Deutlich wird dies bereits bei Gert selbst, der „Gewalt" nicht nur als körperliche Verletzung, sondern auch als Verletzung des Rechts auf Freiheit und Chancengleichheit definiert.[20]

Dieses Problem ließe sich eventuell so lösen, dass man „Gewalt" definiert als Verletzung der „grundlegenden Rechte, [...] die erfüllt sein müssen, damit ein Mensch überhaupt irgendwelche Rechte einfordern und wahrnehmen kann"[21]. Körperliche und seelische Unversehrtheit wären etwa derart „grundlegende Rechte", da beides gegeben sein muss, um etwa das Recht auf freie Meinungsäußerung wahrnehmen zu können.

Diese von Daniel Meßelken vorgenommene[22] Eingrenzung auf *basale* universale Rechte ist zwar nicht unplausibel als Unterscheidung von basalen und nicht-basalen Menschenrechten. Aber es wirkt willkürlich, allein die Verletzung dieser basalen Rechte als „Gewalt" zu klassifizieren. Warum sollte nicht, wie Robert Spae-

---

[19] Bufacchi: „Two Concepts of Violence", 197.
[20] Gert: „Justifying Violence", 617: Gewalt ist eine Verletzung der ersten fünf „moral rules"; diese sind: „Do not kill / Do not cause pain / Do not disable / Do not deprive of freedom or opportunity / Do not deprive of pleasure" (ebd., 616). Bei Bäck: „Thinking clearly about violence", 227 wird dadurch auch passiver Widerstand zu Gewalt.
[21] Tugendhat: *Vorlesungen über Ethik*, 363.
[22] Meßelken: *Gerechte Gewalt?*, 150-5, 179.

mann behauptet hat,²³ auch die Hinderung einer Person, den ihr rechtmäßig zustehenden Platz zu besetzen, „Gewalt" sein? Natürlich wird man einwenden wollen, dass es doch einen Unterschied mache, ob man jemanden schlage oder ob man seinen Platz widerrechtlich besetzt halte. Das ist zwar richtig, es ändert aber nichts an der Tatsache, dass dieser Unterschied nicht an den Rechten selbst festzumachen ist, sondern wenigstens implizit auf weitere Kriterien rekurriert.

Dies verweist auf ein grundsätzliches Problem dieses Ansatzes. So gibt es eindeutige Gewalthandlungen, die keine Verletzungen derartiger Rechte sind. Ebenso wie das von Spierenburg angeführte „duel"²⁴ zielen Vollkontaktkampfsportarten, vom Amateurboxen bis zu den Turnieren im MMA, insbesondere in den Wettkämpfen auf schwere körperliche Verletzungen, die zudem vom Opfer nicht gewollt sind. Aber wer in den Ring steigt, der akzeptiert die Regeln des Wettkampfes und damit die Möglichkeit, dass er verletzt oder sogar K.O. geschlagen wird. Das Recht auf körperliche (und seelische) Unversehrtheit wird folglich von den Wettkämpfern selbst für die Dauer des Kampfes gegenüber dem Gegner *willentlich* aufgegeben. Ein K.O. ist folglich das Ergebnis einer Gewalthandlung, ohne eine Rechtsverletzung zu sein.²⁵

---

²³ Spaemann: „Moral und Gewalt", 152.
²⁴ Spierenburg: „Violence", 29.
²⁵ Vgl. Audi: „On the Meaning and Justification of Violence", 51, 68 sowie Bufacchi: „Two Concepts of Violence", 197. Daniel Meßelken hingegen behauptet, Boxkämpfe „[sollten] aus moralischer Sicht [...] nicht als Gewalt" bezeichnet werden, „da die Kontrahenten in den Kampf eingewilligt haben und somit zumindest keine Verletzung ihrer Interessen geltend machen können" (*Gerechte Gewalt?*, 180). Der Umstand, dass die Kontrahenten „keine Verletzung ihrer Interessen geltend machen können", lässt meines Erachtens nicht den Schluss zu, dass sie bzw. die entsprechenden Kampfhandlungen auch moralisch erlaubt sind. Vor allem aber ist nicht einzusehen, warum es sich hier nicht dennoch um (dann eben: moralisch erlaubte) Gewalt handeln sollte – ein Schlag ins Gesicht ist nun einmal ein Schlag ins Gesicht, ob im Boxring oder auf der Straße. Zumal zumindest die rechtliche Situation ja etwas komplizierter ist: Boxer dürfen ihre Gegner ebenso wenig für die regelkonformen Verletzungshandlungen verklagen wie Patienten Ärzte für die abgesprochenen Eingriffe. Aber anders als Patienten dürfen Boxer sich mit Gewalt wehren, sogar präventiv Gewalt anwenden (und ihr Versuch, das Handeln ihrer Gegner zu unterbinden, wäre anders als der Versuch eines Patienten, die Ärzte von dem Eingriff abzuhalten, auch nicht widersinnig).

Vor allem aber ermöglicht dieser Ansatz nur scheinbar eine befriedigende Antwort auf die hier virulente Frage, *welche Art* von Verletzungen denn als Gewalt bezeichnet werden darf bzw. muss. Selbst wenn man „Gewalt" auf die Verletzung des basalen Rechts auf körperliche und seelische Unversehrtheit beschränkt, so bleibt dennoch die Frage unbeantwortet, welche Verletzungen dieses Rechts *schwere* Verletzungen darstellen. Denn dieses Recht verletzt ja nicht allein, wer jemanden misshandelt oder zusammenschlägt, sondern im Grunde auch, wer eine Person anrempelt oder sie kratzt. Es ist mit anderen Worten nicht zu sehen, inwiefern dieser Ansatz die Frage, was eine *schwere* Verletzung ausmacht, zu beantworten vermag, ohne wenigstens implizit auf Überlegungen wie die hier entwickelten zurückzugreifen. Nur wäre dann nichts gewonnen, wenn man Gewalt als Verletzung universeller Rechte definiert, schließlich bleibt man auf die bereits angeführten, zusätzlichen Überlegungen dennoch angewiesen. Und die erwähnten Probleme bleiben ungelöst, von den zusätzlichen Problemen ganz abgesehen, die sich aus einem rechtebasierten Gewaltbegriff ergeben.

(d) Gewalt als Verletzung oder Zerstörung der Integrität des Opfers

Heißt das, dass uns als Alternative nur die bereits diskutierte Option bleibt, unter schweren Verletzungen jene zu verstehen, die das Verhalten des Opfers besonders stark beeinträchtigen und von ihm nicht ignoriert werden können? Man könnte vielleicht geltend machen, dass es sich hier letztlich um biologische Tatsachen handelt: Bestimmte Verletzungen unseres Körpers beeinträchtigen uns auf eine bestimmte Art und Weise und rufen daher berechenbar starke Schmerzempfindungen und entsprechende Reaktionen hervor. Genauer gesagt: Gewalthandlungen dominieren im Moment der Verletzung den Weltbezug des Opfers, sie können ihn kurzzeitig oder dauerhaft stark beeinträchtigen, beschädigen und auch zerstören.

Vittorio Bufacchi hat dies in der These gebündelt, dass Gewalt als absichtliche schwere Verletzung der „Integrität" des Lebewesens, genauer: als schwere Beschädigung oder Zerstörung seiner „wholeness or intactness" zu bestimmen ist.[26] Dies geht durchaus zusammen

---

[26] Bufacchi: *Violence and Social Justice*, 40, der dies allerdings bewusst auch auf unbelebte Gegenstände ausweitet. Eine nahezu identische Definition findet sich bei MacCallum: „What is Wrong with Violence?", 123, 127-7, 131-

mit der von Meßelken vorgeschlagenen Eingrenzung auf Verletzungen basaler Rechte, aber es liefert eine begründete Unterscheidung zwischen Verletzungen dieser Rechte, die (noch) keine Gewalt darstellen, und solchen, die zweifelsfreie Fälle von Gewalt sind. Die Bestimmung von Gewalt als Beschädigung oder Zerstörung der Integrität, d.h. der Fähigkeit, sich auf die Welt zu beziehen und mit ihr zu interagieren, gelingt nicht durch einen Schubser oder Rempler und im Regelfall auch nicht durch eine rüpelhafte Bemerkung, wohl aber durch einen Schlag ins Gesicht oder einen Schuss in den Kopf. Damit ist die subjektive Empfindung des Opfers weder irrelevant noch wird sie ignoriert, schließlich geht es um seinen (beschädigten oder zerstörten) Weltbezug; aber sie kann kritisch hinterfragt werden unter Verweis auf das, was wir über unsere Lebensform und unsere Lebensweisen wissen.

Gerade der Hinweis auf die rüpelhafte Bemerkung, der sich die Beleidigung oder Beschimpfung an die Seite stellen lässt, zeigt allerdings weiteren Klärungsbedarf an. Wenn „Gewalt" die kurzzeitige, langfristige oder dauerhafte Beschädigung, Verletzung oder Zerstörung der Integrität eines Lebewesens ist, dann muss der Frage nachgegangen werden, ob „Gewalt" in diesem Sinne allein auf körperliche Verletzungen beschränkt ist.

2.3. Seelische Qualen: Die vielen Mittel der Gewalt

Mit Ausnahme der Beleidigung sind bisher allein Beispiele diskutiert worden, in denen Gewalt in einer Verletzung des Körpers des Opfers durch eine körperliche Einwirkung bewerkstelligt wird – ein Stich, ein Schlag, ein Schuss. Und auch der Vorschlag, Gewalthandlungen als Verletzungen oder Zerstörungen der Integrität des Opfers als Lebewesen zu bestimmen, dürfte in erster Linie Vorstellungen von verletzten, verstümmelten oder getöteten Körpern wachrufen.

---

22. Ähnliche Bestimmungen finden sich auch bei Audi: „On the Meaning and Justification of Violence", 59-60 (hier allerdings aufgeteilt auf drei verschiedene Gewaltbegriffe, deren Beziehung zu einander unklar bleibt) und bei Lawrence: „Violence", 35, der zwar zurecht die Notwendigkeit des Vorliegens von *„biological damage"* oder *„psychological impairment"* herausstreicht, allerdings auch *„property destruction"* einschließt.

Auf diese Weise wird „Gewalt" letztlich vor allem als *körperliche* Gewalt gedacht und vorgestellt.[27] Dass diese Sichtweise womöglich einseitig ist, legt bereits der Hinweis nahe, dass die Verletzung der Integrität in einer schweren Schädigung oder Zerstörung des Weltbezugs des Opfers besteht. Besonders deutlich wird dies im Falle der Folter, einem der Paradebeispiele für Gewalthandlungen. Denn wir wissen, dass insbesondere moderne Foltermethoden häufig ohne jegliche Verletzungen des Körpers des Opfers erfolgreich seine „wholeness or intactness" verletzen oder zerstören.

Dennoch haben einige Autoren die These vertreten, dass nichtkörperliche Gewalt körperlicher Gewalt nicht gleichgestellt werden dürfe, weil der Täter auf diese Weise sein Opfer nicht in gleichem Maße berechenbar verletzen könne (a). Die entsprechenden Argumente lassen sich allerdings zu großen Teilen entkräften: Weder ist nicht-körperliche Gewalt für ihren Erfolg notwendig an sozial kontingente Voraussetzungen gebunden (b), noch besitzt das Opfer die Möglichkeit, sich ihren Wirkungen beliebig zu entziehen (c). Das bedeutet allerdings im Umkehrschluss, dass wir offen sein müssen für eine Vielfalt an Möglichkeiten und Mitteln der Gewaltausübung (d).

(a) Körperliche vs. nicht-körperliche Gewalt
Die Sichtweise, dass körperliche von nicht-körperlicher Gewalt wenigstens klar unterschieden werden müsse, die im Extrem die Möglichkeit nicht-körperlicher Gewalt letztlich verneint, setzt im Grunde bei der gerade erläuterten Eingrenzung von „Gewalt" auf Verletzungen oder Zerstörungen der Integrität des Opfers an. Nur dass sie davon ausgeht, dass dies allein durch eine körperliche Verletzung des Opfers *berechenbar* gelingen kann. Es sind im Wesentlichen zwei Argumente, mit denen diese Behauptung gestützt werden soll.

Wenn nicht-körperliche Gewalt gelingen soll, so das erste Argument, dann muss das Opfer die entsprechend eingesetzten Mittel erkennen oder deuten können, damit der Täter es auf diese Weise (schwer) verletzen kann. Ich muss etwa die verwendete Sprache ver-

---

[27] Siehe dazu beispielhaft Wells: „Is ‚Just Violence' like ‚Just War'?", 29, Dewey: „Force, Violence and Law", 212, Forschner: „Gewalt und Politische Gesellschaft", 18, Nedelmann: „Gewaltsoziologie am Scheideweg", 73-4 und Keane: *Violence and Democracy*, 34-5.

stehen, um eine Aussage als Beleidigung erkennen und empfinden zu können, oder ich muss bestimmte Darstellungen von mir in Videos oder Bildern entsprechend dechiffrieren können. Das hieße natürlich umgekehrt, dass unter Umständen mein Verhalten, das ich aufgrund meiner Sozialisation als vollkommen unproblematisch erachte, von anderen Menschen als verletzend oder verstörend empfunden wird. Dies würde nicht nur die Berechenbarkeit, sondern auch die Absichtlichkeit, die für Gewalthandlungen gefordert wurden, im Falle nicht-körperlicher Gewalt problematisch werden lassen. Zugespitzt formuliert lautet das Argument, dass der Erfolg und damit die Berechenbarkeit nicht-körperlicher Gewalt an Voraussetzungen gebunden sind, die nur in bestimmten sozialen oder kulturellen Kontexten gegeben sind. Die einzige notwendige Bedingung für den Erfolg körperlicher Gewalt ist hingegen, dass das Opfer einen empfindungsfähigen Körper besitzt, was für Menschen nun einmal per definitionem gilt.[28]

Das zweite Argument lautet, dass nicht-körperliche Gewalt auch deshalb nur bedingt berechenbar ist, weil das Opfer anders als im Falle körperlicher Gewalt in der Lage sei, die entsprechenden Verletzungen zu „ignorieren"[29]. In gewisser Weise, so die These, sei nicht-körperliche Gewalt für das Gelingen auf so etwas wie die „Mitwirkung" des Opfers angewiesen.[30] Hinter diesem Argument scheint die Vorstellung zu stehen, dass wir etwa Beleidigungen, die hier im Regelfall als Beispiel für nicht-körperliche Gewalt diskutiert werden,[31] ausblenden oder „nicht an uns heran lassen" können. So wie es einerseits geschehen kann, dass ich jemanden ohne jede Verletzungsabsicht durch mein Verhalten schwer verletze, so ist es umgekehrt möglich, dass ich jemanden gezielt beleidige, der zwar meine

---

[28] Lindenberger und Lüdtke: „Einleitung", 9, Hugger: „Elemente einer Kulturanthropologie der Gewalt", 19-20.
[29] Searle: *Making the Social World*, 191, ähnlich Nunner-Winkler: „Überlegungen zum Gewaltbegriff", 39-40.
[30] Nunner-Winkler: „Überlegungen zum Gewaltbegriff", 39. Dies behauptet auch Reemtsma (*Vertrauen und Gewalt*, 131), der allerdings trotzdem an der Möglichkeit „psychischer" im Gegensatz zu „physischer" Gewalt festhält (vgl. ebd., 130).
[31] Siehe Nunner-Winkler: „Überlegungen zum Gewaltbegriff", 39-40. Zu Beleidigungen als Fällen nicht-körperlicher Gewalt siehe Krämer: „Sprache als Gewalt", 33-5 und Deines: „Verletzende Anerkennung", 277-9 sowie Zurbriggen: „Sexuelle Gewalt", 300-1 und Liebsch: *Verletztes Leben*, 90-3.

Aussage als Beleidigung versteht, sich aber nicht durch sie verletzen lässt.

Diese Sichtweise lässt sich in gewisser Weise durch eine Überlegung von Friedhelm Neidhardt illustrieren, die sich in ähnlicher Form auch bei Jörg Baberowski findet:[32] Die Berechenbarkeit körperlicher Gewalt, so die Formulierung Neidharts, mache diese zu einer „Universalsprache", d.h. zu einem Mittel, Absichten zu artikulieren und zu kommunizieren, das beliebige Adressaten beherrschen und verstehen.[33] Prinzipiell kann jeder Akteur mit Hilfe des eigenen Körpers Gewalt ausüben, ebenso wie prinzipiell jeder aufgrund seines Körpers Opfer von Gewalt werden kann. Wie Heinrich Popitz bemerkt hat, besitzt der Mensch nicht nur „Verletzungskraft, verletzende Aktionsmacht", er ist zugleich in „vielfältiger und subtiler Weise verletzungsoffen".[34] Und die damit gegebene Eindeutigkeit besitzen Gewalthandlungen nicht allein für den Täter und das Opfer als unmittelbaren Adressaten, sondern auch für Beobachter als möglicherweise mittelbaren Adressaten: „Blutverschmierte Körper, prügelnde Fäuste, schreiende Münder sind nicht zu ignorieren. Sie sprechen eine klare Sprache. Sie bedürfen keiner Erläuterung. Die Bilder sprechen für sich."[35]

Aber dies gilt eben nur für *körperliche* Gewalt, weswegen die hier zwischen Sprache und Gewalt gezogene Analogie in gewisser Weise irreführend sein kann: Denn für die meisten Sprachen scheint ja gerade die für körperliche Gewalt abgelehnte Möglichkeit des Missverstehens wie des Nicht-Verstehens konstitutiv zu sein.[36]

---

[32] Neidhardt: „Gewalt", 134, ähnlich Baberowski: *Räume der Gewalt*, 27-8.
[33] Siehe auch Wimmer: *Gewalt und das Gewaltmonopol des Staates*, 5-6.
[34] Popitz: *Phänomene der Macht*, 24. Die durch den eigenen Körper gegebene „Verletzungsmacht" lässt sich dann, wie Hannah Arendt bemerkt hat, durch „Werkzeuge" steigern, die, „wie alle Werkzeuge, dazu dienen, menschliche Stärke bzw. die der organischen ‚Werkzeuge' zu vervielfachen, bis das Stadium erreicht ist, wo die künstlichen Werkzeuge die natürlichen ganz und gar ersetzen" (Arendt: *Macht und Gewalt*, 47).
[35] Schroer: „Gewalt ohne Gesicht", 169.
[36] So der Einwand von Spaemann: „Moral und Gewalt", 158. Meine Vermutung ist, dass Neidhardt und Baberowski vor allem darauf abzielen, dass Gewalthandlungen dem Opfer die Verletzungsabsicht des Täters unmissverständlich deutlich machen und sie ihm in diesem Sinne „kommunizieren".

(b) Kulturelle Prägung und seelisches Leid
Inwiefern ist nicht-körperliche Gewalt für ihren Erfolg notwendig darauf angewiesen, dass das Opfer bestimmte Regeln kennt oder bestimmte Codes dechiffrieren kann? Dieser Einwand bezieht seine Plausibilität wesentlich aus dem Beispiel der Beleidigung, und hier mag es auch einleuchten, dass es gruppenspezifische Voraussetzungen gibt, die erfüllt sein müssen, damit der Täter Erfolg hat. Nur ist eine durch Sprechhandlungen ausgeübte Gewalt auf diese Weise nicht allein womöglich unvollständig beschrieben (worauf ich noch zurückkommen werde), sie ist zudem nicht zwangsläufig das beste Beispiel für nicht-körperliche Gewalt.

Folter hingegen ist eine Art Paradebeispiel für Gewalthandlungen. Allerdings setzen zahlreiche moderne Foltermethoden, die gemeinhin als „Weiße Folter" bezeichnet werden, in nicht wenigen Fällen gezielt an der Psyche des Opfers an.[37] Durch gezielten Schlafentzug, durch den Zwang, als extrem demütigend und erniedrigend empfundene Handlungen auszuführen (z.B. öffentlicher, von den Wärtern bejubelter Sex mit Tieren) oder durch extremen psychischen Stress soll das Opfer massiv verletzt und sein Wille gebrochen werden.[38] Man kann einen Menschen etwa glaubhaft eine Scheinhinrichtung durchleben lassen. Hierfür sind keine gruppenspezifischen Voraussetzungen zu beachten. Wer glaubt, dass man ihn hinrichten wird, der ist berechenbar massivem psychischem Stress ausgesetzt. Das gilt genauso für jemanden, der über Tage oder Wochen durch laute Musik oder nicht an zeitliche Rhythmen gebundene Besuche seiner Peiniger daran gehindert wird, in regelmäßigen Abständen ein Pensum von wenigstens vier Stunden Schlaf am Stück zu bekommen. Ein weiteres Beispiel wäre die so genannte „Stehfolter", etwa in der Variante des „Torstehens", wie es in den Lagern der Nazis häufig als „Strafe" eingesetzt wurde:

---

[37] Als „Weiße Folter" werden diese Techniken bezeichnet, weil sie den Körper des Opfers nicht schwer verletzen und damit keine körperlichen Spuren der schweren Misshandlungen zurückbleiben. Das „water boarding" bzw. die „Wasserfolter" wäre so ein Fall, da die Folterer sich hier berechenbare körperliche Reaktionen (Erstickungsgefühle) zunutze machen, um schweren seelischen Stress zu verursachen.

[38] Vgl. Sussmann: „What's Wrong with Torture", 5-10 sowie Scarry: *The Body in Pain*, 27-60.

Während die Arbeitskommandos ausrückten, wurden die Delinquenten frühmorgens ans Tor [des Lagers] gestellt, wo sie den Tag über unbeweglich verharren mussten. Nach einiger Zeit wankten manche wie Betrunkene und lehnten die Köpfe gegen die Mauer, andere mußten in Kniebeuge hocken, die Hände im Nacken zum „Sachsengruß" verschränkt. Kam ein Aufseher vorbei, riß man alle verbliebenen Kräfte zusammen, um stramme Haltung zu zeigen. Sonst gab es Fußtritte, oder der Häftling wurde mit dem Kopf gegen die Steinwand gestoßen, bis das Nasenbein gebrochen war. Das Torstehen war eine statische Folter ohne technische Hilfsmittel, eine Marter des Schweigens, ein öffentliches Standbild an einem Ort, wo ein Kommen und Gehen herrschte.[39]

Bei den Demütigungen, die Bestandteil der „weißen Folter" sind, gelingt die schwere Verletzung nicht, weil sie sich auf so etwas wie quasi-natürliche Schamgefühle stützt. Sie gelingt, weil sie das Opfer in eine Situation zwingt, wo sein *eigener* Körper tut, was die Folterer verlangen, obwohl es selbst dies nicht will. Die schwere seelische Verletzung, die „Brechung" des Opfers resultiert hier aus der Erfahrung des gebrochenen Willens. Denn wenn es mein Körper ist, der tut, was die Folterer verlangen, dann bin *ich* es, der tut, was meine Folterer verlangen, denn ich bin ja auch mein Körper – und damit der Komplize meiner Peiniger.[40]

Bei diesen Handlungen handelt es sich daher um nicht weniger berechenbare schwere Verletzungen als bei einem Messerstich. Was in der Rede von der Beschädigung oder Zerstörung des Weltbezugs des Opfers und auch in Heinrich Popitz' Hinweis, Menschen seien in „vielfältiger und subtiler Weise verletzungsoffen", implizit enthalten ist, lässt sich mit Blick auf die Variabilität der Foltermethoden so formulieren, dass die durch Gewalthandlungen bewirkte Verletzung das Opfer *als Ganzes* trifft, als „leib-seelische Einheit", wenn man so will. Das wird auch an dem Umstand deutlich, dass schwere körperliche Verletzungen im Zuge von Gewalterfahrungen mit zum Teil schweren Traumata und vergleichbaren *psychischen* Schäden einhergehen, so wie massives Mobbing oder seelische Folter nur in

---

[39] Sofsky: *Die Ordnung des Terrors*, 77-8. Siehe auch die Beschreibung des „Abendappells", ebd., 94-6.
[40] Siehe dazu Sussmann: „What's Wrong with Torture", 10-1 und Scarry: *The Body in Pain*, 47-9.

Ausnahmefällen ohne körperliche Folge- oder Begleitschäden bleiben.[41] Die durch sexualisierte Gewalt erlittenen Verletzungen etwa sind nicht selten vor allem seelischer Art.[42] Grundsätzlich zeigt dieser Einwand daher allenfalls, dass wir mit Beleidigungen, Ehrverletzungen u.ä. verschiedene Mittel zur Gewaltausübung einsetzen, die dann an jeweils unterschiedliche Voraussetzungen für ihren Erfolg gebunden sind. Nur ist das ja in jedem Falle so. Erfahrene Folterer werden sich wie geschickte Täter beim Mobbing nicht allein auf die spezifischen, an Herkunft oder Kultur gebundenen Wertvorstellungen und Überzeugungen des Opfers konzentrieren, sondern generell auf Opfer als Individuen mit bestimmten Vorlieben, Stärken und Schwächen. Man kann eben nur denjenigen nach Titus Andronicus' (und Arya Starks) Methode quälen, indem man ihm die eigenen Kinder als Fleischpastete vorsetzt, der auch Kinder hat und sie liebt. Spezifische, an diese oder jene Kultur oder Gesellschaft gebundene Vorstellungen oder Handlungen sind dann lediglich das Mittel, mit dem die (nicht-körperliche) Gewalt ausgeübt wird. Das gilt aber eben auch für die demonstrative Zerstörung gemeinsamen Eigentums durch den Partner im Falle häuslicher Gewalt. Und es gibt eben Mittel zur Ausübung nicht-körperlicher, d.h. nicht durch Verletzungen des Körpers des Opfers ausgeübter Gewalt, die für ihren Erfolg ebenso wenig auf kulturell kontingente „Repräsentationen" und deren Kenntnis aufseiten des Opfers angewiesen sind wie körperliche Gewalt.

Richtig ist, dass dies nicht in allen Fällen gilt, dass also nicht-körperliche Gewalt teils auf Strategien der Verletzung zurückgreift, die weder bei allen Opfern gleichermaßen berechenbar zum Erfolg füh-

---

[41] Vgl. Popitz: *Phänomene der Macht*, 45-6, Sofsky: *Traktat über die Gewalt*, 66-8 und von Trotha: „Zur Soziologie der Gewalt", 26-8, 31.
[42] Vgl. Brison: *Aftermath*, 15-6, 39-41. Mithu Sanyal (*Vergewaltigung*, 76-89, 90-3) hat allerdings darauf hingewiesen, dass *gerade* bei der Diskussion über Vergewaltigungen die Vorstellung, dass *jedes* Opfer schwere körperliche, vor allem aber schwere, womöglich dauerhafte seelische Verletzungen (Traumata) davontrage, einerseits falsch und andererseits problematisch ist: weil wir aufgrund dieser unreflektierten Vorstellung dazu neigen, von Opfern ein entsprechendes Verhalten zu erwarten und dann umgekehrt entsprechende Vorwürfe und Behauptungen skeptisch behandeln, wenn das Opfer sich nicht so verhält, wie *wir* meinen, dass Opfer von (sexualisierter) Gewalt sich verhalten *sollten*.

ren, noch von allen Beobachtern als Gewaltstrategien erkannt werden. Und das lässt dann auch die Möglichkeit offen, dass Täter in Einzelfällen Gewalt ausüben, ohne dies zu wollen oder darum zu wissen. Das heißt sie tun *absichtlich* etwas, das die Adressaten berechenbar schwer verletzt, ohne dass sie dies wissen und auch ohne dass sie sie schwer verletzen wollten.[43]

(c) Kritik nicht-körperlicher Gewalt und „victim blaming"
Wenn es aber theoretisch möglich ist, dass nicht-körperliche Gewalt durch Täter ausgeübt wird, die nicht wussten, dass sie Gewalt ausüben, und dies auch nicht tun wollten – ist es dann nicht ebenso theoretisch möglich, dass das Opfer dieser nicht-körperlichen Gewalt diese nicht wahrnimmt und daher auch nicht verletzt wird? Heißt das dann aber nicht, dass nicht-körperliche Verletzungen eben nicht mit (körperlicher) Gewalt gleich gestellt werden sollten? Denn die Wirkung des Faustschlages ist ja berechenbar, ihr kann sich das Opfer nicht entziehen.

Man muss hier zwei Fälle unterscheiden. Dass Opfer, erstens, durch die auf sie gezielte Gewalt nicht verletzt werden, unterscheidet nicht-körperliche ja nicht grundsätzlich von körperlicher Gewalt. Es handelt sich im Zweifelsfall um misslungene Gewalthandlungen. Der Schlag kann etwa nicht richtig treffen oder das Opfer ist überraschend unempfindlich. Der Täter war dann nicht erfolgreich, aber er hat fraglos Gewalt ausgeübt bzw. ausüben wollen. Und das wäre bei nicht-körperlicher Gewalt ebenso der Fall, wobei anzumerken ist, dass zu zeigen wäre, dass dieser Fall des nicht verletzten Opfers keine Seltenheit ist. Zumindest mit Blick auf die erwähnten Folter-Techniken wäre das allerdings, vorsichtig formuliert, äußerst überraschend.

---

[43] Damit ist nicht gesagt, dass das häufig geschieht, aber es kann eben auch nicht ausgeschlossen werden. Gerade mit Blick auf Sprache als Mittel der Gewaltausübung ist dies allerdings (siehe die hier vorausgesetzten sprachphilosophischen Annahmen, Kapitel 1.1), wenig überraschend: Wenn die Bedeutung dessen, was man sagt, d.h. wenn das, was man mit einer bestimmten Sprechhandlung tut, nicht von den subjektiven Vorstellungen der Sprecher, sondern von den Regeln der Sprache abhängt, dann kann es leicht geschehen, dass man mit einer Aussage etwas tut, was man vielleicht nicht hat tun wollen. Das geschieht uns bekanntlich häufig auch jenseits von Beleidigungen o.ä.

Der zweite Fall wäre derjenige, den Gertrud Nunner-Winkler gegen die Möglichkeit nicht-körperlicher Gewalt geltend gemacht hat:[44] Das Opfer entscheidet sich, sich durch die Handlung des Täters nicht verletzen zu lassen. Einerseits kennen wir die Strategie, entsprechende Handlungen als Betroffene zu ignorieren, aus ganz verschiedenen, mehr oder weniger alltäglichen Situationen. Und, zugegeben, sie funktioniert bisweilen in diesen Situationen, die wir dank ihr ohne größeren Stress, ohne größere seelische Verletzungen überstehen. Dieses Argument erinnert allerdings andererseits auf unangenehme Weise an das *victim blaming*, mit dem das Opfer verantwortlich gemacht wird für das von ihm Erlittene. Denn wenn das Opfer es in der Hand hat, ob es von dem Verhalten des Täters verletzt wird, warum sollte man ihm dann nicht vorwerfen, dass es sich hat verletzen lassen anstatt nicht „mitzumachen"? Die erfolgreiche Verletzung eines Opfers durch nicht-körperliche Gewalt wird so zu einem Zeichen von Schwäche, im Extremfall sogar von stiller Komplizenschaft des Opfers.

Als Argument gegen die Gleichrangigkeit von nicht-körperlicher und körperlicher Gewalt ist diese Überlegung auch jenseits problematischer Implikationen und trotz der sie scheinbar bestätigenden Alltagserfahrung dennoch nicht überzeugend. Mit Blick auf Stehfolter, Schlafentzug, Wasserfolter und andere Techniken der sogenannten „weißen Folter", aber auch mit Blick auf die gewaltsame und von massiven Drohungen begleitete Zerstörung der gemeinsamen Möbel durch den Partner, ist es schlichtweg absurd zu behaupten, das Opfer könne sich den Verletzungen in irgendeiner Form entziehen oder sie ignorieren. Und selbst das vermeintlich günstige Beispiel der „Beleidigung" spricht bei genauer Betrachtung eher gegen die Plausibilität dieser Überlegung.

Sicherlich kann der Versuch, jemanden mit Beleidigungen und Verleumdungen zu verletzen, leichter misslingen, als wenn man körperliche Gewalt anwendet. Aber zum einen bleibt „Du beschissener Kinderschänder!" auch dann eine Beleidigung, wenn der Adressat sie überhört oder nicht versteht,[45] zum anderen ist es einigermaßen absurd zu behaupten, dass es im Ermessen des Opfers liege, ob es durch diese oder vergleichbare Beschimpfungen wie „Schlampe!"

---

[44] Siehe nochmals Nunner-Winkler: „Überlegungen zum Gewaltbegriff", 39.
[45] Döring: *Gewalt und Kommunikation*, 21.

oder „Drecksneger!" verletzt wird. Wobei, wie Petra Gehring hervorgehoben hat,[46] hierbei auch nicht außer Acht gelassen werden darf, dass derartige Aussagen im Regelfall ja auf eine bestimmte Weise artikuliert werden (laut, aggressiv, brüllend, drohend, gehässig usw.) und eben auch daher das Opfer seelisch wie körperlich treffen.[47]

(d) Die mannigfaltige Verletzbarkeit menschlicher Lebewesen
Die Überlegungen dieses Abschnitts machen deutlich, dass die vorgeschlagene Bestimmung von Gewalt als massiver Beschädigung oder Zerstörung der Integrität des Opfers mit zwei ergänzenden Anmerkungen versehen werden muss.

Erstens wird diese Bestimmung zwar vor allem Vorstellungen der körperlichen Verletzung oder Zerstörung wachrufen, sie darf aber nicht auf diese beschränkt werden. Zumindest die „wholeness or intactness" von Lebewesen kann auf verschiedene Weisen beschädigt, verletzt oder zerstört werden, ohne dass die Täter körperlich auf das Opfer einwirken müssten. Insofern ist Gewalt als körperliche wie als nicht-körperliche möglich, denn zumindest wir Menschen sind, Heinrich Popitz' Formulierung noch einmal aufgreifend, in „vielfältiger und subtiler Weise verletzungsoffen".[48] Spezifizierende Bestimmungen der jeweils verwendeten Mittel zur Gewalt-

---

[46] Vgl. Gehring: *Über die Körperkraft von Sprache*, bes. 130-4.
[47] Es existiert eine durchaus umfangreiche philosophische Literatur zur Diskussion um „Gewalt durch Sprache". Siehe neben der Arbeit von Petra Gehring und der in Fn. 108 angeführten Literatur die Arbeiten in Krämer und Koch: *Gewalt in der Sprache* und in Corbineau-Hoffmann und Nicklas: *Gewalt der Sprache*.
[48] Popitz: *Phänomene der Macht*, 24. Vgl. auch Vorobej: *The Concept of Violence*, 174, 178. Alfred Hirsch (*Recht auf Gewalt?*, 33-4, 57) und Bernhard Waldenfels („Aporien der Gewalt", 14-5) haben das so formuliert, dass Gewalt den Menschen als „leibliches" Wesen verletzt, wobei mit „Leib" hier eben nicht nur der physische Körper, sondern all das, was dem Lebewesen Mensch den Weltbezug ermöglicht, angesprochen ist. Allerdings dehnen sowohl Waldenfels als auch Hirsch die Verletzbarkeit des „Leibes" teils weit über das hinaus, was hier als Verletzung durch nicht-körperliche Gewalt bestimmt wurde (vgl. ebd., 15 und Hirsch: *Recht auf Gewalt?*, 42). Zur Störung und Beschädigung des Weltbezugs durch starke Schmerzen siehe nochmals Scarry: *The Body in Pain*, 29-30, 34.

ausübung, etwa als „sprachliche", „sexualisierte" oder eben „körperliche" Gewalt, sind auch aus diesem Grunde im Einzelfall ebenso sinnvoll wie, je nach Fragestellung, notwendig.

Zweitens ist mit der Möglichkeit nicht-körperlicher Gewalt auch die Möglichkeit gegeben, dass in einzelnen Fällen Menschen nicht durch Verletzungsabsicht, sondern durch schlichte Unkenntnis sprachlicher oder anderer Konventionen oder durch Unachtsamkeit zu Gewalttätern werden. Angesichts der in diesem Abschnitt diskutieren Beispiele nicht-körperlicher Gewalt wäre dies vor allem im Falle von Sprechhandlungen denkbar, aber selbst hier dürfte es sich um einen eher seltenen Grenzfall handeln. Dennoch: Auszuschließen ist eine solche „unabsichtliche Gewalt" nicht!

2.4. Tränen, Schreie und zerstörte Seelen: Gewalt aus der Perspektive des Opfers

Die am Ende des vorigen Abschnittes diskutierte Frage nach den Spielräumen des Opfers im Umgang mit den Gewalthandlungen lässt sich allerdings noch unter einem anderen Gesichtspunkt diskutieren. Die Diskussion der Frage, ob bestimmte Verletzungshandlungen von ihren Opfern ignoriert werden können, unterstellt ja wie selbstverständlich, dass die Opferperspektive, genauer: dass die Wahrnehmung und Empfindung einer Behandlung *als* Verletzung ein notwendiges Merkmal von Gewalthandlungen ist.

Für diese Annahme spricht, dass sich allein unter Berufung auf diese Empfindung des Opfers eine notwendige Unterscheidung zwischen Gewalthandlungen und anderen stark verletzenden Handlungen, etwa bestimmten medizinischen Operationen, durchführen lässt. Allerdings ist es nicht allein die Empfindung von Schmerzen, sondern die Ablehnung des Opfers, d.h. dass es diese Verletzung nicht erfahren oder empfinden will, die den Gewaltcharakter ausmacht (a).

Gegen diese Bestimmung von „Gewalt" über die Ablehnung des Opfers spricht nach Ansicht mehrerer Autoren die Möglichkeit einer – auch außerhalb wissenschaftlicher Debatten häufiger erwähnten – „Gewalt gegen Sachen" (b). Allerdings lassen sich diejenigen Fälle, die eine Einordnung als „Gewalt" plausibel erscheinen lassen, besser als durch Zerstörung von Dingen *gegen Lebewesen* ausgeübte (nicht-körperliche) Gewalt analysieren (c).

Diese Analyse ergänzt nicht allein die Überlegungen der vorigen Abschnitte, indem sie die Haltung des Opfers zu den Gewalthandlungen präzisiert. Auf diese Weise wird auch eine entscheidende Annahme explizit gemacht und begründet, die ich bisher unterschlagen habe und die sich sowohl gegen die Rede von einer vermeintlich gegen leblose Dinge gerichteten „Gewalt gegen Sachen", als auch umgekehrt gegen die Beschränkung des Opferstatus auf Menschen wendet: dass nur empfindungsfähige Lebewesen, zu denen neben Menschen eben auch zahlreiche Tierarten gehören, Opfer von Gewalt werden können (d).

(a) Ungewollte Gewalt vs. gewünschte schwere Verletzung?
Schaut man sich die bisher diskutierten Beispiele für Gewalthandlungen an, dann fällt auf, dass es sich ausnahmslos um Fälle handelt, in denen Lebewesen, genauer gesagt: Menschen verletzt werden. Und diese Gewaltopfer empfinden das, was die Täter tun, im Regelfall als schwere Verletzung. Dies wurde lediglich dahingehend kritisch hinterfragt, dass nicht jede absichtlich verletzende Behandlung, die ein Opfer als schwere Verletzung empfindet, notwendig eine Gewalthandlung sein muss. Um Gewalt, so die These, handelt es sich allein dann, wenn der Weltbezug des Opfers zeitweise oder dauerhaft massiv beeinträchtigt, geschädigt oder zerstört wird. Und rückblickend auf die Diskussion des letzten Abschnittes ließe sich hinzufügen, dass es sich hier um Verletzungen handelt, die das Opfer als schwere Verletzungen erfahren *muss*, die es nicht einfach ignorieren oder ausblenden kann.

Das Problem ist, dass trotz aller bisher vorgenommenen Ein- und Abgrenzungen vor allem eine Frage offen bleibt: Muss das Opfer die Gewalt, die ihm widerfährt, in irgendeiner Form ablehnen oder nicht wollen? Die Frage mag seltsam erscheinen, sie zu beantworten ist allerdings zwingend: Denn verschiedene medizinische Eingriffe von der Wurzelbehandlung über Sterilisation bis zur Amputation beeinträchtigen, schädigen oder zerstören den Weltbezug der Patienten und werden je nach Situation zudem starke Schmerzen verursachen – und dennoch weigern wir uns gemeinhin, sie als „Gewalt" zu bezeichnen. Der simple Unterschied zwischen ihnen und Gewalthandlungen besteht augenscheinlich in dem Umstand, dass Gewalthandlungen, anders als die Verletzungen im Rahmen medizinischer Eingriffe, den Opfern *gegen ihren Willen* zugefügt werden. Eine Wurzelbehandlung oder ein vergleichbar schmerzhafter medizinischer Eingriff *kann* dann durchaus ein Fall von Gewalt sein, wenn er nämlich gegen den Willen der so Behandelten durchgeführt wird.[49]

Die Formulierung „gegen den Willen des Opfers" ist allerdings erläuterungsbedürftig. Man könnte etwa geneigt sein, hier eine Einschränkung vorzunehmen: „ ... sofern wir der Behandelten in dieser Situation ein kompetentes Urteil zugestehen." Es ist ja nicht so, als ob die Patientin, der ein Bein amputiert wird, dieses (im Regelfall) nicht würde behalten wollen; und es ist sicherlich auch nur äußerst selten der Fall, dass sie Schmerzen während der Operation verspüren möchte. Wenn wir sagen, dass sie dies dennoch „will", dann beziehen wir uns auf ihre grundsätzliche Zustimmung zu der Operation, d.h. auf ihre Einwilligung, das Bein amputiert zu bekommen, weil dies medizinisch notwendig ist bzw. weil sie allein auf diese Weise andere, von ihr stärker gewichtete Ziele (eine bestimmte Lebensqualität) erreicht. In diesem Fall ist es zwar eher unwahrscheinlich, dass sie eine Narkose ablehnt, aber sollte sie dies tun (bei Zahnbehandlungen kommt dies ja bisweilen vor), dann würden wir ähnliches hinsichtlich der Schmerzen sagen, die sie während und nach der Operation empfinden wird. Insofern sich aber mühelos Fälle denken lassen, in denen ein Patient nicht kompetent beurteilen kann, ob der medizinische Eingriff notwendig ist, scheint es vernünftig, das Nicht-Wollen nicht primär als *tatsächliche* Ablehnung, sondern als *gerechtfertigte* Ablehnung zu fassen. Zudem man so womöglich das umgekehrte Problem von Gewalthandlungen, die das Opfer tatsächlich wünscht, lösen könnte.[50]

Diese ergänzende Einschränkung auf gerechtfertigte Ablehnungen droht allerdings, die Ebene der moralischen Bewertung der entsprechenden Handlungen mit der Ebene ihrer angemessenen Beschreibung zu vermischen. Es mag sein, dass die Behandlung einer schwer geistig Behinderten oder eines schwer verwundeten Soldaten im Gefecht aus medizinischer Sicht notwendig und aus moralischer Sicht gerechtfertigt oder sogar geboten ist. Aber in beiden Fällen

---

[49] Vgl. Krämer: „Sprache als Gewalt", 34-5, 46, Forschner: „Gewalt und Politische Gesellschaft", 19 sowie Kean: *Violence and Democracy*, 35 und Boeckmann: „Was ist Gewalt?", 1051.
[50] Zu denken wäre hier etwa an die unten (Kapitel 2.5) als umstrittene Fälle diskutierten Beispiele sadomasochistischer Sexualpraktiken oder der Tötung auf Verlangen.

wird eine Person gegen ihren Willen schwer verletzt und erfährt schweres seelisches, eventuell auch körperliches Leid – *das* aber macht Gewalthandlungen aus und nicht, wie bereits diskutiert, die vermeintlich oder tatsächlich guten Gründe des Täters, die sein Verhalten entschuldigen oder erlauben. Das bedeutet aber, dass die Einordnung als Gewalttat hier angemessen ist, zumal dies den Rechtfertigungsdruck in angemessener Weise erhöhen dürfte (im Gegensatz zur Rede von einem „notwendigen medizinischen Eingriff"). Hier gilt Ähnliches wie bei der Rede von Kollateralschäden: Der Umstand, dass sich die infrage stehende Handlung (nachträglich) rechtfertigen lässt, liefert keinen hinreichenden Grund dafür, ihr den Gewaltcharakter abzusprechen. Wer nicht möchte, dass man ihm das Bein amputiert, der ist Opfer von Gewalt, wenn man es – gegen seinen Willen – dennoch tut.[51]

Eine andere Überlegung wäre die, den Unwillen des Opfers in der einen oder anderen Form an das Schmerzempfinden und die Abwehrreaktionen, d.h. an die erwartbaren *körperlichen* Reaktionen auf Verletzungen zu binden. Wenn wir an Gewalt denken, dann ruft dies ja jene Vorstellungen von den Tränen und Schreien wach, von denen in der Überschrift dieses Kapitels die Rede ist – schließlich finden wir solche Reaktionen bei Menschen vor, die verletzt werden.

Der Unwille des Opfers sollte allerdings nicht auf diese Reaktionen reduziert werden, denn es ist durchaus fraglich, ob Gewalt von körperlichen Abwehrreaktionen oder körperlichen Schmerzen begleitet werden *muss*, selbst wenn sie im Regelfall auftreten sollten. Mithu Sanyal hat etwa darauf hingewiesen, dass Opfer sexualisierter Gewalt weder zwingend starke körperliche oder seelische Qualen leiden, noch zwangsläufig mittel- oder langfristig traumatisiert sind aufgrund der ihnen widerfahrenen Gewalt.[52] Das bedeutet, dass der Unwille des Opfers im Zweifelsfall allein darin besteht, dass das Opfer nicht verletzt werden will.

---

[51] Vgl. Vorobej: *The Concept of Violence*, 8, 14-5.
[52] Siehe Sanyal: *Vergewaltigung*, 69-70. In diesem Falle handelt es sich Sanyal zufolge um eine Erwartungshaltung von uns als Beobachtern, die sich nachteilig für die Opfer sexualisierter Gewalt auswirken kann: Wenn sie nicht traumatisiert wirken, dann kann dies dazu führen, dass ihnen die Glaubwürdigkeit abgesprochen und die Wahrheit ihrer Behauptungen in Zweifel gezogen wird, eben weil sie nicht unserem Bild eines „typischen" Opfers sexualisierter Gewalt entsprechen.

Es ist daher *nicht* notwendig, dass das Opfer explizit oder durch Schmerzensschreie äußert, dass es nicht verletzt werden will, oder gar, dass es sich wehrt. Es ist hinreichend, dass das Opfer das, was ihm angetan wird, was der Täter mit ihm macht, ablehnt, dass es diese schwere Verletzung seiner Integrität grundsätzlich ablehnt. Das Opfer muss nicht notwendig körperliche oder seelische Leiden artikulieren, auch wenn nur schwer vorstellbar ist, dass wir Gewalt erfahren, ohne solche Leiden zu empfinden.

(b) Empfindungslose Dinge als Gewaltopfer?
Die Behauptung, Gewalt setze immer voraus, dass die entsprechende Verletzung vom Opfer als ungewolltes Widerfahrnis grundsätzlich nicht gewollt wird, schließt allerdings die Möglichkeit von „Gewalt gegen Sachen", d.h. gegen unbelebte Gegenstände kategorisch aus:[53] Unbelebte Gegenstände können nicht leiden, sie können folglich weder Schmerzen empfinden noch etwas als Widerfahrnis wahrnehmen und ablehnen, und daher können sie auch keine Gewalt erfahren. Weder eingeworfene Fensterscheiben noch angezündete Autos oder gesprengte Tempel könnten dann als „Opfer von Gewalt" bezeichnet werden.[54]

Auf den ersten Blick ist das plausibel, zumindest solange, wie wir mit der Bezeichnung „Opfer" entsprechende Bilder von menschlichem Leid, von Schmerzen, Schreien, Tränen, Blut und Tod verbinden. Aber einige Autoren haben eingewandt, dass eine derart kategorische Ablehnung einer möglichen „Gewalt gegen Sachen" aus wenigstens zwei Gründen zu überdenken ist. Zum einen gibt es auch jenseits der Beschädigung oder Zerstörung lebloser Dinge Handlungen, die wir eindeutig als Gewalthandlungen benennen und behandeln, obwohl das Opfer sich in keiner Weise zu seiner Verletzung durch den Täter verhält.[55] Ein Beispiel hierfür wäre vielleicht der Missbrauch bewusstloser, komatöser oder stark behinderter Menschen. Zum anderen übersehen wir die symbolische Dimension zu-

---

[53] Siehe zum Folgenden und zu den Problemen der Rede von unbelebten Gegenständen als Zielen bzw. „Opfern" von Gewalthandlungen ausführlicher meinen Aufsatz „Geschändete Statuen und getötete Ideen".
[54] Runkle: „Is Violence Always Wrong?", 370, Wells: „Is ‚Just Violence' like ‚Just War'?", 30.
[55] Vgl. Miller: „Violence, Force and Coercion", 15 und Krey: „Zum Gewaltbegriff im Strafrecht", 70-1, 92.

mindest einiger Beschädigungen und Zerstörungen, wenn wir sie einfach ausnahmslos als Sachbeschädigungen oder Fälle von Vandalismus abtun.⁵⁶ Martin Warnke und Dieter Metzler haben etwa darauf hingewiesen, dass es sich insbesondere bei Fällen politisch oder religiös motivierter Zerstörungen von Statuen, Bildern und Gebäuden um eminent symbolische Akte der (versuchten) Vernichtung der dort repräsentierten oder verehrten Ideen und Ideale, teils auch um den Versuch ihrer gänzlichen Tilgung aus dem Gedächtnis der Menschheit, eine sogenannte „damnatio memoriae", handelte und handelt:

> Grundvoraussetzung jeder politisch motivierten Bildzerstörung ist die wie auch immer im Einzelfall verstandene Identität von Bild und Abgebildetem. Im Bild soll der Dargestellte getroffen werden. [...] Der politische Sinn der von oben angeordneten Bilderstürme zielt – von vordergründigen Racheakten einmal abgesehen – mit der damnatio memoriae auf eine Korrektur der Geschichte. Durch Bildzerstörung soll Gewesenes geleugnet oder Zukünftiges verhindert werden. Bücherverbrennungen oder theologisch motivierte Bildervernichtungen gelten eindeutig der Propagierung vorhandener Ideen.⁵⁷

Dieser symbolische Gehalt der entsprechenden Handlungen – und damit auch ihre oft eminent politische Dimension – droht verloren zu gehen, wenn man sie einfach als Sachbeschädigungen abtut. Mehr noch: Die beschädigten oder zerstörten Dinge wurden weder willkürlich ausgewählt, noch war für die Täter ihre Beschädigung oder Zerstörung im Grunde nur Mittel zu einem gänzlich anderen Zweck. Die Dinge selbst, als Repräsentanten der angegriffenen Ideen, waren das bewusst gewählte Ziel der Zerstörung, so wie bei anderen Gewalthandlungen auch die Verletzung des Opfers den Kern der Handlung darstellt.

Einerseits setzt dies nicht die bisherigen Überlegungen außer Kraft, die für die Ablehnung der ihm widerfahrenden Gewalt durch das Opfer als notwendigem Aspekt des Gewaltbegriffs sprechen. Andererseits wird hier, so scheint mir, wenigstens von einigen Autoren eine Unterscheidung vorgenommen: Nicht jede Beschädigung oder Zerstörung eines Dinges ist „Gewalt gegen Sachen", sondern

---

⁵⁶ Canetti: *Masse und Macht*, 19, 66-7, Honderich: *Nach dem Terror*, 150 und Sofsky: *Traktat über die Gewalt*, 202-7, 209.
⁵⁷ Metzler: „Bilderstürme und Bilderfeindlichkeit", 18. Vgl. dazu auch Warnke: „Durchbrochene Geschichte?", 96.

nur in einigen Fällen, bei bestimmten Dingen bzw. bei bestimmten Motiven der Täter, ist diese Bezeichnung erlaubt.

Damit stellen sich zwei Fragen: Lässt sich eine solche Unterscheidung überzeugend begründen? Und falls dies nicht der Fall ist: Lassen sich alternative Analysen der hier als Belege für die Möglichkeit einer „Gewalt gegen Sachen" angeführten Fälle angeben, die wenigstens erklären, warum wir intuitiv einen Unterschied zwischen ihnen und so etwas wie dem Zerschmeißen von Porzellan oder Gläsern auf Partys machen?

(c) Gewalt gegen Sachen: Zwei Rechtfertigungsstrategien
Neben dem gerade skizzierten Argument, dass es sich bei Zerstörungen von Dingen dann um Gewalthandlungen handele, wenn sie eine entsprechende symbolische Bedeutung besäßen, wurde, unter anderem von Maximilian Forschner, noch ein weiteres Argument vorgebracht: „Gewalt gegen Sachen", so die These, liege im Falle einer absichtlichen Beschädigung oder Zerstörung *fremden Eigentums* vor.[58] Die (legale) Sprengung eines Hauses ließe sich dann von einem Bombenanschlag auf ein leeres Gebäude unterscheiden, da im zweiten Fall widerrechtlich anderer Menschen Eigentum beschädigt wird, was bei der Sprengung nicht geschieht. Derselbe Unterschied bestünde zwischen dem von Unbekannten angezündeten Auto und demselben Auto, das zu therapeutischen Zwecken von ihr selbst mit dem Vorschlaghammer demoliert wird.

Beginnen wir mit dem Eigentumsargument. Diese Konzeption von „Gewalt gegen Sachen" als Gewalt gegen fremdes Eigentum setzt nicht nur eine gehaltvolle Eigentumskonzeption voraus, was die Begründungslast nicht unwesentlich erhöht (auch wenn dies kein unlösbares Problem darstellt). Es ist aber auch unabhängig hiervon fraglich, warum der Gewaltcharakter einer Sachbeschädigung allein davon abhängig sein soll, wem diese Sache gehört oder von wem sie beschädigt wird. Zum einen wird auf diese Weise jede illegitime Sachbeschädigung zu einem Akt der Gewalt, einschließlich der Sprengung des Gartenzwergs der Nachbarn. Zum anderen drohen gerade jene Fälle, die für die Möglichkeit einer „Gewalt gegen Sachen" sprechen, problematisch zu werden, solange nicht geklärt

---

[58] Forschner: „Gewalt und politische Gesellschaft", 19. Ähnlich auch Wimmer: *Gewalt und das Gewaltmonopol des Staates*, 5 und Lawrence: „Violence", 35-6.

ist, auf welche Art von Eigentumsrechten, moralische oder positivrechtliche, hier Bezug genommen wird. Die Sprengung von Kulturdenkmälern einer unterdrückten Kultur durch die Staatsmacht ist im Zweifelsfall ebenso legal (wenn auch womöglich nicht legitim) wie die Schändung religiöser Symbole und Stätten – zumal wir hinreichend Möglichkeiten kennen, illegal wie illegitim fremdes Eigentum zu schädigen oder zu zerstören, die in keinem sinnvollen Sinne als „Gewalt" bezeichnet werden können (man denke etwa an die Abwertung einer Firma durch illegale Aktiengeschäfte). Ein weiterer Fall, der dieser Konzeption in jedem Falle Probleme bereitet, ist die Zerstörung des gemeinsamen Eigentums eines Paares durch einen der Partner, etwa im Zuge eines Streits.[59] Die von Forschner referierte Vorstellung, allein die Beschädigung oder Zerstörung *fremden* Eigentums sei Gewalt, ist zu unklar, um diese Probleme befriedigend lösen zu können.[60]

Das führt zurück zu dem Argument, dass es sich vor allem bei der symbolischen, im Regelfall politisch motivierten Zerstörung von Dingen mit einem entsprechenden politischen oder religiösen Symbolwert um „Gewalt gegen Sachen" handelt. Gerade die *politische* Dimension derartiger Zerstörungen legt allerdings nahe, dass mit ihr nicht allein eine abstrakte Idee, sondern vor allem auch die Anhänger dieser Idee, d.h. diejenigen, für die die zerstörte Sache einen entsprechenden Wert besitzt, getroffen und verletzt werden sollen.[61] Das verbindet sie übrigens weniger mit der Misshandlung bewusst-

---

[59] Die letztgenannten Handlungen fallen meines Wissens unter die diversen Gesetze der Bundesländer gegen „häusliche Gewalt" und das sogenannte „Gewaltschutzgesetz" („Gesetz zum zivilrechtlichen Schutz vor Gewalttaten und Nachstellungen" [„GewSchG"]), das in § 1 den Gegenstand auf Taten begrenzt, die „vorsätzlich den Körper, die Gesundheit oder die Freiheit einer anderen Person widerrechtlich verletz[en]".
[60] Friedhelm Neidhardt hat zudem darauf hingewiesen, dass die Behauptung, auch leblose Objekte könnten Opfer bzw. Objekt von Gewalthandlungen sein, vor allem den „stark am Eigentumsschutz orientierten Interessen des bürgerlichen Kulturstaates" entspricht (Neidhardt: „Gewalt", 122).
[61] Vgl. Belting: „Macht und Ohnmacht der Bilder", 103: Ikonoklasmus ist immer der Versuch „durch ihre [der Bilder] Beschädigung oder Verhöhnung die Anhänger, die sich davor gebeugt hatten, von ihrer Ohnmacht zu überzeugen (eine Art von drastischer Aufklärung). [...] Aber wen traf man damit eigentlich? Sicher nicht die Bilder als solche, sondern immer nur jene, die mit ihrer Hilfe Macht ausgeübt hatten, also Macht an die Bilder delegiert hatten."

loser Menschen (denen man ja wenigstens hypothetisch eine Ablehnung dieser Behandlung unterstellen darf), als mit der bereits erwähnten Zerstörung gemeinsamen Eigentums durch einen Partner: Es handelt sich um nicht-körperliche Gewalt, die das eigentliche Opfer, einen oder mehrere Menschen, durch die Zerstörung von Dingen verletzen, einschüchtern oder traumatisieren soll.

(d) Lebewesen als Opfer von Gewalt
Gewalthandlungen zeichnen sich folglich nicht allein durch das Leid aus, das sie dem Opfer zufügen. Es ist vor allem die Ablehnung des Opfers, der Umstand, dass es von dem Täter nicht verletzt werden will, die eine Verletzungshandlung zu einer Gewalthandlung macht. Im Regelfall wird sie Leid hervorrufen und das Opfer wird seine Ablehnung auch artikulieren, indem es sich vor Schmerzen windet und sein Leid herausschreit. Aber es sollte betont werden, dass dies keine zwingend notwendige Bedingung für das Vorliegen von Gewalt ist.

Aus diesem Grund können leblose Dinge, die keinen entsprechenden Willen besitzen und auch kein Leid empfinden können, keine Opfer von Gewalt werden.[62] Es spricht allerdings nichts dagegen, auch Tiere als mögliche Opfer von Gewalt anzusehen. Ebenso wie Menschen sind Tiere Lebewesen, die Schmerzen zu vermeiden suchen. Insofern sie aber keine Schmerzen leiden wollen, wollen sie auch nicht verletzt oder getötet werden. Verletzt man sie also oder versucht man, sie zu töten, dann widerfährt ihnen etwas, was sie nicht wollen. Sie erleiden dann „Gewalt", genauso wie der Erstklässler aus dem ersten Kapitel, dem der Viertklässler mit einem Faustschlag die Nase bricht.

Der Grund für die Annahme, dass Tiere Gewalterfahrungen machen, ist freilich ein Analogieschluss: Sie reagieren in der Regel auf Verletzungen auf vergleichbare Weise wie wir, etwa indem sie sich von der Quelle der Schmerzen zurückzuziehen versuchen. Es liegt nahe, dieses Verhalten analog zu dem von Menschen zu interpretieren: als Ausdruck eines Willens, nicht verletzt zu werden. Plausibel ist dies vor allem bei jenen Tieren, die über dieselben biologischen

---

[62] Inwiefern sich das mit den kommenden Entwicklungen in der Robotik und der künstlichen Intelligenz in dieser Allgemeinheit auch in Zukunft behaupten lässt, ist freilich offen.

Merkmale oder Eigenschaften verfügen, die beim Menschen als notwendige Voraussetzungen für das Schmerzempfinden gelten, wie etwa ein zentrales Nervensystem.[63]

2.5. Ersehnte Qualen und verletzte Dinge: Essentiell umstrittene Fälle von Gewalt

Die Diskussionen der letzten Abschnitte lassen sich im Grunde recht gut in einer verhältnismäßig klaren Definition bündeln: „Gewalt" bezeichnet *absichtliche schwere Verletzungen eines Lebewesens gegen seinen Willen*. Die Überlegungen, wie die einzelnen Merkmale zu erläutern oder genauer zu bestimmen sind, haben allerdings deutlich gemacht, dass diese auf den ersten Blick klare Definition mit verschiedenen Problemfällen konfrontiert ist, die sie infrage zu stellen scheinen: die Tötung durch Verabreichung giftiger Substanzen über einen langen Zeitraum hinweg, die Misshandlung bewusstloser Opfer bzw. die Zerstörung von Dingen mit hohem symbolischem Wert oder auch die vollkommen unbeabsichtigte berechenbare schwere Verletzung eines Opfers.

Diese Fälle stellen ein Problem für die Definition dar, weil sie bereits als Grenzfälle, insbesondere aber als umstrittene Fälle ihre partielle Offenheit und relative Unbestimmtheit aufzeigen (a). Das wird deutlich, wenn man drei einschlägige umstrittene Fälle etwas genauer analysiert: die willentliche Selbstverletzung (b), die nicht nur gewollte, sondern zudem lustvoll erfahrene Verletzung (c) und die schwere Verletzung durch objektiv nicht schwer verletzende Handlungen (d).

Diese beispielhaft gewählten umstrittenen Fälle bestätigen die eingangs (1.3) formulierte Annahme, dass der Gewaltbegriff ein essentiell umstrittener, d.h. hinreichend klar definierbarer, aber dennoch partiell offener Begriff ist (e).

(a) Grenzfälle vs. umstrittene Fälle
Grundsätzlich stellen Phänomene, deren Einordnung Probleme bereitet, eine Definition nicht zwangsläufig in Frage. Man muss sich in

---

[63] Vgl. Singer: *Praktische Ethik*, 117-8.

solchen Fällen durchaus den reformatorischen, tendenziell sogar revisionären Charakter einer philosophischen Begriffsanalyse in Erinnerung rufen und die Gründe hervorheben, die in diesen Fällen gegen die jeweils aus Intuition oder tradierten Überzeugungen vorgenommene Einordnung als „Gewalt" sprechen. Hinzufügen ließe sich, dass derartige „Grenzfälle" zudem schwerlich zu vermeiden sind, wenn man soziale Realitäten erfassen will. Robert Audi hat daher von unvermeidbaren, aber aufgrund ihrer Seltenheit auch vernachlässigbaren „borderline cases" gesprochen.[64]

Gegen diese Herangehensweise spricht allerdings nicht allein, dass die genannten Fälle deutlich häufiger auftreten dürften, als der Hinweis auf unvermeidbare, aber eben seltene „Grenzfälle" erwarten ließe. Problematisch ist vielmehr, dass zumindest die in diesem Kapitel diskutierten Problemfälle sich aus der Definition selbst ergeben. Es sind Fälle, die aufgrund der Merkmale des Begriffs, vor allem aber aufgrund ihrer partiellen Offenheit überhaupt erst zu Problemfällen (statt zu eindeutigen Entweder-Oder-Fällen) werden.

Zudem lassen sich hier zwei Typen von Problemfällen unterscheiden. Nur der erste Typus sind Grenzfälle im engeren Sinne, d.h. Fälle absichtlich schwer verletzenden und vom Opfer nicht gewollten Tuns, die aus verschiedenen Gründen *graduell* von Gewalthandlungen unterschieden zu sein scheinen. Der erwähnte Giftmord wäre wohl so ein Grenzfall, ebenso die äußerst aggressiv artikulierte Drohung. Hier ist das Problem, dass wir Schwierigkeiten haben zu entscheiden, ab welchem Punkt (schon) Gewalt vorliegt bzw. bis wann (noch) keine Gewalt ausgeübt wird.

Den zweiten Typus bilden eindeutig umstrittene Fälle wie die unabsichtliche schwere Verletzung. Hier ist es die partielle Unklarheit der einzelnen Merkmale, die für die Strittigkeit verantwortlich ist, weil sie sich eben nicht in einer eindeutigen Bestimmung auflösen lässt, wie eine ausführlichere Diskussion deutlich macht.

(b) Problemfall 1: Willentliche Selbstverletzung
Ein Problemfall, der auf den ersten Blick eigentlich keine Probleme bereiten sollte, ist die zumindest umgangssprachlich bekannte „Gewalt gegen sich selbst", die oft als „Autoaggression" bezeichnet wird. Wer sich selbst schwer verletzt, aus welchen Gründen auch immer, tut sich selbst Gewalt an, er ist folglich Täter und Opfer in

---

[64] Audi: „On the Meaning and Justification of Violence", 51.

einer Person.⁶⁵ Dann aber erscheint es schlicht widersinnig zu behaupten, dass der Täter absichtlich etwas tue, das das Opfer nicht wolle.

Eine etwas ausführlichere Begründung der Behauptung, es liege hier keine Gewalt vor, wäre der Verweis auf eine pathologische Erklärung dieses Verhaltens. Wer sich selbst schwer verletzt, indem er sich etwa mit einem Messer tief in den Arm schneidet, tut dies, sofern es überhaupt willentlich geschieht, aufgrund psychischer Probleme. Es ist also nicht er, der sich absichtlich schwer verletzt, sondern man müsste korrekterweise sagen: Die entsprechende psychische Krankheit ist die Ursache der Gewalthandlungen. Daher geschehen sie nicht nur gegen den Willen des Opfers, sondern gewissermaßen auch gegen den Willen des Täters. Es handelt sich also schon deshalb nicht um Gewalt, so das Argument, weil der Täter eben kein Täter ist, schließlich handelt er nicht willentlich, sondern unter Zwang. Lässt sich umgekehrt keine pathologische Ursache nachweisen, dann liegt nach diesem Denkmuster ebenfalls keine Gewalt vor, weil das Opfer die schwere Verletzung ja gewollt hat und daher kein Opfer im vollen Wortsinne, sondern eher so etwas wie das „Ziel der Handlung" ist.

Das Problem dieser Argumentation ist, dass ja bereits im ersten Abschnitt deutlich wurde, dass die Gründe und Motive des Täters allenfalls bedingt relevant sind für die Beantwortung der Frage, ob sein Tun eine Gewalthandlung darstellt. Entscheidend ist im Grunde allein die Verletzungsabsicht.⁶⁶ Und da dies auch Handeln unter Zwang einschließt, umfasst dieses Argument letztlich die hier angeführten pathologischen Fälle ebenso wie andere Fälle absichtlicher Selbstverletzung. Das ist auch insofern einleuchtend, als alles andere ja hieße, nicht allein den Schnitt in den eigenen Arm, sondern auch den aus vergleichbaren Motiven begangenen Kindesmissbrauch oder Mord nicht als Gewalthandlungen einzuordnen. Dabei droht

---

[65] Vgl. Runkle: „Is Violence Always Wrong?", 371 sowie Hitzler: „Gewalt als Tätigkeit", 14-6, der allerdings Gewalt mit „Arbeit" gleichsetzt, wodurch dann bereits Fasten – als ‚Arbeit an sich selbst' – zur „Gewalt gegen sich selbst" wird. Das ist, scheint mir, offensichtlich Unfug. Narr: „Physische Gewaltsamkeit", 543 führt als Beispiel für „Gewalt gegen sich selbst" die Einnahme von Drogen an, da es sich hier um eine willentliche Selbst-Verletzung handele.

[66] Siehe oben Kapitel 2.1.

die Frage nach der korrekten Kategorisierung einer bestimmten Handlung auf undurchsichtige Weise verbunden zu werden mit der Frage nach der moralischen Bewertung dieses Verhaltens. Für *diese* Frage ist von Bedeutung, ob die Gewalthandlung unter Zwang geschah. Aber ihre Dringlichkeit erhält sie gerade durch den Umstand, dass es sich zweifelsfrei um eine *Gewalt*handlung handelt.

Ein entscheidender Unterschied zwischen von Dritten erzwungenen Gewalthandlungen und einer Selbsttötung, so könnte man einwenden, liegt allerdings in der Identität von Täter und Opfer bei autoaggressiver Gewalt. Es ist ja dieser Umstand, der eine Beschreibung als vom Täter gewollte und vom Opfer nicht gewollte Handlung widersinnig erscheinen lässt. Aber es ist möglich, dass eine Person sich selbst schwer verletzt, weil sie nur so bestimmte Ziele erreichen kann. Coady führt das Beispiel eines Verbrechers an, der sich selbst ins Gesicht schlägt, damit er sich den ermittelnden Polizisten überzeugender als Opfer präsentieren kann.[67] Hier ist nicht zu leugnen, dass das Opfer die erlittene Gewalt gewollt hat. Aber es ist ebenso wenig zu leugnen, dass es sich bei seiner Handlung um eine absichtliche schwere Verletzung und daher um Gewalt handelt. Anders als etwa eine Boxerin nimmt der Verbrecher die Schmerzen und die Verletzungen nicht nur als potentielle Folgen in Kauf, sein Handeln *hat vielmehr das unmittelbare Ziel*, sich selbst zu verletzen.[68]

Interessant ist dieser Problemfall auch, weil er darauf hindeutet, dass die Identität von Täter und Opfer nicht ausschlaggebend ist. Der Verbrecher könnte ja auch eine Komplizin bitten, ihn zu schlagen. Selbst wenn man annimmt, dass der Geschlagene die so zugefügten schweren Verletzungen lieber nicht erlitten hätte – er fordert seine Komplizin explizit dazu auf, mehr noch: er hat sogar Gründe, sich entweder selbst schwer zu verletzen oder sich von seiner Komplizin schwer verletzen zu lassen. Außerdem ist diese Konstellation nicht signifikant verschieden von der eines Patienten, der um Sterbehilfe bittet. Und Petra Gehring hat die Einordnung der Sterbehilfe

---

[67] Coady: *Morality and Political Violence*, 35.
[68] Ein zusätzliches Problem, das dieser Fall aufwirft, ist die auf den ersten Blick eindeutige moralische Neutralität dieser Handlung, was gegen die eingangs behauptete präsumptive moralische Schlechtigkeit von Gewalthandlungen zu sprechen scheint. Ich werde im fünften Kapitel noch einmal auf diese Frage zurückkommen.

auf Verlangen der Getöteten mit dem plausiblen Argument als Gewalthandlung eingeordnet, dass es sich eindeutig um eine gezielte, sogar geplante „Tötung von fremder Hand"[69] handele: „Fremdtötung und Gewalt müssen aber synonym sein, wenn nicht überhaupt der tödliche Gewaltakt zur Fiktion werden soll, und die Tötung enttabuisiert."[70] Dabei wirft dieser Fall sogar noch ein weiteres Problem auf: Im Falle der Tötung auf Verlangen wird die „Fremdtötung" im Zweifelsfall durch Handlungen bewirkt, die, wie die Verabreichung zu hoch dosierter Schmerzmittel oder anderer Medikamente, von uns als „gewaltfrei", da ohne Schmerzen o.ä. auskommend, eingeordnet würde; es handelt sich also unter Umständen um einen „umstrittenen" und *zugleich* um einen „Grenzfall".

(c) Problemfall 2: Luststeigerung durch Gewalterfahrung
Ein weniger drastischer, aber vergleichbar problematischer Fall sind sadomasochistische Sexualpraktiken. Dass in einigen Fällen die Opfer der entsprechenden Handlungen des dominanten Partners schwer verletzt, sogar grausam behandelt werden, lässt sich schwerlich bestreiten. Es ist aber ebenso schwer zu bestreiten, dass es sich hier (wiederum: im Regelfall) um vom Opfer gewollte Gewalterfahrungen handelt; je nach Konstellation werden die Täter von ihren Opfern ja für die als Dienstleistung erbrachte Gewaltausübung bezahlt. Vittorio Bufacchi hat hierfür die, auch in seinem Ansatz paradox klingende, Bezeichnung „consensual violence"[71], „im Einvernehmen ausgeübte wie erfahrene Gewalt", vorgeschlagen.

Die Lusterfahrungen, die diese Praktiken aufseiten des Opfers hervorrufen, resultieren ja in nicht unwesentlichem Maße aus dem Ausgeliefertsein, also aus dem Umstand, dass man Opfer fremder Gewalt ist.[72] Auspeitschen, bis das Opfer blutet, Tritte in die Genitalien, Betropfen empfindlicher Körperstellen mit heißem Wachs

---

[69] Gehring: „Liberale Forderungen nach Sterbehilfe", 132.
[70] Ebd., 139. Vgl. auch ebd., 137: „Gleichwohl sprechen die Handlungen für sich: Der Patient ‚lässt' sich töten, und die professionelle Hilfe ist eine bewusste Verletzungshandlung und wird durch jemanden, juristisch gesprochen: im Wege der Fremdeinwirkung, erbracht." Siehe auch Imbusch: *Moderne und Gewalt*, 15.
[71] Bufacchi: *Violence and Social Justice*, 124.
[72] Ganz so einfach ist das Ganze freilich nicht: In den meisten Fällen haben „Dom" und „Sub" ein sogenanntes „safe word" vereinbart, durch dessen

und ähnliche Handlungen lassen sich allerdings schwerlich anders denn als Gewalthandlungen bezeichnen. Einige sadomasochistische Praktiken erinnern ja nicht von ungefähr an Folterpraktiken, teilweise werden sogar gezielt Folterszenarien nachgestellt. Reicht der Wille des Opfers, das sich aus freier Entscheidung bewusst diesen Qualen aussetzt, aus, um die Rede von Gewalt hier abzulehnen? Das scheint ebenso wenig überzeugend zu sein wie bei dem Verbrecher, der sich selbst schwer verletzt, oder bei dem Patienten, der um Tötung durch eine Ärztin ersucht.

Das hieße aber, dass es auch Fälle von Gewalt gibt, die nicht als vom Opfer ungewollt bezeichnet werden können. Denn das ist ein möglicher Unterschied zwischen diesen Fällen und dem der Unempfindlichen: Bei ihr ist davon auszugehen, dass sie weder verletzt noch getötet werden will; was ihr fehlt, sind lediglich die Schmerzwahrnehmung und, damit zusammenhängend, die entsprechenden (ablehnenden, abwehrenden) Reaktionen auf diese Schmerzwahrnehmung. Im Falle sadomasochistischer Praktiken wiederum fehlt die Ablehnung, aber trotz der Lusterfahrungen sind die Empfindungen von Schmerz und Leid eindeutig (und zwingend) vorhanden und werden auch entsprechend artikuliert durch Schreie u.ä. Nimmt man nun den Kontext hinzu, dann lässt sich das Tun des dominanten Partners nur als Gewalthandeln beschreiben und die zuvor gegebene Erläuterung, unter „ungewollt" seien nicht die körperlichen Reaktionen wie Schmerzen und Schreie, sondern allein die innere Ablehnung dessen, was geschieht, zu verstehen, erscheint fragwürdig.

Die bereits diskutierten Fälle der absichtlichen schweren Verletzung bewusstloser und nicht empfindungsfähiger Opfer und der Gewalt gegen leblose Dinge liegen zwar anders. Aber gemeinsam mit den verschiedenen Varianten der willentlichen Selbstverletzung oder Selbsttötung, die in diesem Abschnitt diskutiert wurden, sollten sie bereits deutlich machen, dass die Erläuterungen und konkretisierenden Bestimmungen der einzelnen Merkmale von Gewalthandlungen, wie sie bisher entwickelt wurden, zwar nicht willkürlich oder unbegründet, aber eben auch nicht gänzlich unkontrovers sind.

Aussprechen jeder der beiden an einem beliebigen Zeitpunkt das „Spiel" abbrechen kann. Meines Erachtens ist aber zu bezweifeln, dass dies für die Beschreibung der Handlungen des „Dom" als Gewalthandlungen relevant ist.

(d) Problemfall 3: Schwere Verletzung durch Bagatellen
Den bisher diskutierten Problemfällen ist die problematische Rolle des Opfers der entsprechenden Handlungen gemeinsam: Entweder *will* das Opfer die Gewalt erfahren oder die Frage, was das Opfer will, lässt sich nicht eindeutig oder allenfalls hypothetisch beantworten. Es gibt allerdings einen Grenzfall, bei dem nicht die Opferperspektive das Problem darstellt: Wenn jemand einen Überempfindlichen bewusst nur leicht verletzt in dem Wissen, dass seine Handlung objektiv, d. h. unserem Verständnis von „Gewalt" gemäß, keine Gewalt darstellt, diese aber vom Opfer authentisch als schwere Verletzung wahrgenommen wird.

Der naheliegende Einwand lautet, dass die Rede von Gewalt hier allein in dem Falle angemessen wäre, dass der Täter *wusste*, dass sein Opfer diese leichte Verletzung als schwere erfahren würde. Das löst allerdings das Problem einerseits nur ungenügend, denn es ändert ja nichts an dem Umstand, dass die Handlung des Täters objektiv keine schwer verletzende Handlung ist im Sinne der Erläuterung, dass eine solche in der Verletzung oder Zerstörung der Integrität des Opfers als (menschliches) Lebewesen bestünde. Richtig ist, dass insbesondere nicht-körperliche Gewalt wie etwa Mobbing dadurch verharmlost wird, dass die Täter „doch nur einen Witz gemacht" hätten und angeblich nicht hätten wissen können, dass das Opfer darauf „so empfindlich" reagieren würde. Es handelt sich hier um eine Verharmlosung, denn Mobbing zeichnet sich ja wesentlich dadurch aus, dass die Täter im Regelfall wissen, dass ihre vermeintlich unschuldigen, weil eigentlich nicht schwer verletzenden Handlungen in diesem Fall das Opfer berechenbar *schwer* verletzen.

Andererseits wissen wir, dass viele Handlungen, die unter Erwachsenen eindeutig *nicht* als Gewalt anzusehen sind, einen anderen Charakter haben, wenn man sich Kindern gegenüber auf diese Weise verhält. Das betrifft nicht allein körperliche Gewalt, auch wenn sich hier leicht Beispiele geben lassen, wie der so verharmloste „leichte Klaps" auf den Hinterkopf. Vor allem werden viele abweisende Verhaltensweisen von Kindern als deutlich schwerer verletzend erfahren, als dies bei Erwachsenen der Fall ist.[73] Hier liegt das Problem in

---

[73] Vgl. Deegener: „Erscheinungsformen und Ausmaße von Kindesmisshandlung", 33: „Insgesamt ist es schwierig, die Grenze zwischen psychischer Misshandlung und einem noch tolerierten [tolerierbaren? D.S.] Erziehungsverhalten zu ziehen. Demütigende elterliche Aussagen wie: ‚mein Gott, wie

der *Form* der Handlung, die für sich genommen die Bezeichnung als „Gewalt" nicht zulässt (weil solche Handlungen eigentlich nicht schwer verletzen), die aber in der besonderen Konstellation, nämlich im Umgang mit Überempfindlichen oder Kindern oder als Bestandteil von Mobbing, Gewaltcharakter haben *können*.

Und hierbei kann es dann auch zu Situationen kommen, in denen wir bei den Tätern in der Tat nur schwerlich eine Verletzungs*absicht* erkennen können, wobei man auch hier differenzieren muss. Es kann sich hierbei zum einen um solche Fälle handeln, in denen der Täter bestimmte Handlungen wie selbstverständlich ausführt, etwa weil er sich in einem sozialen Milieu bewegt, in dem „man das eben so macht"; auf Fälle dieser Art werde ich im vierten Kapitel bei der Diskussion institutionalisierter Gewalt zurückkommen. Es ist aber durchaus denkbar, dass Pauls ironische Bemerkung über die Qualität von Peters Schulaufsatz *wirklich* als Scherz gemeint war – obwohl sie Peter schwer seelisch verletzen *musste*, da ihm von seinen Eltern und Geschwistern wiederholt vorgeworfen wird, ein Versager zu sein, der „nichts auf die Reihe bekommt".

Noch schwieriger einzuordnen ist dieser Problemfall, wenn Paul die Bedeutung der von ihm gebrauchten Formulierungen nicht hinreichend kennt, weil er etwa die deutsche Sprache allenfalls rudimentär beherrscht oder lediglich einzelne Worte und Phrasen gelernt hat, ohne sie richtig zu verstehen. Und Ähnliches gilt umgekehrt für den Fall, dass Peter als Opfer die Gewalthandlungen nicht oder nicht mehr als solche wahrnimmt – weil er die Demütigungen nicht versteht oder weil er in einem Milieu sozialisiert wurde, in dem sie als „normal" oder „notwendig" und nicht als „Gewalt" behandelt werden.

(e) Als Verletzung offenkundig, als „Gewalt" umstritten
Diese und ähnlich gelagerte Fälle sind nicht umstritten, weil sie nur einige Merkmale dessen aufweisen, was wir gewöhnlich unter „Gewalt" verstehen. Gemeinsam ist ihnen lediglich, dass es sich um *schwere Verletzungen* handelt, wobei selbst dies mit Blick auf die

---

blöd bist du', ‚ich hau dir gleich eine runter', ‚du siehst wieder wie ein Schwein aus', ‚das kapierst du nie', die in anderen Zusammenhängen zwischen Erwachsenen durchaus als psychische Gewalt oder Mobbing gewertet würden, stellen noch immer weit verbreitete, in ihrer Destruktivität wenig beachtete Umgangsweisen von Eltern mit ihren Kindern dar."

schwere Verletzung durch grundsätzlich nur leicht verletzende Handlungen problematisch wird.

Diese Fälle sind umstritten, weil es von den genauen Bestimmungen, von dem konkreten Verständnis einiger dieser Merkmale abhängt, ob wir die Bezeichnung als „Gewalt" als richtig oder falsch beurteilen. Wobei dieses Entweder-oder fälschlicherweise suggeriert, dass dieses Urteil so oder so eindeutig ausfallen müsse. Tatsächlich werden wir hier verschiedene, abwägende oder graduelle Kategorien wie angemessen, überzogen, strittig, grenzwertig, problematisch usw. gebrauchen. Wie die diskutierten Fälle dann jeweils von uns beurteilt werden, ob wir bereit sind, die Bezeichnung als „Gewalt" zu verwenden oder zu akzeptieren, hängt dann davon ab, wie die einzelnen Merkmale des Gewaltbegriffs einerseits konkret bestimmt und wie sie andererseits gewichtet werden.

Wer zum Beispiel generell die (schwere) Verletzung höher gewichtet, d.h. sie als schwerwiegender ansieht als etwa die Zustimmung oder Ablehnung des Opfers, der wird im Zweifelsfall mit guten Gründen dafür plädieren, die Fälle des sich selbst verletzenden Kriminellen und der Tötung auf Verlangen als „Gewalt" zu bezeichnen. Umgekehrt wird, wer etwa Autonomie und Entscheidungsfreiheit als ausschlaggebend für die Frage der Erlaubtheit einer Handlung ansieht, die Ablehnung des Opfers, seinen Widerwillen gegen das, was mit ihm geschieht, was ihm angetan wird, wahrscheinlich stärker gewichten – und folglich kaum Probleme erkennen können in jenen Fällen, wo leicht verletzende, aber gegen den Willen des Opfers geschehene Handlungen infrage stehen. Zumal es ja bereits eine kritisierbare Verengung des Merkmals „gegen den Willen des Opfers" ist, dies als Verletzung von „Autonomie" oder „Entscheidungsfreiheit" zu verstehen. Gewichtet man hingegen die Verletzung des Opfers sehr stark, dann erscheint es auch weniger abwegig, jene Handlungen als „Gewalt" zu bezeichnen, mit denen die Täter ihre Opfer schwer verletzen, auch wenn dies nicht ihr Ziel war.[74] Ist man wiederum generell davon überzeugt, dass einem Täter allein die von ihm beabsichtigten oder wenigstens vorhersehbaren Konsequenzen angelastet und vorgeworfen werden dürfen, dann wird man hier vermutlich restriktiver vorgehen, da man mit Blick auf die Ab-

---

[74] Wenn Paul allerdings etwas sagt, was er für eine Aufmunterung hält, was Peter aber als schwere Verletzung erfährt, dann wäre wohl zu überlegen, ob die Bezeichnung als „tragisches Missverständnis" nicht angemessener wäre.

sichtlichkeit die Gründe und Motive des Täters entsprechend stärker gewichten wird. Zuletzt lässt sich, insbesondere mit Blick auf die Möglichkeit nicht-körperlicher Gewalt, darüber streiten, in welchem Sinne ein Mensch auf diese Weise verletzt werden kann. Eine Betonung der Vergleichbarkeit von nicht-körperlicher mit körperlicher Gewalt legt nahe, dass es sich hierbei um die Verletzung des Menschen als Verletzung der Integrität eines Lebewesens handelt – als punktuelle oder langfristige, womöglich dauerhafte, in jedem Falle aber schwerwiegende Störung oder gar Zerstörung des Weltbezugs eines menschlichen Lebewesens. Man kann hierunter allerdings auch eine entsprechend schwere Beeinträchtigung der menschlichen „Subjektivität" verstehen, wobei sich hier wiederum verschiedene philosophische Traditionen anbieten, die den Begriff der Subjektivität jeweils verschieden auslegen.[75]

Es wird deutlich, inwiefern der Gewaltbegriff notwendig „umstritten" ist: Einerseits sind die Merkmale der Absichtlichkeit, der (schweren) Verletzung und der Ungewolltheit partiell offen. *Was* als schwere Verletzung angesehen wird, ob mit dem ausgeübten Zwang vor allem die körperlichen und seelischen Leiden oder vielmehr die eingeschränkte Selbstbestimmung oder Entscheidungsfreiheit gemeint ist, hängt dabei auch von den Wertvorstellungen und anderen Überzeugungen der Sprecher ab. So ist selbst die Konkretisierung des Begriffs der Verletzung als Verletzung eines menschlichen Lebewesens partiell unterbestimmt (schon aufgrund der Unterbestimmtheit des Begriffs eines menschlichen Lebewesens). Vergleichbares ließe sich für das Merkmal der Absichtlichkeit sagen. Andererseits lassen sich die einzelnen Merkmale zwar klar benennen und rechtfertigen, aber sie können dennoch unterschiedlich stark gewichtet werden. Auch das hat Einfluss auf die unterschiedliche Beurteilung der entsprechenden Problemfälle. Und diese Gewichtung ist, wie auch die genauere Bestimmung der einzelnen Merkmale, wiederum abhängig von dem Netz an Werten und Überzeugungen, in das die Verwendung eingebettet wird.

Das bedeutet freilich nicht, dass die Definition unklar oder falsch ist. Die umstrittenen Fälle scheinen sie ja nicht nur infrage zu stellen, sondern zugleich auch zu bestätigen: Denn es ist eben dieser Ge-

---

[75] Für einen entsprechenden Hinweis auf die Unterbestimmtheit des Begriffs seelischer Gewalt möchte ich Mariam Matar danken.

waltbegriff, der es ermöglicht, sie als Gewalthandlungen einzuordnen, auch wenn diese Einordnung mit Gründen kritisiert werden kann und daher umstritten bleiben dürfte.

Im Grunde ist daher weniger der Begriff selbst umstritten, sondern aufgrund der partiellen Offenheit des Begriffs ist es nicht zu vermeiden, dass einzelne, konkrete Fälle notwendig umstritten sind – und bleiben.[76]

2.6. Was ist „Gewalt"?

Kann man nun hinreichend klar bestimmen, was wir unter „Gewalt" verstehen, wie „Gewalt" richtig oder angemessen zu verwenden ist? Die Überlegungen der vorhergehenden Abschnitte lassen sich meines Erachtens in folgender Definition zusammenfassen: „Gewalt" bezeichnet die *absichtliche schwere Verletzung der Integrität eines Lebewesens gegen dessen Willen*.

Wie im fünften Abschnitt gezeigt, ist dieser Gewaltbegriff klar genug bestimmt, um nur einen relativ eng umgrenzten Bereich von Handlungen, die das Opfer auf verschiedene Weise schwer verletzen, zu umfassen. Aber er ist dennoch *partiell* offen, da sowohl die genaue Bestimmung als auch die konkrete Gewichtung der einzelnen Merkmale ein Netz von Werten und Überzeugungen gebunden bleibt, das die Sprecher nicht oder nur partiell miteinander teilen.

---

[76] Es ist dabei diese Möglichkeit, umstrittene Fälle als solche zu identifizieren und durch ihre Analyse und kritische Diskussion die vorausgesetzte Definition in Teilen zu hinterfragen und zu korrigieren, die wesentlich die von Gallie („Essentially Contested Concepts", 179) betonte „Fruchtbarkeit" dieses und anderer essentiell umstrittener Begriffe ausmacht.

Zwischenbemerkung

Die im ersten Teil vorgeschlagene Definition von „Gewalt" als *absichtliche schwere Verletzung der Integrität eines Lebewesens gegen dessen Willen* ist in einer entscheidenden Hinsicht neutral: bezüglich der Anzahl sowohl der Täter als auch der Opfer. Gewalt kann, zumindest dieser Definition nach, von einer wie von mehreren Personen sowohl ausgeübt als auch erlitten werden. Andererseits habe ich fast ausschließlich Beispiele von Gewalthandlungen mit *einem* Opfer und *einem* Täter, d.h. Beispiele *personaler* oder *interpersoneller* Gewalt diskutiert.

Nun ist solche personale Gewalt nicht die einzige Form von Gewalt, mit der wir konfrontiert sind. Ob es sich um eine Schlägerei zwischen Anhängern verschiedener Fußballclubs, um eine Massenhinrichtung (in einem Krieg oder in einem staatlichen Gefängnis), um eine gewaltsame „Einkesselung" von Demonstranten durch eine Gruppe von Polizisten oder um einen Sturmangriff einer militärischen Einheit auf eine feindliche Stellung handelt – es lassen sich auch ohne Verweis auf komplexe soziale Phänomene wie Kriege oder Völkermorde umstandslos Fälle von Gewalthandlungen anführen, die von mehr als einem einzelnen Täter ausgeübt werden.

Häufig sprechen wir hier von „kollektiver Gewalt". Aber der Begriff wird insbesondere in wissenschaftlichen Arbeiten keineswegs so klar und differenziert gebraucht, wie die kurze Liste von Beispielen vielleicht erwarten ließe. Versteht man unter kollektiver Gewalt Gewalthandlungen, die von zwei oder mehr Tätern *gemeinsam* ausgeübt werden, dann lassen sich hingegen verschiedene Typen kollektiver Gewalt hinreichend klar bestimmen. Entscheidend ist freilich die Frage, was es eigentlich bedeutet zu sagen, dass zwei oder mehr Täter „gemeinsam" Gewalt ausüben, und inwiefern dies bei einem Überfall auf einen Schüler durch eine Gruppe von Mitschülern ebenso der Fall ist wie bei dem Agieren einer Polizeieinheit oder bei einem Pogrom. Diese Frage lässt sich nicht einfach in zwei oder drei Sätzen klären. (Kapitel 3)

Unterstellen wir einmal, dass sich auf diesem Wege „kollektive Gewalt" sowohl hinreichend klar eingrenzen bzw. bestimmen als auch von personaler Gewalt abgrenzen lässt. Wie steht es dann mit Fällen, bei denen es zwar nur einen Täter gibt, der Gewalt ausübt, wo aber unklar bleibt, warum er es tut? Vielleicht tut er es, weil er sich in einer bestimmten sozialen Struktur befindet, vielleicht ist also diese Struktur der eigentliche Täter? (Auch wenn das sprachlich, vorsichtig formuliert, eher unklar ausgedrückt ist.) Aber wenn man schon Strukturen als Täter oder Hauptursachen von Gewalt untersucht: Muss man dann nicht anerkennen, dass manche Strukturen Menschen genauso schwer und berechenbar verletzen, schädigen und töten wie Gewalthandlungen dies tun, obwohl sich dies nicht in Gewalthandlungen äußert oder durch sie geschieht? Was ist etwa mit einem System, das Angehörige bestimmter Gruppen willkürlich und berechenbar verhungern lässt? Wenn auch ursprünglich aus anderen Gründen eingeführt, so bringt doch der Begriff der „strukturellen Gewalt" die Intuition, dass es sich bei solchen Strukturen doch ebenfalls um „Gewalt" handele, auf den Begriff: Er bündelt sie in einer klaren Definition und verpasst ihr einen ebenso griffigen wie einleuchtenden Namen.

Dennoch ist dieser Begriff zu Recht heftiger Kritik ausgesetzt, weil er in bedenklichem Maße Unterschiede und Grenzen zwischen verschiedenen Phänomenen einebnet. Dabei lässt sich die erwähnte Intuition verteidigen, die meines Erachtens einen wichtigen Grund für die wiederholten Verteidigungen dieses Begriffs liefert – sofern „strukturelle Gewalt" begrenzt wird auf soziale Strukturen, die in berechenbarer und von den individuellen Motiven und Gründen der Täter weitestgehend unabhängiger Weise das Gewalthandeln der Mitglieder bestimmter gesellschaftlicher Gruppen fördern oder verursachen. Insofern wir es hier im Regelfall mit das Verhalten prägenden, d.h. *institutionellen* Strukturen zu tun haben, bietet sich die Rede von „institutionalisierter" anstelle von „struktureller Gewalt" an. (Kapitel 4)

3. Gewalthaufen
Kollektive Gewalt als gemeinsam verübte schwere Verletzung

In der Forschung finden sich nur selten Definitionen kollektiver Gewalt. Stattdessen werden nicht selten verschiedene, durchaus unterschiedliche Phänomene, von Schlägereien zwischen Gruppen bis hin zu Völkermorden und Kriegen, als „kollektive Gewalt" bezeichnet und damit letztlich gleichgestellt. Das ist misslich, weil auf diese Weise wichtige Unterschiede zwischen diesen Phänomenen nivelliert werden und die Rede von kollektiver Gewalt beliebig zu werden droht. In kritischer Abgrenzung hiervon sollte „kollektive Gewalt" allein dann verwendet werden, wenn zwei oder mehr Personen gemeinsam Gewalt ausüben. (3.1)

Es lassen sich allerdings verschiedene Varianten gemeinsamen Handelns bzw. gemeinsamer Ausübung von Gewalt voneinander unterscheiden. Gewalt kann in diesem Sinne als „Gruppengewalt" von zwei oder mehr Personen in mehr oder weniger spontaner Abstimmung, aber mit gemeinsamer Absicht ausgeübt werden. (3.2) Dieses „kooperative" Ausüben von Gewalt kann allerdings auch so geschehen, dass die Mitglieder der Gruppe zu unterschiedlichen Zeitpunkten – und damit: scheinbar allein – Gewalt ausüben. (3.3.)

Analysiert man kollektive Gewalt auf diese Weise, dann wird allerdings die weit verbreitete Annahme problematisch, auch bei Pogromen, Aufständen oder Lynchmobs handele es sich um kollektive Gewalt. Denn eine wie auch immer erfolgte Abstimmung zwischen allen Gewalttätern liegt hier im Regelfall nicht vor. Derartige „Massengewalt" lässt sich zwar als kollektive Gewalt analysieren, wenn man die gemeinsamen Absichten als latent in geteilten Überzeugungen und Habitus vorhandene Absichten analysiert (3.4); aber so überzeugend diese Analyse auch sein mag, sie hat zur Folge, dass die Zuschreibung gemeinsamer Absichten der Täter von impliziten Vorannahmen und Paradigmen abhängt und zumindest in Teilen umstritten bleiben dürfte.

Schließlich stellt sich die Frage, ob sich dann nicht noch ein weiterer Typ kollektiver Gewalt identifizieren lässt: die von Mitgliedern eines Kollektivs in Einzel- oder Gruppenhandlungen häufig gegen eine bestimmte Opfergruppe ausgeübte Gewalt, die sich in ihrer konkreten Gestalt nur aus der kollektiven Identität der Täter erklären lässt? (3.5.)

3.1. Alle gegen alle? „Kollektive Gewalt" als gemeinsam verübte Gewalt

Wie bereits angesprochen, ist die Verwendung des Begriffs „kollektive Gewalt" in fachwissenschaftlichen Debatten nicht einheitlich. „Kollektive Gewalt" wird so in gewisser Weise zu einer Art Sammelbegriff für all jene Gewaltphänomene, die nicht als „personale Gewalt" eingeordnet werden können (a).

Den meisten der angeführten Phänomene ist allerdings gemeinsam, dass zwei oder mehr Personen zusammen Gewalt ausüben. Dabei erlauben die gewählten Beispiele eine erste Eingrenzung, denn die Feststellung, dass die Täter „zusammen" Gewalt ausüben, kann unterschiedlich konkretisiert werden: Es kann bedeuten, dass sie Mitglieder eines Kollektivsubjekts („die Deutschen" o.ä.) sind, dem die Ausübung von Gewalt vorgeworfen wird, oder dass sie mit anderen an einer sozialen Praxis (Krieg etwa) teilnehmen, die wesentlich durch Gewaltausübung gekennzeichnet ist (b). In beiden Fällen ist allerdings die Behauptung, dass sie etwas mit anderen „zusammen" tun, unter Umständen problematisch, denn ich kann etwa einer Gruppe von Gewalttätern zugehören, ohne selbst gewalttätig zu werden oder die Täter zu unterstützen.

Dies spricht meines Erachtens dafür, „zusammen" im Falle kollektiver Gewalt als „gemeinsam" zu verstehen, so dass kollektive Gewalt dann vorliegt, wenn zwei oder mehr Personen gemeinsam miteinander Gewalt ausüben (c).

(a) „Kollektive Gewalt": Ein unscharfer Sammelbegriff?
Einigkeit herrscht vor allem dahingehend, dass „kollektive Gewalt nicht einfach als Summe individueller Gewaltakte" verstanden werden kann, da sie „einen qualitativ anderen Charakter hat."[1] Dass der jeweilige Begriff kollektiver Gewalt häufig dennoch unklar bleibt, ist auch dem Umstand geschuldet, dass meistens lediglich eine Vielzahl verschiedener Phänomene als Beispiele für kollektive Gewalt

---

[1] Imbusch: *Moderne und Gewalt*, 30.

genannt wird – ohne eine genauere Erklärung, was diese Phänomene von personaler Gewalt unterscheidet oder welche gemeinsamen Merkmale ihre Klassifikation als kollektive Gewalt rechtfertigen.

So listet Peter Imbusch schlicht eine Vielzahl verschiedener Beispiele tabellarisch auf, von den gerade erwähnten Gruppenhandlungen wie Schlägereien bis zum Pogrom und sogar zum Holocaust.[2] Ähnlich umfangreich und heterogen fallen die vergleichbaren Listen aus bei Manuela Christ („Diktatur, Krieg, Massenmord, Terrorismus"[3]) und Earl Conteh-Morgan („civil and interstate wars, genocides, ethnic and identiy conflicts, revolutions, and terrorism, among others"[4]). Kollektive Gewalt liegt demnach vor allem bei Kriegen vor, bisweilen wird aber auch „durch die Staatsmacht ausgeübte Gewalt" definiert „als kollektive Gegengewalt gegen die Gewalt von Menschen gegen Menschen"[5]. Eine Art kleinster gemeinsamer Nenner dieser Beispiele dürfte der Umstand sein, dass es sich um Phänomene handelt, bei denen mehrere Menschen zusammen Gewalt ausüben. Der von Imbusch betonte „qualitativ andere Charakter" kollektiver Gewalt läge dann darin begründet, dass sie nicht von Einzeltätern, sondern von *Gruppen* von Tätern ausgeübt wird.

Mit Blick auf den mehrfach als Beispiel angeführten Terrorismus ist diese tentative Bestimmung kollektiver Gewalt allerdings erläuterungsbedürftig. Lässt man jene Definitionen außen vor, die „Terrorismus" entweder an die soziale Position der Akteure binden[6] oder nicht als *besonderes* Gewaltphänomen fassen,[7] dann besteht wenigstens hinsichtlich zweier Merkmale terroristischer Gewalt weitestgehend Einigkeit: Sie zielt erstens auf eine klar angebbare Opfergruppe, ohne dass sie notwendig auf ein bestimmtes Mitglied oder auf alle Mitglieder gleichermaßen zielt; die konkreten Opfer

---

[2] Vgl. ebd.
[3] Christ: „Soziologie", 371.
[4] Conteh-Morgan: *Collective Political Violence*, vii.
[5] Spaemann: „Moral und Gewalt", 158.
[6] Vgl. etwa Wimmer: *Gewalt und das Gewaltmonopol des Staates*, 397-400, dem zufolge Terrorismus eine *„im Geheimen operierende Organisation"* voraussetzt, deren Aktionen notwendig gegen einen Staat gerichtet sind. Daher gibt es für ihn nicht nur keinen „Staatsterrorismus" (ebd., 399), auch Organisationen und Gruppen, die wie „Aryan Nation" nicht „im Geheimen" operieren, fallen nicht unter diesen Begriff (ebd., 414-5).
[7] Siehe etwa Honderichs Gleichsetzung von „Terrorismus" mit „politischer Gewalt" (Honderich: *Nach dem Terror*, 152-3).

werden letztlich zufällig ausgewählt.[8] Hieraus ergibt sich aus Sicht der Opfer terroristischer Gewalt ihre Unberechenbarkeit. Das ist insofern beabsichtigt, als terroristische Gewalt zweitens nicht allein auf die unmittelbare schwere Verletzung oder Tötung einzelner Gruppenmitglieder zielt, sondern auch auf die mittelbare Beeinflussung des Lebens der nicht direkt Betroffenen – die nun durchgehend fürchten müssen, selbst Opfer terroristischer Gewalt zu werden.[9]

Insofern „Terrorismus" somit allerdings in erster Linie eine bestimmte Art und Weise oder Taktik des Einsatzes von Gewalt bezeichnet,[10] kann er sowohl von Einzeltätern als auch von Gruppen ausgeübt werden. Es kann sich bei Terrorismus daher um einen Fall kollektiver Gewalt handeln, das ist aber nicht notwendig.[11] Das wird besonders deutlich bei dem sogenannten „stray dog"- oder „lone wolf"-Terrorismus, deren Täter vollkommen autonom agieren. Ein anderes Beispiel wäre der Amokläufer. Umgekehrt ist der namensgebende Effekt des bei den Opfern verursachten „Terrors", die dauerhafte Furcht vor unberechenbar eintreffenden Gewalterfahrungen, unter Umständen auch im Falle des Stalkings anzutreffen. Derart tendenziell unpolitische Beispiele sind vor allem dann als mögliche Fälle „terroristischer" Gewalt zu diskutieren, wenn man wie John Coady „an ideology or a comprehensive, belief-driven outlook" explizit *nicht* als notwendiges Merkmal des Terrorismus ansieht.[12]

---

[8] Vgl. Coady: *Morality and Political Violence*, 175-6, Keane: *Violence and Democracy*, 27-8 und vor allem Walzer: *Arguing about War*, 51, 133-4.

[9] Vgl. Coady: *Morality and Political Violence*, 158, 176 sowie Walzer: *Just and Unjust Wars*, 195-7 und Walzer: *Arguing about War*, 52, 66.

[10] Coady: *Morality and Political Violence*, 158, Walzer: *Arguing about War*, 132.

[11] Auch Staaten können dann natürlich Urheber terroristischer Gewalt sein, vgl. Coady: *Morality and Political Violence*, 163 und Walzer: *Arguing about War*, 130-1. Neben dem nicht unproblematischen, aber dennoch häufiger angeführten Beispiel der Bombardierung Dresdens im zweiten Weltkrieg (siehe Conteh-Morgan: *Collective Political Violence*, 253 und Fotion, Kashnikov und Lekea: *Terrorism*, 36-8) sind die Konzentrations- und Todeslager der Nazis ein ebenso drastisches wie eindeutiges Beispiel für durch einen Staat verübten Terror, vgl. Herzberg: *Moral extremer Lagen*, 155-60 und Sofsky: *Die Ordnung des Terrors*, 33, 68. Fotion, Kashnikov und Lekea (*Terrorism*, 87) beziehen dies auf die antijüdische Politik der Nazis nach 1933 insgesamt.

[12] Siehe Coady: *Morality and Political Violence*, 155.

Terrorismus sollte demnach nur dann ohne Einschränkungen als Beispiel kollektiver Gewalt diskutiert werden, wenn die entsprechenden Morde und Anschläge von mehreren Tätern zusammen, als Gruppe verübt werden. Damit wird freilich die Frage umso relevanter, in welchem Sinne die Täter im Falle kollektiver Gewalt „zusammen" oder „als Gruppe" Gewalt ausüben.

(b) Was bedeutet: „zusammen Gewalt ausüben"?
Unter den angeführten Beispielen ist der Terrorismus allerdings das einzige, das als Beispiel für kollektive Gewalt offenkundig problematisch oder zumindest erläuterungsbedürftig ist. Insbesondere an den Beispielen des Krieges und des Völkermords lässt sich allerdings deutlich machen, dass auch die Bestimmung kollektiver Gewalt als einer von mehreren Personen „zusammen" oder „als Gruppe" ausgeübten Gewalt klärungsbedürftig ist.

So dürfte „zusammen" nicht allein auf das aufeinander abgestimmte Handeln mehrerer Täter zielen, wenn Kriege, Revolutionen und Völkermorde unter diesen Begriff fallen sollen, von Diktaturen ganz zu schweigen. Zumindest in den ersten drei Fällen üben ja Menschen insofern „zusammen" Gewalt aus, als sie sich in einem sozialen Kontext befinden, der grundsätzlich durch die Ausübung von Gewalt gekennzeichnet ist. Nur bedeutet das einerseits, dass sowohl in Kriegen als auch bei Revolutionen und Völkermorden nicht allein Gruppen, sondern auch Einzelne Gewalt ausüben. Andererseits zeichnen sich diese komplexen Phänomene auch dadurch aus, dass verschiedene Akteure, Gruppen wie Einzelne, wechselseitig Gewalt gegeneinander ausüben.[13] Hinzu kommt, dass wir es hier mit Begriffen zu tun haben, die eine Vielzahl verschiedener Ereignisse, die häufig über einen längeren Zeitraum hinweg geschehen und von Episoden relativer Gewaltlosigkeit unterbrochen werden können,

---

[13] Zum Völkermord siehe *Barth: Genozid*, bes. 33-47, der allerdings sowohl rassistische Ideologien (ebd., 144-8, 182) als auch eine moderne Bürokratie (ebd., 178-9) als notwendige Bedingungen für die Klassifikation eines Massenmordes als Genozid ansieht (für einen weiter gefassten Begriff des Völkermordes siehe Shaw: *What is Genocide?*, 192-6). Zum Begriff des Krieges siehe die gründliche und Debatten der politischen und Rechtswissenschaft ebenso wie die Arbeitsdefinitionen verschiedener Institute kritisch diskutierende Arbeit von Schneider: „*Krieg*"? (zu Schneiders eigenem Definitionsvorschlag siehe ebd., 313-4).

miteinander verbinden.[14] Dies spricht einerseits dafür, hier eher von komplexen sozialen Praktiken des Krieges, der Revolution usw. zu sprechen, die dann gesondert analysiert werden sollten. Andererseits legt es nahe, den Begriff kollektiver Gewalt insofern enger zu fassen, als man ihn auf Fälle begrenzt, in denen zwei oder mehr Täter insofern „zusammen" Gewalt ausüben, als sie es „als Gruppe" tun.[15]

Auch hier sind die genannten Beispiele, vor allem das des Krieges, instruktiv, denn Kriege sind ja nicht allein komplexe soziale Praktiken – sie sind als solche zudem (völker)rechtlich kodifiziert und geregelt. Damit verbunden ist zumindest die Möglichkeit, dass die „Gruppen", deren Mitglieder dann „zusammen" Krieg führen und Gewalt ausüben, vor allem aufgrund eines bestimmten Rechtsstatus als „zusammen" agierende Gruppe beschrieben, anerkannt und behandelt werden. Dies spiegelt sich dann auch in entsprechenden, gebräuchlichen Redeweisen wider: „die Deutschen" führten 1870/71 Krieg mit „den Franzosen", so wie „die Nordstaaten" im Amerikanischen Bürgerkrieg mit den „Südstaaten". Allgemein gesprochen werden hier Großkollektive wie Volksgruppen oder politische Gruppierungen und Bewegungen als Gewalt ausübende oder erleidende Kollektive benannt, die zumeist auch unabhängig von den ihnen zugeschriebenen Gewalthandlungen als Kollektive bestehen. Das ist allerdings nicht gleichbedeutend mit der Feststellung oder Behauptung, dass alle Mitglieder dieser Kollektive wirklich als Gruppe agieren; selbst wenn die Mehrheit von ihnen Gewalt ausübt, so ist es möglich, sogar wahrscheinlich, dass einige dies nicht tun oder sich vielleicht sogar aktiv gegen die Gewaltausübung wehren bzw. sie zu unterbinden versuchen.

Wichtiger ist allerdings, dass sich auch in Kriegen, Völkermorden und Revolutionen sinnvoll zwischen personaler und kollektiver Ge-

---

[14] Für den Begriff des Krieges hat dies bekanntlich bereits Hobbes festgehalten: „Denn Krieg besteht nicht nur in Schlachten oder Kampfhandlungen, sondern in einem Zeitraum, in dem der Wille zum Kampf genügend bekannt ist." (Hobbes: *Leviathan*, 96) Siehe dazu auch Schneider: „*Krieg*"?, 239-42, 313.
[15] Dies wird besonders deutlich mit Blick auf die von Charles Tilly (*The Politics of Collective Violence*, 13) als weiteres Beispiel angeführte Kneipenschlägerei, denn hier ist es ja sogar denkbar, dass wirklich „alle gegen alle" kämpfen, d.h. dass Einzeltäter nur insofern „zusammen" Gewalt ausüben, als sie es zu einer bestimmten Zeit und an einem bestimmten Ort gegeneinander tun.

walt unterscheiden lässt. Denn manche der entsprechenden Gewalthandlungen wurden von Einzeltätern verübt, andere von zwei oder mehr Tätern gemeinsam („als Gruppe"). Dies spricht nicht grundsätzlich gegen den Rückgriff auf in verschiedener Weise rechtlich oder politisch konstruierte Kategorien wie „Volk" o.ä. Aber bereits ein kurzer Blick auf andere soziale Gruppen, etwa die Ehemänner oder die Arbeiter in diesem-oder-jenem Sektor des Arbeitsmarktes, spricht dagegen, ihr etwaiges Gewalthandeln ohne weiteres als „kollektive Gewalt" zu charakterisieren. Es liegt hier näher, die sozialen und institutionellen Strukturen, die das Verhalten der Mitglieder dieser Gruppen prägen, und nicht ein gemeinsames Agieren *als Gruppe* oder eine etwaige Gruppenidentität der Täter als entscheidendes Merkmal zu bestimmen.[16]

Diese Überlegungen legen nahe, dass der Begriff der kollektiven Gewalt enger gefasst und ohne implizite oder explizite Verwendung derartiger Kategorien bestimmt werden sollte: als von zwei oder mehr Personen *gemeinsam* ausgeübte Gewalt.

(c) Was heißt: „gemeinsam Gewalt ausüben"?
So betrachtet ist kollektive Gewalt letztlich ein Sonderfall kollektiven Handelns. Die zentrale Frage, die sich im Anschluss an die tentative Bestimmung als „gemeinsam ausgeübte Gewalt" stellt und ohne deren Beantwortung ein gehaltvoller Begriff der kollektiven Gewalt nicht zu bestimmen ist, lautet folglich: Was genau bedeutet es, dass „zwei oder mehr Personen *gemeinsam*" etwas tun, konkret: dass sie gemeinsam Gewalt ausüben?

Bleiben wir bei dem verhältnismäßig einfachen Beispiel der Schulhofprügelei, nur dass es anders als in der Variante des ersten Kapitels jetzt nicht *ein* Viertklässler ist, der einen Erstklässler verprügelt, sondern dass es jetzt Paul, Klara und Thomas sind, die Peter gemeinsam verprügeln. Das bedeutet erst einmal nicht mehr, als dass alle drei zur selben Zeit auf Peter einschlagen. Dies kann mehr oder

---

[16] Ich werde auf diesen Punkt im vierten Kapitel noch einmal zurückkommen. Die Frage, inwieweit eine so charakterisierte „institutionalisierte Gewalt" nicht eigentlich „kollektive Gewalt" ist, weil gemeinsames Handeln Gruppenidentitäten voraussetzt, die ohne institutionelle Strukturen schwer denkbar sind, werde ich auch im vierten Kapitel noch einmal aufgreifen (siehe unten Kapitel 4.3). Schließlich bilden die Angehörigen etwa militärischer Einheiten ja gerade *als Mitglieder einer Institution* eine „Gruppe".

weniger wahllos geschehen, so dass die drei sich in erster Linie auf das Zuschlagen konzentrieren und lediglich darauf achten, dass sie nur Peter, nicht aber ihre Mittäter mit ihren Schlägen treffen. Es ist natürlich auch denkbar, dass Paul und Thomas abwarten, was Klara tut, und Peter erst ab dem Moment schlagen, in dem Klara zuschlägt. Vielleicht halten Klara und Thomas Peter auch fest, während Paul auf ihn einprügelt oder die drei wechseln sich dabei reihum ab. Zumindest ab dem Moment, in dem Paul und Thomas ebenfalls anfangen, auf Peter einzuprügeln, wird aus den drei Tätern in einem ganz grundlegenden Sinn eine Gruppe, die *gemeinsam* das Ziel verfolgt, Peter schwer zu verletzen.

Grundsätzlich lässt sich diese Situation auf wenigstens zwei Weisen analysieren: im ersten Fall *koordinieren* die drei lediglich ihre jeweiligen Handlungen mit denen ihrer Mittäter, im zweiten Fall *kooperieren* sie miteinander.[17] Und zumindest mit Blick allein auf ihren Ablauf lassen sich beide Varianten aus der Beobachterperspektive kaum unterscheiden,[18] denn dieser ist unter Umständen in beiden Fällen identisch.

Der Unterschied zwischen den beiden Varianten lässt sich allerdings verdeutlichen, wenn man auf die Motive und Ziele der einzelnen Mitglieder der Gruppe achtet, die dieses-oder-jenes gemeinsam tut. Sie *koordinieren* ihre Handlungen lediglich miteinander, wenn jeder sein Handeln letztlich nur an dem orientiert, was er selbst will, d.h. an seiner je eigenen Absicht. Wenn Paul Rücksicht auf die Handlungen Klaras und Thomas' nimmt, dann tut er dies nur, weil er so besser sein Ziel, Peter schwer zu verletzen, erreichen kann. Und insofern dasselbe für Klara und Thomas gilt, üben sie lediglich insofern gemeinsam Gewalt aus, als sie ihre Handlungen koordinieren und damit ihren Mittätern ermöglichen, ebenfalls auf Peter einzuprügeln. Die drei *kooperieren* hingegen miteinander, wenn sie nicht als Einzelne, sondern als Gruppe, als ein „wir", die Absicht

---

[17] Siehe dazu allgemein Tomasello: *Warum wir kooperieren*, 50-60, 72, 77-8. Auf die von Tomasello (ebd., 54) benannte dritte Variante, das durch eine „institutionelle Realität" (ebd., 52) vermittelte gemeinsame Handeln, komme ich in der Auseinandersetzung mit der Massengewalt (Kapitel 3.4) und den Problemfällen (Kapitel 3.5.) noch einmal zurück. Für den Hinweis auf diese zwei bzw. drei Varianten „gemeinsamen" Handelns danke ich Christian Kietzmann.
[18] Searle: *Making the Social World*, 47-8.

verfolgen, Peter zu verprügeln. Ihre einzelnen Handlungen sind dann an dieser *gemeinsamen* Absicht orientiert: Sie tun, was sie jeweils tun, nicht mehr, weil sie nur auf diese Weise erreichen, was sie selbst wollen; sondern sie tun, was sie tun, weil es dazu dient, das zu erreichen, was sie *als Gruppe* gemeinsam erreichen wollen.

Der entscheidende Unterschied besteht darin, dass allein im Falle der Kooperation ein gewisses „commitment" der einzelnen Täter dem Ziel und auch ihren Komplizen gegenüber gegeben ist.[19] Dies wird dann deutlich, wenn es zu Problemen kommt, wenn Peter sich zum Beispiel mehr oder weniger erfolgreich wehrt. Wenn er etwa Thomas angreift, dann wäre es aus Sicht von Paul und Klara im Grunde vernünftig, die Chance zur Flucht zu nutzen, die sich auf diese Weise bietet.[20] Verfolgen die drei hingegen die *gemeinsame* Absicht, Peter zu verprügeln, dann erwarten sie zumindest voneinander, dass die jeweils anderen ihren Beitrag dazu leisten, das gemeinsame Ziel zu erreichen.[21]

Es kann dabei offen bleiben, in welcher Beziehung die drei sonst zu einander stehen. Es ist durchaus möglich, dass sie sich allein in diesem Falle spontan als Gruppe zusammenfinden und gemeinsam agieren – und sonst nichts miteinander zu tun haben.[22] Natürlich würden wir erwarten, dass die Mitglieder der Tätergruppe auch sonst eine Gruppe bilden, aber es ist genauso gut möglich, dass Thomas allein beginnt, Peter zu verprügeln, und Klara und Paul hinzukommen und dann ebenfalls auf Peter einschlagen und eintreten.

Als Gruppe können die drei dann allein mit Bezug auf die gemeinsame Gewalthandlung gelten. Das unterscheidet sie zum Beispiel von militärischen Einheiten, etwa von einem „sniper team", das auch unabhängig von der konkreten gemeinsamen Gewalthandlung eine

---

[19] Margaret Gilbert (*On Social Facts*, 156-7) formuliert dies so, dass A und B nicht bloß „participants" derselben Handlung sind, sondern „partners".
[20] Vgl. Tomasello: *Warum wir kooperieren*, 50.
[21] Siehe zu diesem Begriff der Kooperation Bratman: *Shared Agency*, 38, 118-20 sowie Gilbert: „What Is It for Us to Intend?", 16-7 und *On Social Facts*, 160-3, die hier allerdings, anders als Bratman, davon spricht, dass die einzelnen Mitglieder der Gruppe „verpflichtet" seien zu tun, was dem Erreichen der gemeinsamen Absicht dient.
[22] Siehe aber Gilbert: *On Social Facts*, 167-71, 178-9, die davon ausgeht, dass „plural subjects", inklusive eines „we", also eines Bewusstseins der Einzelnen, Mitglieder der infrage stehenden Gruppe zu sein, bereits *vor* der entsprechenden Handlung bestehen müssen.

Gruppe, ein „team", bildet.²³ Dasselbe trifft ja auch auf andere militärische oder Polizeieinheiten zu, oder auch auf kleine politische Gruppen, die im Zuge ihrer politischen Aktivität Gewalt anwenden. In all diesen Fällen existiert bereits eine Gruppe, die *als Gruppe* mit einer bestimmten Gruppenidentität, d.h. als Einheit mit von allen Akteuren gemeinsam getragenen Merkmalen der Gruppenzugehörigkeit (gemeinsame Überzeugungen, Habitus, Absichten o.ä.) beschrieben werden kann bzw. muss.²⁴

Kollektive Gewalt wäre dann die von zwei oder mehr Personen koordiniert, d.h. in Abstimmung aufeinander oder kooperativ, d.h. mit gemeinsamer Absicht ausgeübte Gewalt. Diese Bestimmung erlaubt es zwar, kollektive Gewalt hinreichend deutlich von den meisten bisher diskutierten Beispielen wie Terrorismus, Krieg und Diktatur abzugrenzen, aber es bleiben eine Vielzahl von Fragen offen: Müssen, wie im Schulhofbeispiel, alle Täter selbst Gewalt anwenden? Falls das nicht der Fall ist: Wie kann dann geklärt werden, wer zu der Gruppe gehört, die Gewalt ausübt (wer „mitgemacht" hat)? Und wenn sich diese Fragen beantworten lassen sollten: Müssen die Täter auch zur selben Zeit und am selben Ort Gewalt ausüben, damit es sich um „kollektive Gewalt" handelt? Falls nicht: Worin sollte dann noch ein grundlegender Unterschied zwischen kollektiver Gewalt und Kriegen oder Revolutionen bestehen? Oder handelt es sich hier um graduelle Unterschiede?

---

²³ Im Zweifelsfall sind beide – *als* „team" – zudem Teil einer größeren Gruppe, etwa einer regulären Armee, und ihre gemeinsame Handlung ist dann wiederum eine Teil-Handlung einer komplexeren Handlung, an der noch weitere Akteure, Individuen und Gruppen, beteiligt sind; man denke an einen groß angelegten Angriff auf eine feindliche Stellung. Diese Eingebundenheit in eine größere Gruppe ist allerdings nicht notwendig, wie z.B. die so genannten „D.C. sniper attacks" auf Passanten in Maryland, Virginia und Washington, D.C. zwischen dem 16. Februar und dem 22. Oktober 2002 zeigen, für die allein John Allen Muhammad und Lee Boyd Malvo verantwortlich waren.

²⁴ Es ist an dieser Stelle erst einmal irrelevant, wie man die kollektive Identität dieser Gruppen bestimmt. Im Falle militärischer oder von Polizeieinheiten wird man ohne Verweis auf die institutionellen Strukturen, deren Teil die Akteure sind, sicherlich nicht auskommen. Bei einer Gruppe politischer Aktivisten dürfte dies nicht unbedingt der Fall sein. Entscheidend ist hier allein, dass sich die Akteure auch unabhängig von der gemeinsamen Gewalthandlung *als Gruppe* beschreiben und beschreiben lassen.

3.2. Partners in Violence: Kollektive Gewalt als Gruppengewalt (I)

Die Fragen am Ende des letzten Abschnitts zielen, ganz grob gesprochen, im Wesentlichen auf zwei Aspekte kollektiver Gewalt ab: Zum einen auf die Struktur der Gruppe, die Gewalt ausübt, und zum anderen auf die Aspekte, die die einzelnen Handlungen der Täter zu Teilen einer gemeinsamen Handlung machen. Diese beiden Fragen sind zwar eng miteinander verbunden, ich werde sie allerdings dennoch in diesem und dem nächsten Abschnitt nacheinander diskutieren.

Hinsichtlich der Struktur der Gruppe fällt mit Blick auf das Beispiel der Schulhofprügelei auf, dass diese bisher so beschrieben wurde, dass die Mitglieder der Gruppe einerseits alle selbst aktiv Gewalt ausüben und andererseits gleichberechtigt sind. Es spricht allerdings vieles dafür, dass kollektive Gewalt nicht voraussetzt, dass alle beteiligten Täter selbst Gewalt ausüben (a). Und ebenso vieles spricht dafür, dass die Täter nicht allein mit unterschiedlichen Aufgaben verbundene, sondern auch hierarchisch organisierte Rollen übernehmen; nur, weil eine Gruppe eine Anführerin hat, hören die Mitglieder ja nicht auf, gemeinsam zu agieren (b).

Nur ist dann unklar, anhand welcher Kriterien über die Zugehörigkeit zur Gruppe der Gewalttäter entschieden werden kann. Die Überlegungen zur Struktur von Gewaltgruppen legen nahe, dass dies nicht anhand der Verantwortung für die Gewaltausübung, sondern mit Blick auf die aktive (unterstützende oder ausübende) Teilnahme an der Gewalthandlung geschehen sollte (c). Diese Überlegungen betreffen sowohl das koordinierte als auch das kooperative gemeinsame Gewalthandeln, auch wenn sie vor allem für letzteres relevant sind (d).

(a) Festhalten und Zuschlagen
Beginnen wir mit der Möglichkeit, gemeinsam mit anderen Gewalt auszuüben, ohne selbst das Opfer aktiv schwer zu verletzen. Paul, Klara und Thomas müssen nicht gleichzeitig auf Peter einschlagen oder eintreten, damit es gerechtfertigt ist zu sagen, dass sie ihn gemeinsam verprügeln. Diese Behauptung ist auch dann gerechtfertigt, wenn Klara und Paul Peter festhalten, während Thomas auf ihn einschlägt. Denn auch in diesem Fall koordinieren die drei Täter ihre

Handlungen miteinander, und zumindest im Falle der Kooperation können wir ihr Handeln so beschreiben, dass sie gemeinsam dieselbe *Absicht* verfolgen, Peter schwer zu verletzen, dass sie aber je unterschiedliche konkrete Handlungs*ziele* haben:[25] Thomas' Handlungen haben das Ziel, Peter zu verletzen, während Paul und Klara das Ziel verfolgen, Peter daran zu hindern, wegzulaufen oder sich zu wehren. Die gemeinsame Handlung wird dadurch freilich komplexer: Die gemeinsame Absicht wird durch das Zuweisen verschiedener Aufgaben und damit verbundener Rollen *arbeitsteilig* verfolgt, wie wir es auch von anderen, gänzlich gewaltfreien gemeinsamen Handlungen wie dem gemeinsamen Kochen kennen. Auch hier werden ja unter Umständen die unterschiedlichen Tätigkeiten (Gemüse schneiden, Fleisch marinieren, Sauce kochen usw.) von jeweils verschiedenen Akteuren erledigt, die sich dabei alle an der gemeinsamen Absicht, ein bestimmtes Gericht zu kochen, orientieren.

Mit anderen Worten: Die entsprechenden Handlungen der Gruppenmitglieder müssen zwar auf die gemeinsame Absicht abgestimmt sein, sie können aber durchaus unterschiedliche Ziele haben.[26] Dabei fällt mit Blick auf die Schulhofprügelei auf, dass die entsprechenden Teilhandlungen der einzelnen Gruppenmitglieder nicht selbst Gewalthandlungen sein müssen. Paul und Klara verletzen Peter ja selbst nicht schwer – sie halten ihn fest, hindern ihn daran, wegzulaufen oder sich zu wehren. Diese Arbeitsteilung führt dazu, dass alle gemeinsam Gewalt gegen das Opfer ausüben, dass aber womöglich nur ein Täter das Opfer aktiv schwer verletzt; wobei diese Arbeitsteilung nicht zwingend erforderlich ist, wie sich am Beispiel einer Scharfschützin illustrieren lässt.

---

[25] Die Unterscheidung von (gemeinsamer) Absicht („intention") und damit verbundenem, aber jeweils individuellem Ziel („goal") der Akteure kollektiver Handlungen übernehme ich von Bratman: *Shared Agency*, 29.

[26] Im Falle lediglich koordinierten Handelns wäre unter Umständen dasselbe zu beobachten, es müsste allerdings anders analysiert werden: Das Handeln der Einzelnen orientiert sich ja auch weiterhin nur an ihrer individuellen Absicht, Peter schwer zu verletzen. Wenn sie ihn nun lediglich festhalten, während die anderen zuschlagen, dann wäre das im Zweifelsfall so zu beschreiben, dass sie ihre Absicht situativ nur so erreichen können. Auch das spricht für die oben bemerkte Merkwürdigkeit, dass diese beiden Varianten gemeinsamen Handelns unter Umständen weder im Ablauf noch im Ergebnis unterscheidbar sind.

Ist Paula allein, dann ist die infrage stehende Gewalthandlung (der Schuss) ihre Handlung, sie ist die einzige Täterin. In vielen Armeen arbeiten Scharfschützen allerdings in einem „sniper team" mit einem sogenannten „spotter" zusammen, d.h. mit einem weiteren Soldaten, der vor, während und nach dem Schuss den Scharfschützen mit notwendigen Informationen (Windrichtung und -geschwindigkeit, Treffergenauigkeit usw.) versorgt. Anders als bei der Schulhofprügelei ist es hier sogar so, dass der „spotter" Aufgaben übernimmt, die der „sniper" grundsätzlich selbst übernehmen könnte. Während Klara und Paul Aufgaben übernehmen, die Thomas in dieser Form nicht selbst ausführen kann (er kann Peter nicht so festhalten, wie Klara und Paul dies tun, und *gleichzeitig* auf ihn einschlagen), übernimmt der „spotter" Aufgaben, die der Scharfschütze selbst übernehmen könnte. In diesen Fällen wird also eine komplexe Handlung, die aus mehreren Teil-Handlungen besteht, in Form eben dieser Teilhandlungen auf verschiedene Akteure aufgeteilt.[27]

Das erleichtert (womöglich) ihre erfolgreiche Ausführung, es ist aber nicht notwendig zur Erreichung des Zieles. Es gibt allerdings, darauf deutet die Schulhofprügelei hin, auch Fälle kollektiver Gewalt, die erst durch die Erfüllung verschiedener Aufgaben durch mehrere Personen gelingen können. Es ist ja denkbar, dass Peter körperlich zu stark ist, als dass Thomas ihn ohne fremde Hilfe verprügeln könnte.[28] Umgekehrt wäre aber auch denkbar, dass alle gleichzeitig auf Peter einschlagen.

Damit kollektive Gewalt vorliegt, ist es also nicht erforderlich, dass alle Mitglieder der Tätergruppe selbst Gewalt anwenden. Es ist hinreichend, dass sie ihr Tun mit Blick auf die Verletzung des Opfers koordinieren oder es an der gemeinsamen Absicht der schweren Verletzung orientieren und „tun was in ihrer Macht steht", um *als Gruppe* erfolgreich Gewalt anzuwenden. Dies ist in der Tat eine Besonderheit kollektiver Gewalt, die dafür spricht, dass zwischen ihr

---

[27] Siehe dazu Bratman: *Shared Agency*, 32-5.
[28] Hier handelt es sich freilich um eine Gelingensbedingung einer konkreten Handlung. Bei kollektiven Handlungen im Allgemeinen ließen sich etwa Mannschaftssportarten anführen als Fälle kollektiven Handelns, die sich nicht als arbeitsteilig organisierte Handlungen analysieren lassen, die – bestimmte Ressourcen vorausgesetzt – auch von einer Person allein zu schaffen wären. Ich bin mir nicht sicher, ob sich Gewalthandlungen benennen lassen, die in gleichem Maße *notwendig* kollektive Handlungen sind.

und der im vorigen Kapitel stillschweigend als Paradigma behandelten personalen Gewalt in der Tat ein „qualitativer Unterschied" besteht: die Möglichkeit, gemeinsam mit anderen Gewalt auszuüben, ohne das Opfer selbst unmittelbar schwer zu verletzen.

(b) Anführer und Mitläufer
Das lässt allerdings die Frage unbeantwortet, ob diese Gruppen eine bestimmte Binnenstruktur besitzen müssen, damit die Rede von „kollektiver Gewalt" zulässig ist. Selbst im Falle bloß koordinierten Verhaltens ist ja nicht nur eine (kurzfristige) Arbeitsteilung möglich, sondern es ist auch denkbar, dass ein Täter die anderen anleitet, ihnen Aufgaben zuweist usw. Dasselbe gilt für die kooperative Gewaltausübung, bei der die verschiedenen Aufgaben und Rollen auf eine gemeinsame Absicht abgestimmt sind. Kann man allerdings wirklich davon sprechen, dass wir etwas „gemeinsam" tun, wenn doch nur einer von uns entscheidet, was genau bzw. wie wir es tun?

Eine von verschiedenen Autoren an dieser Stelle formulierte Bedingung lautet: Man kann eigentlich nur bei sich *freiwillig* beteiligenden Akteuren davon sprechen, dass sie gemeinsam mit anderen Gewalt ausgeübt oder bei ihrer Ausübung geholfen hätten. Diese Bedingung findet sich wenigstens implizit in Gilberts Beschreibung der Gruppe als Einheit, als Individuum, das dieses-oder-jenes tut, explizit formuliert wird sie von Michael Bratman, der sie mit folgender Überlegung begründet:[29] Ähnlich wie im Falle der Schulhofprügelei kann das gemeinsame Bauen eines Hauses auf verschiedene Weisen vonstattengehen. Wir können alle freiwillig gemeinsam das Haus bauen, wobei die konkreten Gründe der einzelnen Akteure erst einmal nebensächlich sind. Es kann aber auch sein, dass ich als Bauherr eine Gruppe von Menschen zwinge, mit mir gemeinsam ein Haus zu bauen, oder sie so täusche, dass sie *mein* Haus bauen, obwohl sie dies eigentlich nicht wollen. In den beiden letztgenannten Fällen, so Bratman, könne man nicht von einer *gemeinsamen* Hand-

---

[29] Vgl. zum Folgenden Bratman: *Shared Agency*, 37-8. Ähnliche Überlegungen liegen den Kriterien für Kollektive als Subjekte von Handlungen bei Schweikardt: *Der Mythos des Singulären*, 422-3 zugrunde. Bei Vorobej: *The Concept of Violence*, 48-9 findet sich ein ähnlicher Hinweis mit Bezug auf den Begriff kollektiver Gewalt, wobei Vorobej diesen Begriff nicht weiter diskutiert.

lung sprechen, da ja nicht alle Beteiligten wirklich die (gemeinsame) Absicht hätten, das infrage stehende Haus zu bauen.

Bratmans Argument ist zwar auf den ersten Blick plausibel, seine starke, eine partiell egalitäre Struktur der handelnden Gruppe als notwendig voraussetzende Konzeption kollektiver Absichten und Handlungen ist allerdings nicht unproblematisch, selbst wenn man sie (wie Bratman) auf den Fall *kooperativen* gemeinsamen Handelns begrenzt. Zum einen ist unklar, wie Fälle einzuordnen sind, in denen einige der Akteure von einem oder mehreren anderen zwar weder gezwungen, noch getäuscht, aber etwa bezahlt werden. Einerseits ist hier eine von Bratmans Bedingungen für das Vorliegen einer kollektiven Absicht erfüllt: die Beteiligten sind bereit, einander zu helfen, um die gemeinsame Absicht zu verfolgen.[30] Andererseits gilt auch dies, zumindest aufseiten der Arbeiter, im Regelfall nur unter der externen Bedingung, dass sie bezahlt werden. Natürlich macht es einen Unterschied, ob ich gezwungen werde oder freiwillig einen Vertrag abschließe, aus dem dann bestimmte Pflichten für mich folgen. Es lässt sich aber in beiden Fällen einwenden, dass – gemäß Bratmans Beschreibung – nicht alle Gruppenmitglieder wirklich dieselbe gemeinsame Absicht haben: Ich will mein Haus bauen, die Arbeiter wollen zuerst einmal nur „ihren Job machen", so wie Paul und Klara entweder „leichtes Geld verdienen" oder, sollte Thomas sie erpressen, „Ärger vermeiden" wollen.

Das Beispiel der Arbeiter lässt sich zudem leicht so abändern, dass das Problematische an Bratmans Voraussetzung noch deutlicher wird: In den meisten hierarchischen sozialen Strukturen finden sich tagtäglich zahlreiche Fälle von gemeinsamen Handlungen, an denen einige Mitglieder der Gruppe letztlich nur partizipieren, weil dies zu ihren Pflichten gehört, die sie gegenüber anderen Mitgliedern der Gruppe – die die (dann) gemeinsame Absicht festlegen – haben. Paradigmatisch sind sicherlich militärische oder Polizeistrukturen, aber dasselbe trifft auf zahlreiche andere soziale Strukturen von Arbeitsverhältnissen bis hin zu Familien ebenfalls zu. Eine Familie fährt ja auch dann gemeinsam nach Italien und macht dort gemeinsam Urlaub, wenn die Kinder die Entscheidung der Eltern entweder nicht hinterfragen und ihr neutral gegenüberstehen oder wenn sie eigentlich lieber nach Island geflogen wären (und dies möglicherweise sogar am liebsten *ohne* ihre Eltern).

---

[30] Bratman: *Shared Agency*, 56-7.

Sowohl Koordination als auch Kooperation finden sich, anders formuliert, unter verschiedenen Umständen, womit vor allem die unterschiedlichen Motive und Gründe derjenigen gemeint sind, die kooperieren oder ihre Handlungen auf die anderer abstimmen. Man könnte vielleicht mit Michael Tomasello einwenden, dass von „einer echten kollektiven Aktivität" doch nur die Rede sein könne, wenn „neben einem gemeinsamen Ziel auch eine Verteilung der Aufgaben und das Verständnis für die jeweilige Rolle des Partners" gegeben ist.[31] Folglich sind die Mittäter im Falle koordinierten Handelns keine „Partner" in einem gehaltvollen Sinne des Wortes, denn erst das *gemeinsame* Handeln von zwei oder mehr Personen macht ja aus einer bloßen Menge von Personen (Peter, Klara, Thomas) eine gemeinsam agierende Gruppe.[32]

In beiden Fällen findet sich allerdings eine entsprechende Abstimmung, ganz gleich, aus welchen Gründen oder Motiven sie jeweils geschehen mag. Wir stellen fest, dass Thomas', Klaras und Pauls Handlungen auf die schwere Verletzung Peters abgestimmt sind und sich an diesem Ziel orientieren. Welche Ziele die drei Täter damit verfolgen, bleibt hingegen ebenso offen wie die Frage, ob ihrem Handeln eine gemeinsame Absicht zugrunde liegt, d.h. ob sie als Gruppe agieren – wobei man nicht glauben sollte, dass sich die jeweiligen Handlungen immer klar in freiwillige und unfreiwillige unterscheiden lassen. Klara und Paul könnten Thomas' ältere Geschwister sein oder seine engen Freunde, und im zweiten Fall könnte er so etwas wie der Anführer dieser kleinen Clique sein. In beiden Fällen ist es denkbar, dass Klara und Paul primär aus einem Gefühl der Verpflichtung heraus Thomas dabei helfen, Peter zu verprügeln.

Wenn aber die Tätergruppen auf derart verschiedene Weisen zustande kommen und strukturiert sein können, dann stellt sich in der Tat die Frage, anhand welcher Kriterien entschieden werden kann, ob wirklich eine gemeinsame Handlung vorliegt.

---

[31] Tomasello: *Warum wir kooperieren*, 60. Siehe für eine ähnliche Einschätzung neben den bereits zitierten Arbeiten von Michael Bratman und Margaret Gilbert auch Searle: *Making the Social World*, 49-50.
[32] Vgl. die Unterscheidung eines „set" und einer „group" von Individuen bei Gilbert: *On Social Facts*, 149-50. Eine entsprechende Definition kollektiver Gewalt als von mehreren Personen kooperativ ausgeübter Gewalt findet sich bei Tilly: *The Politics of Collective Violence*, 3.

(c) Mitmachen vs. verantwortlich sein
Die Mannigfaltigkeit möglicher Handlungsgründe oder Motive der Täter für ihre Teilnahme an der gemeinsamen Gewalthandlung legt nahe, dass sich hier schwerlich klare Kriterien finden lassen. Für die von Gilbert und Bratman geforderte Freiwilligkeit der Täter spricht ohnehin weniger die deskriptive Analyse dieser Gruppenhandlungen, sondern vielmehr die Annahme, dass wir gemeinhin die Beteiligung an einer entsprechenden Handlung mit der Verantwortlichkeit des Täters für das Geschehene verbinden. Wer aber gezwungen oder getäuscht wurde, so die Überlegung, der ist ja nicht gleichermaßen verantwortlich. Allerdings hatte ich bereits bei der Analyse personaler Gewalt dafür votiert, Fragen der Beschreibung und deskriptiven Analyse von Fragen der Bewertung und normativen Analyse zu trennen.[33] Und so wie ich unter Umständen Gewalt ausüben kann, ohne dass ich die Tat zu verantworten habe, so kann ich dann auch andere bei einer Gewalthandlung unterstützen und in diesem Sinne mit ihnen gemeinsam Gewalt ausüben, ohne dass ich hierfür verantwortlich zu machen wäre.[34]

Das bedeutet umgekehrt, dass die Gründe und Motive der Täter als Kriterium für die Frage, ob sie gemeinsam Gewalt ausgeübt haben, allenfalls von nachrangiger Bedeutung sind. Die Alternative lautet, dass man sich auf die Verletzungshandlung selbst konzentriert. In diesem Sinne können nur jene Handlungen Teil der Gruppenhandlung sein, die einen *unmittelbaren* Einfluss auf die erfolgte schwere Verletzung haben: Dass die Akteure gemeinsam Gewalt ausüben heißt dann, dass die einzelnen Handlungen entweder selbst Gewalthandlungen sind oder aber dass sie unmittelbar *kausal* eine Gewalthandlung unterstützen, ermöglichen oder bedingen. Die Handlungen verletzen womöglich das Opfer nicht unmittelbar, sie stehen aber in einem unmittelbaren (unterstützenden, ermöglichenden etc.) Zusammenhang mit der Verletzungshandlung, sie sind direkt an ihr beteiligt.[35] Schon mit Blick auf die mögliche empirische Anwendbarkeit sollte man dieses Kriterium restriktiv handhaben:

---

[33] Siehe oben Kapitel 2.1 (Abschnitt c).
[34] Vgl. aber die Gegenposition mit Bezug auf kollektives Handeln bei Schweikard: *Der Mythos des Singulären*, 423, mit Bezug auf kollektive Gewalt bei Vorobej: *The Concept of Violence*, 48-9.
[35] Ich bin David Schweikardt zu Dank verpflichtet, der mich auf diesen Punkt hingewiesen hat.

Zur Gruppe der Gewalttäter gehört, wessen Handlung direkt an der schweren Verletzung des Opfers bzw. der Opfer beteiligt ist, so dass die Täter durch die gemeinsam, in Koordination oder Kooperation ausgeübte Gewalt zu einer Gruppe werden, d.h. zu einer Menge von zwei oder mehr Individuen, die sich als Einheit, als *ein* Individuum beschreiben lassen.[36]

Auf diese Weise kann die Frage der *Beschreibung* der Handlungen („Wer hat was getan?") von der Frage der *moralischen Bewertung* des Verhaltens der einzelnen Gruppenmitglieder getrennt werden. Dass sich die Frage nach ihrer *jeweiligen* Verantwortung und Schuld überhaupt stellt, hat aber eben damit zu tun, dass sie *gemeinsam* das Opfer schwer verletzt haben, dass sie diese gemeinsame Absicht *als Gruppe* verfolgt haben. Die Gewalthandlung muss folglich als gemeinsame Handlung beschrieben werden, ohne dass dies impliziert, dass alle Teil-Handlungen gleich gewichtet werden müssten (und dies wiederum auch unabhängig von der Frage, ob sie selbst Gewalthandlungen waren oder nicht).

(d) Kollektive Gewalt als Gruppengewalt

Analysiert man kollektive Gewalt über derartige Fälle, in denen die Mitglieder einer Gruppe aktiv bei der Ausübung der Gewalt kooperieren, dann ließe sie sich im Grunde präziser als „Gruppengewalt" bezeichnen, d.h. als *von zwei oder mehr Personen gemeinsam, koordiniert oder kooperativ ausgeübte Gewalt*. Es ist dabei nicht relevant, ob jedes Gruppenmitglied selbst aktiv das oder die Opfer schwer verletzt oder aus welchen Gründen es dies tut, solange seine Handlungen ein wesentlicher (kausal wirksamer) Bestandteil der Gewalthandlung selbst sind. Zu einer Gruppe werden die Täter dadurch, *dass* sie gemeinsam Gewalt ausüben. Es ist daher irrelevant, ob sie auch unabhängig von dieser Tat eine Gruppe bilden, wie es auch nicht entscheidend ist, ob diese Gruppe egalitär strukturiert ist.[37] Gruppengewalt liegt dementsprechend selbst dann vor, wenn einzelne Mitglieder der Gruppe von anderen dazu gezwungen wurden, mit ihnen gemeinsam Gewalt auszuüben.

Ein konkretes Beispiel wären die zwei Massaker von Treuenbrietzen gegen Ende April 1945.[38] Soldaten der Roten Armee hatten

---

[36] Vgl. dazu Gilbert: „What Is It for Us to Intend?", 14-5.
[37] Siehe Schweikardt: *Der Mythos des Singulären*, 90.
[38] Vgl. Scheer: *Der Umgang mit den Denkmälern*, 89-91.

den Ort Treuenbrietzen am 21. April 1945 eingenommen. Am 23. April nahmen deutsche Soldaten[39] Treuenbrietzen wieder ein und verübten das erste der zwei Massaker: Einige dieser deutschen Soldaten trieben 131 Zwangsarbeiter aus dem Lager Sebaldshof bei Treuenbrietzen, ausschließlich Angehörige der italienischen Armee, zusammen und ermordeten sie. Von diesen 131 überlebten nur vier das Massaker.[40] Am selben Tag gelang der Roten Armee die erneute Einnahme Treuenbrietzens. Dies hatte ein Massaker an der dortigen Zivilbevölkerung zur Folge, dessen Auslöser und Opferzahlen allerdings umstritten sind.[41] In beiden Fällen hat jeweils eine Gruppe von Menschen, Soldaten (vermutlich) der Wehrmacht auf der einen sowie Soldaten der Roten Armee auf der anderen Seite, ihr Handeln aufeinander abgestimmt, um gemeinsam eine Menge von Menschen zu töten, wobei die einzelnen Täter vermutlich sehr unterschiedliche Gründe oder Motive für ihr (Mit-)Tun hatten. Dasselbe gilt für vergleichbare Ereignisse wie das Massaker von Rechnitz in der Nacht vom 25. auf den 26. März 1945, bei dem wenigstens 180 jüdische Zwangsarbeiter von einigen Besuchern eines Festes auf Schloss Rechnitz unter Führung von Franz Podezin ermordet wurden.[42]

---

[39] Vermutlich eine Einheit der damals im Umland Treuenbrietzens operierenden 12. Armee („Wenck"), vgl. Kleffner: „Ludwigsburgs letzte Mordpuzzles".

[40] Siehe dazu den Rundfunk-Beitrag von Victoria Eglau („Die Toten von Treuenbrietzen") und die umfangreiche interaktive Webdoku „Im Märkischen Sand" von Katalin Ambrus, Nina Mair und Matthias Neumann.

[41] Während immer wieder von ungefähr 1000 Opfern die Rede ist (Gärtner: „Rätsel um zwei Massaker", Mielke: „Das Massaker von Treuenbrietzen"), geht der Historiker Bernd Stöver von einer Anzahl zwischen „30 und 166" Opfern aus, schließlich seien in „den bisher kolportierten höheren Zahlen […] in Kampfhandlungen gefallene deutsche Soldaten, Verunglückte und Selbstmörder eingeschlossen" (zitiert nach Görlich: „Die Toten von Treuenbrietzen", 41).

[42] Zum Massaker von Rechnitz siehe die Dokumentation „Totschweigen" von Margareta Heinrich und Eduard Erne. Einer breiteren Öffentlichkeit bekannt wurde dieses Massaker durch David Litchfields Artikel „Die Gastgeberin der Hölle" (siehe dazu das Interview mit Eduard Erne von Sandra Kegel: „Die Köchin sah die Mörder tanzen"). Zu diesem Massaker siehe Butterweck: *Verurteilt und Begnadigt*, 212-4, Manoschek: „Nationalsozialistische Moral", 14-21 sowie Pöllhuber: „In der Nacht auf Palmsonntag".

Dieser Begriff der kollektiven Gewalt ist eng genug gefasst, um kollektive Gewalt (in diesem Sinne) von anderen Gewaltphänomenen begründet abzugrenzen. Aber er wirft zugleich Fragen auf mit Blick auf einige der im ersten Abschnitt erwähnten Beispiele, deren Charakter als kollektive, von mehreren gemeinsam ausgeübte Gewalt offensichtlich zu sein scheint. Das betrifft einerseits das aufeinander abgestimmte Agieren militärischer oder paramilitärischer Einheiten und andererseits die Gewalt im Zuge von Pogromen oder vergleichbaren Ausschreitungen. Im letzten Fall ist die Behauptung, hier übe eine Gruppe – oder besser: eine Masse – von Menschen gemeinsam Gewalt aus, aufgrund des gleichzeitigen Gewalthandelns am selben Ort intuitiv einleuchtend.[43]

Aber gerade diese zeitliche und örtliche Nähe kann bei den Aktionen der erwähnten Einheiten mitunter fehlen, so dass sich die Frage stellt: Müssen die Täter bei der in diesem Abschnitt diskutierten Gruppengewalt notwendig zur selben Zeit am selben Ort handeln? Mit dieser Frage verbunden ist allerdings noch eine weitere: Müssen ihre Handlungen dann dasselbe Opfer treffen? Denn es wäre ja denkbar, dass nicht das gemeinsame Handeln in zeitlicher und örtlicher Nähe, sondern das aufeinander abgestimmte Verletzen desselben Opfers das ist, was die einzelnen Handlungen miteinander verbindet.

3.3. Getrennt marschieren, vereint schlagen: Kollektive Gewalt als Gruppengewalt (II)

Eine positive Antwort auf die Frage nach der zeitlichen und örtlichen Nähe liegt nicht allein aufgrund der bisher diskutierten Beispiele nahe, in denen diese Nähe ja gegeben ist. Sie liegt auch nahe, weil der Begriff der Gruppengewalt, so wie ich ihn erläutert hatte, ja explizit auch bloß koordiniertes gemeinsames Handeln einschließt. Und es spricht viel dafür anzunehmen, dass es vor allem das gemeinsame Ausüben von Gewalt gegen dasselbe Opfer zur selben Zeit am selben Ort ist, das aus den einzelnen Handlungen Elemente einer

---

[43] Wie im vierten Abschnitt deutlich werden wird, lässt sich das Agieren der Masse in solchen Fällen allerdings nicht ohne Schwierigkeiten als bloß koordiniert oder als kooperativ beschreiben, siehe unten Kapitel 3.4.

kollektiven, gemeinsamen Handlung und aus Tätern ein als Einheit agierendes Täterkollektiv macht. Damit umgeht man das Problem, dass eine explizit gefasste gemeinsame Absicht, d.h. der bewusste Entschluss, als Einheit, *als Kollektiv* zu agieren, unter Umständen nicht vorliegt. Das ist nicht allein mit Blick auf lediglich koordinierte Gewaltausübung in Kleingruppen, sondern auch hinsichtlich der im nächsten Abschnitt diskutierten Gewalt bei Pogromen oder Lynchmobs plausibel, denn in beiden Fällen sind explizit gefasste gemeinsame Absichten aller Mitglieder eher unwahrscheinlich, wenn auch nicht unmöglich. Diesen Fällen scheint zudem gemeinsam zu sein, dass die Gewalt jeweils auf dasselbe Opfer zielt.

Die Annahme, bei kollektiver Gewalt zielten die einzelnen Handlungen immer auf dasselbe Opfer, provoziert allerdings nicht allein mit Blick auf Pogrome oder Aufstände kritische Nachfragen. Klärungsbedarf besteht hier vor allem hinsichtlich Gruppen als möglicher Opfer kollektiver Gewalt, aber auch bezüglich der Frage, ob es sich bei dem gemeinsamen Ziel der einzelnen Gewalthandlungen um ein notwendiges Merkmal kollektiver Gewalt handelt (a). Problematisch ist vor allem der Status der zeitlichen und örtlichen Nähe, denn diese scheint zwar für koordiniertes gemeinsames Gewalthandeln notwendig zu sein, kooperativ ausgeübte Gruppengewalt hingegen ist auch ohne sie denkbar (b).

Solche Gruppengewalt, bei der die Täter getrennt voneinander agieren, scheint allerdings in der einen oder anderen Form eine vorgängige, d.h. unabhängig von der gemeinsamen Verletzung des Opfers vorhandene Gruppenidentität und damit so etwas wie bereits bestehende soziale Strukturen vorauszusetzen (c). Das ist für sich genommen nicht problematisch, aber bereits hier wird deutlich, dass die Diagnose des Vorliegens kollektiver Gewalt unter Umständen ähnlich stark von zusätzlichen Voraussetzungen und Annahmen abhängt wie diejenige personaler Gewalt.

(a) Ein Opfer, mehrere Täter, aber keine Tätergruppe?
Im Beispiel der Schulhofprügelei zielen die einzelnen Handlungen auf dasselbe Opfer. Aber bereits die beiden kurz erwähnten Massaker machen deutlich, dass man hieraus nicht den Schluss ziehen sollte, dass kollektive Gewalt nur dann vorliegt, wenn alle Handlungen die Verletzung ein und desselben Opfers zum Ziel haben. In den genannten Fällen, den Massakern von Treuenbrietzen und dem Massenmord von Rechnitz, haben jeweils mehrere Täter als Gruppe Ge-

walt ausgeübt. Weder in Treuenbrietzen noch in Rechnitz haben diese Täter allerdings dasselbe Opfer schwer verletzt oder getötet bzw. dessen Verletzung oder Tötung aktiv unterstützt. Sie haben allerdings gemeinsam, d.h. in Abstimmung und wechselseitiger Unterstützung gegen dieselbe *Gruppe* von Opfern (tödliche) Gewalt ausgeübt. Die gemeinsame Absicht war jeweils, alle Mitglieder der Opfergruppe zu töten, und die einzelnen Handlungen lassen sich nicht anders als auf dieses Ziel hin miteinander abgestimmt analysieren.

Das bedeutet, dass die Täter bei kollektiver Gewalt nicht ein und dieselbe Person schwer verletzen müssen, damit ihr Verhalten als gemeinsame Gewalthandlung beschrieben werden darf. Es kann ja sein, dass etwa eine Gruppe von Fußball-Anhängern auf eine Gruppe von Anhängern eines anderen, womöglich „verfeindeten" Clubs trifft. Attackieren sie diese andere Gruppe, dann üben sie gemeinsam Gewalt aus – nicht gegen dasselbe Opfer, aber gegen *dieselben* Opfer, genauer: gegen dieselbe Gruppe. Sie üben gemeinsam Gewalt gegen die Anhänger dieses-oder-jenes Vereins aus, und dabei ist nicht zwingend erforderlich, dass jeder gegen jedes Mitglied der Opfergruppe Gewalt ausübt.[44] Dies setzt freilich voraus, dass die Täter wenigstens einige Überzeugungen teilen hinsichtlich der Merkmale derjenigen, die zu der entsprechenden Gruppe gehören. Bereits bei den Massakern mussten die Täter ja unterscheiden zwischen jenen, die Ziel ihrer Gewalt und folglich zu ermorden waren, und jenen, für die dies eventuell nicht galt. Zielt die Gruppengewalt nicht auf ein einzelnes Opfer, sondern auf eine Opfergruppe, dann müssen die Täter folglich irgendeine, möglicherweise unreflektierte oder vage oder widersprüchliche Vorstellung von gemeinsamen Merkmalen der konkreten Opfer als Mitglieder der entsprechenden Gruppe besitzen. Kollektive Gewalt trifft folglich nur insofern notwendig „dasselbe Opfer", als es sich hierbei auch um eine, im Zweifelsfall mehr oder weniger stark durch Ressentiments oder Vorurteile konstruierte Opfergruppe handeln kann.

Allerdings folgt aus dem Umstand, dass die einzelnen Handlungen der Täter auf dasselbe Opfer oder dieselbe Opfergruppe zielen,

---

[44] Diese (weitere) Eigenheit kollektiver Gewalt wird sich auch bei Massengewalt wie Pogromen oder Aufständen zeigen, wenngleich nicht notwendigerweise. Ein Lynchmob kann sich etwa gemeinsam gegen ein einziges und einzelnes Opfer richten.

nicht automatisch, dass es sich hier um kollektive Gewalt handelt. Wenn etwa Michaela Maria in der ersten Pause vor dem gemeinsamen Klassenzimmer schlägt, während Markus sie in der großen Hofpause auf dem Schulhof tritt und Charlotte sie auf dem Heimweg in einer Nebenstraße mit Steinen bewirft, dann reicht all dies, selbst wenn es am selben Tag passiert, nicht hin, um hier von kollektiver Gewalt zu sprechen. Denn aus dem Umstand, dass alle drei dasselbe Opfer schwer verletzen, folgt nicht zwingend, dass sie dies *als Gruppe* tun. In diesem Beispiel wäre es erst die allen dreien gemeinsame Absicht, Maria schwer zu verletzen, die aus ihnen eine Gruppe und aus ihren Handlungen Teilhandlungen eines Falles kollektiver Gewalt macht. Selbst wenn Markus und Charlotte Maria erst angreifen, nachdem sie mitbekommen haben, dass Michaela sie geschlagen hat, wäre die Rede von kollektiver Gewalt unangemessen. Schließlich ist hier nicht einmal jene Koordination der einzelnen Handlungen gegeben, die etwa im Falle des Hinzukommens der beiden zu der gerade von Michaela ausgeübten Gewalthandlung gegeben wäre.

Dieser Fall der nicht-kollektiven Gewalt mehrerer Täter gegen dasselbe Opfer bestärkt allerdings den Verdacht, dass es der Umstand ist, dass die einzelnen Gewalthandlungen *am selben Ort zur selben Zeit* gegen dasselbe Opfer geschehen, der sie zu Teilhandlungen eines Aktes kollektiver Gewalt macht. Denn allein in diesem Falle scheint die Abstimmung der je eigenen Handlungen auf die der anderen Täter aus einem Einzeltäter ein Mitglied einer Tätergruppe zu machen.

(b) Gemeinsam, aber je allein verübte Gewalt?
Es scheint in der Tat schwer vorstellbar zu sein, dass sich derartige Gruppengewalt, aber auch so etwas wie ein Pogrom, in eine Menge zeitlich und örtlich deutlich auseinander liegender Taten aufteilen könnte. So plausibel daher die Annahme auf den ersten Blick sein mag – dass das gemeinsame Agieren zur selben Zeit am selben Ort eine *notwendige* Bedingung für das Vorliegen kollektiver Gewalt ist, ist nicht unproblematisch. Die Probleme, die sich aus einer solchen Bestimmung „kollektiver Gewalt" ergeben, lassen sich bereits mit Blick auf die bisher diskutierte Gruppengewalt aufzeigen, ohne dass man auf komplexe Beispiele kollektiven Handelns wie etwa das Agieren von Armeen zurückgreifen muss, deren Analyse als Fälle *kollektiven* Handelns ohnedies mit besonderen Schwierigkeiten ver-

bunden ist:⁴⁵ Zieht man nämlich den Umkehrschluss, dass kollektive Gewalt nur als von einer Gruppe oder Masse als Einheit *am selben Ort, zur selben Zeit* gemeinsam verübte Gewalthandlungen denkbar sind, dann ist dies zumindest in einigen Fällen mit Schwierigkeiten verbunden für die Analyse einzelner Gewalthandlungen als Teilhandlungen kollektiver Gewalt.⁴⁶

Gruppengewalt liegt ja nicht nur dann vor, wenn Thomas, Klara und Paul gemeinsam Peter verprügeln, indem Klara und Paul ihn festhalten, während Thomas zuschlägt. Die drei agieren auch dann als Gruppe, wenn sie sich abgesprochen haben, Peter schwer zu verletzen und diese gemeinsame Absicht verfolgen, indem sie ihn zu unterschiedlichen Zeiten und an unterschiedlichen Orten angreifen (in der ersten Pause vor dem Klassenzimmer, auf dem Schulhof in der großen Hofpause und auf dem Heimweg in einer Nebenstraße). Den einzelnen Handlungen fehlt die geforderte zeitliche und räumliche Nähe, auch wenn sie am selben Tag und in derselben Stadt geschehen. Aber sie verbindet, dass Gewalt gegen *dasselbe* Opfer von einer Gruppe mit einer *gemeinsamen* Absicht ausgeübt wird, die in diesem Fall gerade durch eine Verteilung der einzelnen Handlungen auf unterschiedliche Zeiten und Orte verfolgt wird.

Eine vergleichbare räumliche und zeitliche „Aufsplitterung" finden wir häufiger bei Fällen, die wir als „kollektive Gewalt" klassifizieren, obwohl die Täter getrennt voneinander agieren: weil auch

---

⁴⁵ Freud (*Massenpsychologie und Ich-Analyse*, 56) führt derartige Großkollektive ebenso als Beispiele für Großgruppen bzw. „Massen" an wie Le Bon (*Psychologie der Massen*, 116) und Canetti (*Masse und Macht*, 84-5, 197-9). Hier gerät meines Erachtens der Umstand aus dem Blick, dass zumindest Armeen oder auch Religionsgemeinschaften in hohem Maße institutionalisiert, d.h. auf komplexe Weise intern in Rollen, Hierarchien und Teilgruppen differenziert und dadurch strukturiert sind. Gerade diese institutionalisierte Struktur ermöglicht das Auftreten einzelner Mitglieder als Vertreter des Kollektivs, so dass das Kollektiv als handlungsfähige Einheit agiert und wahrgenommen wird (etwa indem es den Status einer juristischen Person mit entsprechenden Rechten erhält usw.). Wenn man derartige Kollektive auf dieselbe Weise beschreibt wie die bisher diskutierten Gruppen oder auch die im nächsten Abschnitt untersuchten Massen, dann muss man sich daher immer vor Augen halten, dass die zu Gruppen und Massen analoge „Einheit" der Armee oder Kirche wesentlich die Leistung komplexer institutioneller Strukturen ist.

⁴⁶ Vgl. zum Folgenden auch Schweikardt: *Der Mythos des Singulären*, 107-14.

hier eine Menge von Menschen gemeinsam, mit einer *gemeinsamen Absicht* Gewalt gegen eine Gruppe von Opfern ausübt. Das meint nicht unbedingt die bereits erwähnten Armeen und sicherlich nicht Volksgruppen, Nationen oder andere Großkollektive, aber etwa das Agieren einzelner Armeeeinheiten in Kriegen und Bürgerkriegen und von Polizeieinheiten im Zuge von Unruhen. Vergleichbares gilt für die gewaltsamen Aktionen der verschiedenen, unterschiedlich organisierten, ausgestatteten und agierenden nicht-staatlichen Gewaltakteure wie Partisanen- und Widerstandsgruppen. Man kann hier auf die oben eingeführte Unterscheidung Bratmans von „Absicht" und „Ziel" zurückgreifen: Die Handlung des einzelnen Täters folgt der gemeinsamen *Absicht* der Gruppe, ein bestimmtes Opfer oder eine bestimmte Opfergruppe schwer zu verletzen. Der Täter wählt dann unter Umständen sein konkretes *Ziel* selbständig aus, allerdings tut er dies abgestimmt auf die gemeinsame Absicht.

In diesen Fällen lassen sich die Gewalthandlungen einzelner Mitglieder des entsprechenden Kollektivs als kollektive Gewalt einordnen, weil die schweren Verletzungen, die die Täter ihren Opfern zufügen, den von ihrem Kollektiv gemeinsam, *als Einheit* verfolgten Absichten entsprechen. Auch räumliche und zeitliche Nähe scheint daher keine notwendige Bedingung für das Vorliegen kollektiver Gewalt zu sein, sofern die einzelnen Handlungen einer gemeinsamen Absicht der Gruppe als Ganzer folgen.

(c) Koordination, Kooperation und soziale Strukturen
Bei kollektiver Gewalt richten sich die Handlungen der Täter, so lassen sich die bisherigen Überlegungen zusammenfassen, in jedem Falle gegen dasselbe Opfer oder gegen dieselbe Opfergruppe. Nicht alle Täter müssen selbst das Opfer verletzen, es reicht hin, dass sie diese Verletzung aktiv unterstützen; und es ist ebenfalls nicht notwendig, dass alle Täter aus denselben Gründen oder freiwillig an dieser Handlung teilnehmen.

Die Frage nach der Notwendigkeit einer gewissen räumlichen und zeitlichen Nähe der einzelnen Handlungen lässt sich allerdings nicht gleichermaßen eindeutig beantworten. Erklärt man sie mit Blick auf die unter (b) diskutierten Beispiele für irrelevant, dann droht der Begriff der kollektiven Gewalt wahlweise unscharf oder widersprüchlich zu werden, je nachdem, welche Kriterien man an die gemeinsame Absicht anlegt. Wird etwa eine gegen dasselbe Opfer gerichtete Verletzungsabsicht als hinreichender Beleg für das

Vorliegen „gemeinsamer Absichten" anerkannt, dann lässt sich die von Thomas, Klara und Paul gegen Peter ausgeübte Gewalt weder von dem Agieren einer kleinen militärischen Einheit noch von dem einer ganzen Armee unterscheiden. Vor allem aber werden alle einzelnen Handlungen, die sich auf vage ähnliche Weise gegen dasselbe Opfer richten, zu Akten kollektiver Gewalt, sobald sich die Täter in irgendeiner Weise kennen. Dies ließe sich natürlich vermeiden, indem man kollektive Gewalt auf jene Handlungen begrenzt, denen eine von den Tätern *explizit* gefasste gemeinsame Absicht zugrunde liegt. Nur hätte das zur Folge, dass das bloß koordinierte gemeinsame Gewalthandeln selbst dann keine kollektive Gewalt wäre, wenn die Täter am selben Ort zur selben Zeit und in gegenseitiger Abstimmung aufeinander ihre Opfer verletzen. Würde der erste Vorschlag den Begriff der kollektiven Gewalt ähnlich beliebig machen wie die im ersten Abschnitt dieses Kapitels diskutierten Beispiellisten, so würde der zweite ihn unnötig und unplausibel verkürzen.

Hier scheinen in der Tat so etwas wie „Familienähnlichkeiten" vorzuliegen: Kollektive Gewalt kann entweder (i) in räumlich und zeitlich voneinander getrennten Einzelhandlungen geschehen, sofern sie Folge einer (ii) Kooperation sind, d.h. einer gemeinsamen Absicht folgen; fehlt diese gemeinsame Absicht, dann müssen diese Einzelhandlungen (iii) in räumlicher und zeitlicher Nähe geschehen und (iv) miteinander koordiniert sein. In jedem Falle aber müssen (v) die Opfer, deren Verletzung das Ziel der jeweiligen einzelnen Handlung ist, dieselben sein bzw. derselben Gruppe angehören.

Das löst allerdings nur bedingt das Problem, dass die Rede von einer „gemeinsamen Absicht" eine Eindeutigkeit suggeriert, die nicht gegeben ist. Gemeinsame Absichten müssen ja nicht explizit gefasst werden, etwa im Rahmen einer Absprache oder der Planung des weiteren gemeinsamen Vorgehens. Sie können sich auch aus koordiniertem gemeinsamem Handeln entwickeln, so dass die Täter im Laufe der Handlung zu einer Gruppe werden und dann sogar als Gruppe agieren, wenn etwa Schwierigkeiten auftreten. Das Beispiel mit gemeinsamer Absicht getrennt durchgeführter Verletzungen erinnert ja nicht von ungefähr an das „Mobbing" eines oder mehrerer Opfer durch Mitschüler, Kommilitonen oder Kollegen. Letzteres setzt als gemeinsame Handlung ebenfalls nicht voraus, dass die Täter am selben Ort und zur selben Zeit agieren. Aber es macht deutlich, dass sich auch hier keine absolut scharf konturierten Grenzen zwischen bloß koordinierten Gewalthandlungen und mit gemeinsamer Absicht kooperativ ausgeübter Gewalt ziehen lassen.

Dieses Beispiel legt vor allem eine weitere Möglichkeit nahe, inwiefern einzelne Täter unter Umständen als Gruppe mit einer gemeinsamen Absicht agieren können. Die bisherigen Beispiele wurden ja so diskutiert, dass sich die Gruppe in der einen oder anderen Weise im Laufe der Gewaltausübung oder sogar für die Gewalthandlung gebildet hat. Aber es ist natürlich auch denkbar, dass die Täter auch unabhängig von dieser gemeinsamen Gewaltausübung eine Gruppe bilden – und dann stellt sich die Frage, ob es nicht so etwas wie latente, in der Gruppenidentität, in dem, was „wir" sind und was „wir" tun, eingebettete (gemeinsame) Absichten gibt. In diesem Falle wäre die gemeinsame Absicht dann Teil der sozialen Struktur der Gruppe selbst, sie würde gewissermaßen bei Auftreten eines „passenden" Opfers lediglich aktiviert.

Die Vorstellung derartiger latenter Absichten scheint auf den ersten Blick zu ähnlichen Problemen zu führen wie der bereits diskutierte Vorschlag, das absichtliche Verletzen desselben Opfers als hinreichenden Beleg für eine gemeinsame Absicht der Täter anzusehen. Das Beispiel, das sich aufdrängt, ist ja das eines Soldaten, der auf alle Personen schießt, die er als Feind identifiziert, auch wenn er dazu keinen expliziten Auftrag hat. Andererseits legen gerade jene Fälle von Gruppengewalt latente gemeinsame Absichten nahe, bei denen die einzelnen Täter nach und nach hinzukommen und mit der Zeit eine Gruppe bilden.

Es sind allerdings die bisher noch nicht eingehender diskutierten Fälle der Massengewalt, die Lynchmobs und Aufstände, die Pogrome und Unruhen, die sich weder durch explizit gefasste gemeinsame Absichten, noch durch bloße Koordination der Täter erklären lassen – wegen der vor allem Lynchmobs und Pogromen eigenen, spezifischen Dynamik, in der sich derartige Massengewalt entfaltet.

3.4. Mörderische Rotten: Kollektive Gewalt als Massengewalt

Auf den ersten Blick scheinen die erwähnten Beispiele des Pogroms, der Unruhen und des Lynchmobs sich von den diskutierten Fällen von Gruppengewalt vor allem dadurch zu unterscheiden, dass in diesem Falle die Menge der Menschen, die Gewalt ausüben, deutlich größer ist. Die jeweils gemeinsam ausgeübte Gewalt lässt sich dabei raum-zeitlich recht klar lokalisieren, so dass sich die Schulhofprügelei aus dem vorigen Abschnitt von dem Pogrom oder dem Lynchmob lediglich in der Größe der Tätergruppe zu unterscheiden scheint.

Ein zentrales Problem dieser Darstellung von Massen als ‚Großgruppen' ist, dass man den Mitgliedern der Masse nicht ohne weiteres eine gemeinsame Absicht, von Kooperation ganz zu schweigen, unterstellen kann, *obwohl* sie als Masse, ähnlich den Gruppen, gezielt dasselbe bzw. dieselben Opfer attackieren. Nicht jede Menge von Menschen, die eine bestimmte Größe erreicht, ist zugleich auch eine Masse (a).[47]

---

[47] An dieser Stelle ist eine längere Anmerkung notwendig, da ich mich im Folgenden zwar vor allem auf die Arbeiten Canettis, aber auch auf Le Bons und Freuds Überlegungen zur Massenpsychologie beziehen werde, wenn ich den Begriff der „Masse" einzugrenzen und zu analysieren versuche. Vor allem in Le Bons und Freuds, aber auch in Canettis Überlegungen ist der Begriff der Masse doppeldeutig: Er bezeichnet zum einen (wie hier im Folgenden) eine Menge in einem bestimmten Zustand („die Masse"), aber *zugleich* auch die Mitglieder jener gesellschaftlichen Schichten oder Milieus, die ältere Autoren als „die Vielen" oder mit noch deutlicherer Abwertung als „Pöbel" (plebs, vulgus) bezeichnet haben: die (vermeintlich) ungebildeten, ökonomisch und sozial nicht privilegierten Klassen („die Masse*n*"). Das ist meines Erachtens mit der Annahme verbunden, dass die Mitglieder der „Massen" aufgrund mangelhafter Bildung und eingeschränkter Vernunft in besonderem Maße dazu disponiert seien, in einer „Masse" aufzugehen und ihr eigenes Verhalten von der affektiven Reaktion auf das Verhalten anderer bestimmen zu lassen (siehe etwa die Beispiele und Überlegungen bei Le Bon: *Psychologie der Massen*, 15, 31 und Freud: *Massenpsychologie und Ich-Analyse*, 78-9). Eine ähnliche Kritik am ambigen Begriff der Masse bei Le Bon, Freud u.a. findet sich auch bei Hofstätter: *Gruppendynamik*, 12-8, der zudem darauf hinweist, dass es mit Blick auf diese Unterstellung wenig überraschend ist, dass Le Bon von der *Massen*psychologie recht umstandslos zu

Damit stellt sich die Frage, wie diese spezifische Massendynamik zu erklären ist. Weder die These, dass in großen Menschenansammlungen tief sitzende menschliche Affekte freigesetzt werden (b), noch die Annahme, sie würde durch Führungspersonen hervorgerufen und gesteuert (c), können diese Dynamik hinreichend erklären. Denn allgemeine Affekte erklären nicht die variierende, aber abhängig vom konkreten Kontext zugleich berechenbare Form der jeweiligen Gewalt. Und Führungspersonen lassen sich nicht in allen Fällen finden (und ihre Macht über die Dynamik ist zudem begrenzt).

Plausibel wird der Einfluss dieser beiden Faktoren allerdings, wenn man annimmt, dass bei den Mitgliedern der jeweiligen Masse zusätzlich ein gemeinsames Wissen vorhanden ist sowohl um die zu erwartenden Abläufe als auch um die Merkmale der Opfergruppe (d). Gerade dieses gemeinsame Wissen wirft allerdings erneut die im letzten Abschnitt gestellte Frage nach der Möglichkeit latenter gemeinsamer Absichten auf (e).

(a) Von der bloßen Menge zur Einheit der Masse
Eine „Menge" ist zunächst einmal nicht mehr als eine Gruppe von zwei oder mehr Personen, die irgendetwas miteinander gemeinsam haben.[48] Dabei kann es sich um ein natürliches Merkmal wie rote Haare, um ein soziales Merkmal wie die Zugehörigkeit zu einer bestimmten Berufsgruppe oder auch um so etwas wie die gleichzeitige Anwesenheit an einem bestimmten Ort handeln. Auf öffentlichen Plätzen befinden sich etwa immer wieder Mengen von Menschen in diesem Sinne. Aber diese Mengen sind zumindest dann noch keine „Massen", wenn man unter einer „Masse" eine Menge von Menschen versteht, die ein gemeinsames Ziel verfolgt.[49] Stephen Reicher

---

*Rassen*psychologie übergeht (ebd., 18). Zur Geschichte des Massenbegriffs und der Massenpsychologie vgl. auch Paul: „Masse und Gewalt", 19-28.
[48] Vgl. zum Folgenden den Unterschied von „set" und „group" bei Gilbert: *On Social Facts*, 149-50 sowie die Unterscheidung von „Aggregat (*aggregate*)" und „psychologische[r] Gruppe oder Menge (*crowd*)" bei Reicher: „‚Tanz in den Flammen'", 185.
[49] Vgl. Le Bon: *Psychologie der Massen*, 9-10, Freud: *Massenpsychologie und Ich-Analyse*, 62 und Canetti: *Masse und Macht*, 30. Das schließt dann allerdings die von Canetti damit ebenfalls bezeichneten Kollektive beliebiger Größe wie „Nationen" o.ä. aus (ebd., 197-9, ähnlich übrigens bei Le Bon: *Psychologie der Massen*, 116 und Freud: *Massenpsychologie und Ich-Analyse*,

hat diesen Unterschied mit folgendem Beispiel illustriert: Die Pendler, die sich morgens gemeinsam in einem Regionalzug befinden, sind erst einmal nur eine Menge von Menschen. Aus dieser Menge kann allerdings sehr schnell eine Masse werden, etwa wenn es einen Unfall gibt. Denn „dann würden sich die Menschen in den Zugabteilen aller Voraussicht nach nicht mehr individuell definieren, sondern nun durch die Zugehörigkeit zu einer gemeinschaftlichen (geschädigten) Gruppe von Reisenden."[50]

Dass sich Mengen von Massen im genannten Sinne unterscheiden lassen, wird mit Blick auf ein Phänomen deutlich, das Wolfgang Sofsky unter dem Titel der „Jagd" einer Gruppe auf ein Opfer beschrieben[51] und das Canetti unter dem Begriff der „Meute" einzufangen versucht hat.[52] Canetti diskutiert verschiedene Arten von „Meuten", etwa die „Klagemeute" und die „Jagdmeute". Diese verschiedenen „Meuten" haben jeweils verschiedene Ziele, gemeinsam ist ihnen nach Canetti aber, dass sie in Abhängigkeit von ihrem jeweiligen Ziel eine je eigene *„Bestimmtheit"* besitzen.[53] Und es ist genau diese *„Bestimmtheit"*, d.h. das Verfolgen einer gemeinsamen Absicht, das die „Masse" von einer bloßen „Menge" von Menschen unterscheidet. Auf einem öffentlichen Platz, etwa auf der Domplatte vor dem Kölner Dom, kann sich eine „Menge" von Menschen befinden. Damit aus ihnen eine „Masse" wird, braucht es ein *gemeinsam verfolgtes Ziel*, an dem sich die Einzelnen orientieren. Ist dieses gegeben, dann kann allerdings sehr schnell aus der „Menge" eine „Masse" werden. Sollte etwa überraschend der Papst aus dem Dom treten und alle würden zum Eingang des Domes strömen und ihn bejubeln, dann wäre nicht mehr nur eine „Menge", sondern eine „Masse" auf dem Domvorplatz zu beobachten.

Es ist diese spezifische Eigendynamik von Massen, die Canetti mit seinem Begriff der *„Bestimmtheit"* einzufangen versucht: Aus einer heterogenen Menge von Menschen wird spontan und ohne

---

56). Der im Folgenden von mir verwendete Begriff der „Masse" bezeichnet in weiten Teilen das, was Canetti unter der meines Erachtens problematischen Bezeichnung „Meute" adressiert (ebd., 111-3; auf die Probleme der Bezeichnung entsprechender „Massen" als „Meuten" werde ich zurückkommen).

[50] Reicher: „‚Tanz in den Flammen'", 185-6.
[51] Vgl. Sofsky: *Traktat von der Gewalt*, 164-6, 180, 192-3.
[52] Vgl. Canetti: *Masse und Macht*, 111-3.
[53] Ebd., 137.

Absprache oder Anleitung eine Masse, die gemeinsam ein Ziel verfolgt: den Papst zu bejubeln. Canetti selbst erklärt allerdings nicht, worin genau diese „*Bestimmtheit*" besteht. Auf den ersten Blick scheint dies nicht mehr zu sein als ein Ziel, das diejenigen, die die Masse bilden, gemeinsam verfolgen – dass die Mitglieder der Masse etwa dasselbe Opfer angreifen und ihre individuellen Handlungen miteinander koordinieren. Eine solche Beschreibung kann allerdings die spezifische Dynamik, die sowohl Pogrome und Unruhen als auch Lynchmobs auszeichnet, allenfalls unvollständig abbilden. Was in ihr fehlt oder ausgeblendet zu werden droht, ist einerseits der Umstand, dass die jeweilige Masse als Ganze ein bestimmtes Ziel, eine bestimmte Gruppe von Opfern angreift und schwer verletzt – obwohl die einzelnen Mitglieder aufgrund der schieren Menge an Menschen, die die Masse bilden, ihr Verhalten nur mit einem geringen Teil der Mitglieder koordinieren können.[54] Andererseits agieren die Mitglieder der Masse trotz dieser Spontaneität und trotz des Umstandes, dass sie einander nicht kennen, nicht anarchisch-unberechenbar, sondern koordiniert. Mehr noch, ihr Verhalten ist bis zu einem gewissen Grad berechenbar und folgt bestimmten, angebbaren Regeln. Und zahlreiche Pogrome, Unruhen und Lynchmobs brachen immer wieder relativ spontan aus, weshalb sich dieses Problem auch nicht durch den Hinweis auf einen vorliegenden, im Vorfeld von den Mitgliedern der Masse miteinander abgesprochenen Plan oder Ähnliches lösen lässt.

Außerdem gilt, dass sowohl Pogrome als auch Aufstände und Unruhen teils über Stunden, unter Umständen sogar über mehrere Tage andauern, wobei sich die gewalttätige Masse womöglich auf verschiedene Gebiete des Tatortes verteilt und in kleinere Gruppen aufspaltet.[55] Das Problem ist dabei nicht, dass sich Tatzeit und Tatort nicht hinreichend klar eingrenzen lassen. Unter Umständen ist dies durchaus möglich, häufig handelt es sich ja um ein bestimmtes Gebiet (eine Stadt, ein Bezirk, eine Region) und um einen angebbaren Zeit-

---

[54] Vgl. Klatetzki: „Hang 'em high'", 149, der den Begriff „Mob" definierte als „Großgruppe, die sich spontan formiert", und in der „nicht mehr alle Mitglieder miteinander in Face-to-Face-Interaktionen stehen".
[55] Götz Aly erinnert z.B. an die „Dauerprogrome, [...] die solange währten, bis die gesamte jüdische Einwohnerschaft ausgerottet und die letzten Stücke ihres Eigentums vernichtet oder geplündert waren" in der Ukraine im Jahr 1919 (Aly: *Europa gegen die Juden*, 160).

raum, in dem Gewalt durch eine Masse ausgeübt wurde. Aber um in diesen Fällen noch von „Massengewalt" reden zu können, müssen ihr auch Einzel- und Gruppenhandlungen zugeordnet werden, deren Täter weder im Verbund mit anderen Mitgliedern der Masse agieren noch einem auslösenden Ereignis wie etwa der ursprünglichen Konstitution der Masse beigewohnt haben.

Einerseits können sowohl zu einem Aufstand als auch zu einem Pogrom in dessen Verlauf Täter zur Masse hinzukommen und sich in sie einfügen. Das beeinflusst sicherlich die Dynamik und Entwicklung der Massengewalt, ihren spezifischen Charakter als *Agieren einer Masse* verändert es aber nicht. Eine Beschreibung von Massengewalt, die das Agieren der Masse in absoluter räumlicher und zeitlicher Nähe zur einzigen notwendigen Bedingung erhebt, müsste andererseits auf eines verzichten: Sie könnte jene Gewalthandlungen Einzelner nicht mehr zur infrage stehenden Massengewalt rechnen, die zwar dieselbe *„Bestimmtheit"* wie die Massengewalt besitzen, die aber im Zuge der Auflösung der Masse oder wenigstens nach Lösen der Täter aus der Masse geschehen.

Es ist ja nicht so, als ob die Menschen bei einem Pogrom oder einem Aufstand, selbst wenn diese relativ spontan beginnen, *allesamt* in dem Moment aufhören, Gewalt auszuüben, in dem sich die Masse auflöst.[56] Der Zeitpunkt der Auflösung müsste durch die Benennung der letzten der entsprechenden Masse zuzurechnenden Gewalthandlung geschehen. Dabei kann es sich allerdings auch um eine Handlung eines einzelnen, mit keinem anderen Mitglied der (zu diesem Zeitpunkt womöglich bereits aufgelösten) Masse gemeinsam agierenden Täters handeln. Umgekehrt sind im Zuge eines Pogroms oder eines Aufstandes Gewalthandlungen möglich, die der infrage stehenden Massengewalt *nicht* zugeordnet werden können, weil ihnen die *„Bestimmtheit"* fehlt, was die Bedeutung von Ort und Zeit der Einzelhandlungen für das Vorliegen kollektiver Gewalt ebenfalls partiell relativiert. Wenn etwa im Verlauf eines antijüdischen Pogroms in einer Stadt ein bekannter christlicher Politiker getötet wird, dann kann das zeitliche Zusammentreffen dieser Tötung mit der Massengewalt in derselben Stadt Zufall oder Planung sein. Es

---

[56] In anderen Beschreibungen von Gewaltmassen mag das freilich zwingend sein. Nach Le Bon (*Psychologie der Massen*, 87, 94-103) etwa ist ja ein „Führer" notwendig, ohne dessen Präsenz die Masse sich ihm zufolge anscheinend umgehend auflöst (siehe dazu Teil c dieses Abschnitts).

bräuchte allerdings weitere Indizien, sonst gäbe es keinen Grund, diese Tötung der Massengewalt des Judenpogroms zuzurechnen, *obwohl* die Täter am selben Ort und zur selben Zeit agierten und sich womöglich auch in der Gewaltmasse bewegten, die den zeitgleich stattfindenden Pogrom verübte.

Das wirft uns auf die Frage zurück, wie diese „*Bestimmtheit*", über die konkrete Massen beschrieben werden, zu analysieren ist.

(b) Gewaltmeuten statt Gewaltmassen?

Vor allem Freud und Le Bon haben die These vertreten, dass sich Massenverhalten durch das Zusammenwirken zweier Faktoren erklären lässt: die in der Masse gegebene Anonymität der Einzelnen trifft auf tief in ihnen bzw. in ihrem Unterbewusstsein verankerte Affekte und schwächt die sie begrenzenden oder aufhaltenden Regulierungen (Schamgefühl, Gruppendruck usw.).[57] Eine Masse wäre dann primär ein „Zustand körperlicher, affektiver und vorreflexiver Vergemeinschaftung"[58].

Freud hat etwa behauptet, der Mensch sei nun einmal nicht nur „ein *Herdentier*", sondern „vielmehr ein *Hordentier*, ein Einzelwesen einer von einem Oberhaupt angeführten Horde."[59] Eine „Anonymität" der Masse ist in dem Sinne gegeben, dass die einzelnen Mitglieder allenfalls einige der anderen Mitglieder der Masse kennen, nicht aber den Großteil. Die Größe ist relevant, da die Menge ein, je nach Situation sicherlich variierendes, Maß an Überschaubarkeit aus

---

[57] So führt Le Bon die jeweilige Dynamik einerseits auf historisch gewachsene und tradierte Vorstellungen und Habitus, die die Mitglieder der Masse dann wechselseitig voneinander erwarten (*Psychologie der Massen*, 15-6, 24-7), andererseits aber auf „Urinstinkte" (ebd., 31) oder in der „Rasse" der Mitglieder verankerte Affekte (ebd., 116-7) zurück. Nach Freud liegt die Ursache in einem gemeinsamen „Unterbewussten" (*Massenpsychologie und Ich-Analyse*, 37), das eine „affektive Gemeinsamkeit" (ebd., 70) der Massenmitglieder darstellt und ihre (affektive) wechselseitige Identifikation miteinander ermöglicht (ebd., 65-9). Insofern die spezifische „*Bestimmtheit*" gruppen- oder sogar milieuspezifischen Mustern zu folgen scheint, scheint mir die Erklärung über gemeinsame unterbewusste Affekte auch unabhängig von zumindest in Le Bons Fall eindeutig zugrunde liegenden Ressentiments, wenig überzeugend. Siehe dazu auch Hofstätter: *Gruppendynamik*, 25-6.

[58] Paul: „Masse und Gewalt", 57.

[59] Freud: *Massenpsychologie und Ich-Analyse*, 83.

Sicht des Einzelnen überschreitet.⁶⁰ Sie muss so groß sein, dass der Einzelne nicht einzuschätzen vermag, mit wem er eine Masse bildet, und sein Handeln auch nicht mit dem Agieren aller anderen koordinieren kann.⁶¹ Sofern dann ein bestimmter Auslöser der entsprechenden Affekte, ein „trigger", vorliegt, wird die Massendynamik freigesetzt. Stefan Kühl spricht mit Blick u.a. auf die „rassistischen Pogrome gegen Flüchtlinge in Rostock-Lichtenhagen [22. bis 26. August 1992] und Hoyerswerda [17. bis 23. September 1991]" davon, „dass es bei all diesen Ereignissen einen Punkt gegeben hat, an dem die Masse der Anwesenden realisierte, dass Gewalttaten nicht unmittelbar unterbunden oder geahndet werden."⁶² Ein anderes Beispiel wären große Menschenmengen, die durch bedrohliche Ereignisse in eine „Massenpanik" getrieben und in eine „Fluchtmeute" transformiert werden.

In all diesen Fällen ähnelt die entsprechende Massendynamik in der Tat dem Verhalten tierischer Meuten oder Schwärme. Canettis Bezeichnung der entsprechenden Kollektive als „Meuten" ist dennoch problematisch, vor allem in Verbindung mit einer entsprechenden Affekttheorie der Massendynamik, auch wenn kaum zu leugnen ist, dass für die spezifische Dynamik solcher Gewaltmassen eine enge emotional-affektive Verbindung der Mitglieder entscheidend ist.⁶³

Zum einen ließe sich einwenden, dass die Binnendynamik eben nicht notwendigerweise *alle* Mitglieder der jeweiligen Masse erfasst. Zum anderen droht die mit der identischen Bezeichnung nahegelegte Angleichung der entsprechenden Kollektive und ihres Verhaltens an tierische Meuten den Umstand der Abhängigkeit der Massen

---

⁶⁰ Siehe Klatetzki: „,Hang 'em high'", 149, Baberowski: *Räume der Gewalt*, 169 und Katz: „Epiphanie der Unsichtbarkeit", 98-9.
⁶¹ Dieses Moment der Anonymität und der damit verbundenen partiellen Unberechenbarkeit der Entwicklung der Masse spricht dann gegen Hofstätters These, dass jede Masse eine Gruppe im Sinne eines bewussten Zusammenschlusses einer Menge von Individuen sei, vgl. Hofstätter: *Gruppendynamik*, 29-30.
⁶² Kühl: „Gewaltmassen", 23. Siehe dazu auch Katz: „Epiphanie der Unsichtbarkeit", bes. 98-9, der darauf hinweist, dass diese Anonymität der Einzelnen im Kollektiv auch bei gewaltfreien, alltäglichen Fällen das Verhalten beeinflusst.
⁶³ Siehe dazu Schwalb und Paul: „Nicht-organisierte kollektive Gewalt", 398-400, 408.

und ihrer Dynamik von sozialen Faktoren zu unterschlagen.[64] Anders als die einzelnen Fische im Schwarm oder die Hunde in der Meute haben Mitglieder einer Masse durchaus Spielräume des Sich-Entziehens, des Nicht-Mitmachens. Und die Abläufe der Gewalthandlungen entsprechender Gewaltmassen ähneln sich allenfalls oberflächlich. Tatsächlich variieren sie: Die Gewaltmassen wählen ihre Opfer auf unterschiedliche Weise aus und gebrauchen zudem verschiedene Gewaltstrategien gegen sie.

Das lässt sich vielleicht am besten durch den Lynchmob illustrieren: Dessen Mitglieder finden sich ja bisweilen mehr oder weniger spontan zusammen und kennen einander allenfalls in Einzelfällen. Dennoch ist ihr Handeln koordiniert und folgt bestimmten Regeln, ganz so, als ob sie vorher geübt hätten (was in manchen Fällen durchaus der Fall sein mag, was aber, das ist der entscheidende Punkt, nicht notwendig ist).[65]

Das spricht dafür, dass eine Analyse, die hier auf so etwas wie in der menschlichen Natur oder im menschlichen Unterbewusstsein als solchem verankerte Affekte verweist, zwar mit Blick auf so etwas wie Rachegelüste oder Vergeltungsdrang nicht gänzlich unplausibel, aber dennoch unvollständig ist.

(c) Die Dynamik der Masse und ihre Dirigenten
Die spezifische Binnendynamik, die auch in der Reaktion der Massen auf äußere Einflüsse oder sie betreffende Ereignisse deutlich wird, verleiht Canettis Rede von „Meuten" sicherlich eine gewisse Anfangsplausibilität. Die je spezifische Dynamik konkreter Gewaltmassen lässt sich allerdings nicht dadurch erklären, dass hier so etwas wie ein in der menschlichen DNA oder im menschlichen Unterbewusstsein abgelegtes Verhaltensschema aktualisiert wird. Dafür müssten sich die Abläufe ähnlicher sein, als sie es letztlich sind, wenn man detaillierteren Beschreibungen folgt.

Eine – auch von Le Bon und Freud angeführte[66] – Lösung dieses Problems wären ein oder mehrere Anführer, die die jeweilige Masse

---

[64] Siehe dazu (allerdings mit Blick auf „Wir-Intentionalität" im Allgemeinen) Schmid: *Wir-Intentionalität*, 17-9, 240-3.
[65] Thomas Klatetzki („'Hang 'em high'", 155) spricht hier von einer „spontane[n] Ordnungsbildung".
[66] Vgl. Le Bon: *Psychologie der Massen*, 87 und Freud: *Massenpsychologie und Ich-Analyse*, 70, 78. Dagegen Sofsky: *Zeiten des Schreckens*, 32-3, 48-9.

organisieren und ihre Dynamik lenken. Dass sich die einzelnen Mitglieder wechselseitig beeinflussen, heißt ja nicht zwingend, dass die Masse grundsätzlich egalitär strukturiert sein muss, wie Canetti behauptet.[67] Es ist durchaus möglich, dass Einzelne so etwas wie Führungspositionen einnehmen, indem sie andere zur Gewaltanwendung auffordern, Opfer benennen und diese als legitime Ziele von Gewalt darstellen. Stefan Kühl hat zum Beispiel darauf hingewiesen, dass innerhalb der hier diskutierten Gewaltmassen meistens Gruppen im bereits diskutierten Sinne zu finden sind, zwischen deren Mitgliedern „häufig bereits vorher soziale Kontakte [...] über Freundesgruppen, Vereinsmitgliedschaften und Nachbarschaften" bestanden.[68] Zumindest einzelne Mitglieder der Menge, so die Schlussfolgerung, bildeten Gruppen, die eine gemeinsame Absicht verfolgten und die dann entsprechend dieser Absicht die Masse als Ganze zu beeinflussen oder zu lenken versuchten.[69]

In der Tat kann Massengewalt gezielt provoziert und ausgelöst werden. Bereits nach der Nachricht vom Attentat Herschel Grynszpans auf Ernst vom Rath in Paris am 7. November 1938 kam es im Deutschen Reich am 8. November 1938 vereinzelt zu lokalen antijüdischen Pogromen, die von den entsprechenden Behörden wohl gebilligt, aber nur in Einzelfällen auch direkt organisiert wurden.[70] Der unter dem Namen „Reichskristallnacht" in die Geschichte eingegangene reichsweite antijüdische Pogrom (ein vorgeblich „spontaner" Ausbruch deutschen Volkszorns infolge der Nachricht vom Tode vom Raths) in der Nacht vom 9. auf den 10. November 1938 wurde allerdings zweifelsfrei und in wesentlichen Maße durch die Behörden und SA- und SS-Gruppen vor Ort organisiert.[71] Nur lassen sich längst nicht in allen Fällen von Pogromen oder Unruhen die Anstifter und „Rädelsführer" derart einfach benennen.

---

[67] Vgl. Canetti: *Masse und Macht*, 54.
[68] Kühl: „Gewaltmassen", 25.
[69] Vgl. ebd. 24-5.
[70] Vgl. Steinweis: *Kristallnacht 1938*, 28-33. 35-41.
[71] Siehe dazu ebd., 45-103, der auch auf die heterogene, von SA-Leuten bis zu Schulklassen so ziemlich alle Gesellschaftsschichten umfassende Zusammensetzung der Tätergruppe verweist (ebd., 14-5, 87-92). Zur Organisation des Pogroms vgl. Lauber: *Judenpogrom*, 72-91, besonders Dokument 51 („Befehle des SS-Gruppenführers und Chefs der Sicherheitspolizei Heydrich", ebd., 80-2), Dokumente 52 und 53 sowie 58 und 59 (ebd., 82-3 und 88-9) und die Aussage Julius Streichers (Dokument 55, ebd., 85-6).

Ein solcher Fall wären die spontanen rassistischen Unruhen in mehreren amerikanischen Großstädten am 4. Juli 1910 nach dem Sieg des schwarzen Schwergewichtsboxers Jack Johnson über den weißen Schwergewichtsweltmeister James J. Jeffries, ein weiteres Beispiel wären die von Felix Schnell untersuchten Ausbrüche von Massengewalt in den ländlichen Regionen Russlands im Russischen Bürgerkrieg von 1918.[72] In beiden Fällen ist davon auszugehen, dass, wie Stefan Kühl nahegelegt hat, die Masse samt ihrer „*Bestimmtheit*" ihren Ausgang wenn nicht von dem Agieren Einzelner, so doch von dem Agieren, genauer: von der Agitation einzelner Gruppen nahm. Damit wären sie dem ähnlich, was man in den Stehkurven deutscher Fußballstadien beobachten kann, in denen meist als „Ultras" bezeichnete Fangruppen erfolgreich daran arbeiten, auch nicht zu ihnen gehörende Fans desselben Vereins zu gemeinsamen Sprechgesängen und ähnlichen Aktionen zu animieren. Diese Phänomene lassen sich allerdings alternativ so analysieren, dass die vermeintlichen Anführer eher als „Anheizer" agieren, d.h. als Akteure, die eine von ihnen *vorgefundene* Masse agitieren und deren *bereits vorhandene* Dynamik lenken oder verschärfen.[73]

Die Rolle dieser Akteure und ihr Einfluss auf das Entstehen und die Dynamik von Massen sollte in jedem Falle nicht dergestalt überbetont werden, dass etwa das Vorhandensein einer Masse notwendig an die Existenz eines oder mehrerer „Führer" gebunden sei.[74] Zum einen lässt sich selbst in Fällen, in denen die Massengewalt gezielt angestiftet und ausgelöst wurde, ihre Dynamik allenfalls bedingt durch die Anstifter bestimmen oder stoppen. Das zeigt sich weniger im antijüdischen Pogrom im November 1938. Es wird aber bei den zahlreichen Pogromen der europäischen Geschichte und Plünderungen europäischer Städte durch Landsknechte im Zuge der Kriege

---

[72] Siehe Schnell: „Von dörflicher Selbsthilfe".
[73] Auch die erwähnten Ultras lenken und dirigieren häufig Emotionen und Massendynamiken im Fanblock, die sie vorfinden und die wesentlich durch äußere Faktoren mitbestimmt werden: sie sind nämlich im Regelfall von der Leistung des eigenen Vereins auf dem Spielfeld abhängig.
[74] Zumindest Le Bon ist auf diese These meines Erachtens festgelegt, schließlich behauptet er, dass die Masse in dem Moment – instantan, sozusagen – sich auflöst, in der ihre Führer aufhören, sie zu agitieren. Siehe Le Bon: *Psychologie der Massen*, 87, 94-103 zu Rolle und Bedeutung des „Führers" der Massen. Bereits Freud ist hier zurückhaltender, vgl. Freud: *Massenpsychologie und Ich-Analyse*, 70, 83, 86-7.

des sechzehnten und siebzehnten Jahrhunderts deutlich. Zwei ebenso bekannte wie trotz allem historischen Abstand erschreckende Beispiele sind die Plünderung Roms durch die kaiserlichen Söldner am 6. Mai 1527, der „Sacco di Roma",[75] oder die Eroberung, Plünderung und Zerstörung Magdeburgs durch katholische Truppen unter Tilly am 20. Mai 1631, die ungefähr 20 000 Einwohner (von 30 000) das Leben kostete und unter der zynischen Bezeichnung „Magdeburger Hochzeit" in die Geschichte nicht nur des Dreißigjährigen Krieges einging.[76]

In diesen beiden Fällen, wie in vielen anderen, verselbständigte sich die Massengewalt mehr oder weniger zügig – aber sie wurde nicht beliebig. Es traf eine *bestimmte* Opfergruppe, und nicht selten lassen sich auch *bestimmte*, geradezu schematisch analysierbare Formen der Gewalt feststellen, von denen die Vergewaltigung der Frauen und Mädchen nur eine ist. Und dieses Phänomen ist nicht nur von Fällen von Massengewalt bekannt, sondern kennzeichnet auch Massen, deren *„Bestimmtheit"* nicht die Ausübung von Gewalt ist, so etwa Demonstrationszüge oder die Fans bei Fußballspielen, die gewaltbereiten Hooligans ebenso wie die gewaltfrei agierende Südkurve.[77] Auch Massengewalt ist nicht nur in ihrem Ausbrechen, sondern mit Blick auf die Zusammensetzung der Masse auch in ihrer konkreten Dynamik partiell berechenbar, selbst wenn beides letztlich spontan entsteht. Man denke etwa an gewaltbereite Fußballfans, die auf eine Menge von Fans eines „verfeindeten" Clubs treffen.[78]

---

[75] Siehe dazu Reinhardt: *Blutiger Karneval*.
[76] Siehe dazu Pantle: *Der Dreißigjährige Krieg*, 77-100. Die Bezeichnung „Magdeburger Hochzeit" spielt darauf an, dass die Stadt Magdeburg eine Jungfrau im Stadtwappen trug, „die blutige Hochzeit halten musste mit dem katholischen Kaiser und seinem Heer" (ebd., 78).
[77] Siehe auch die Beispiele für „collective behavior" bei Locher: *Collective Behavior*, 87-107. Insofern ist die von ihm (ebd., 1-2) und anderen (etwa Turner und Killian: *Collective Behavior*, 3) aufgestellte Behauptung, „collective behavior" sei immer von akzeptierten Gruppennormen *abweichendes* Verhalten, etwas überraschend. Sicherlich sind die Jubelstürme in der Südkurve kein „normales Verhalten" im Sinne eines Verhaltens, das alltäglich ist. Sie brechen aber zumindest insofern nicht mit den sozialen Normen, als es sich um durchaus erwartbares, aus einem entsprechenden Auslöser ableitbares (und daher im Grunde prognostizierbares) Verhalten handelt.
[78] Siehe zur Berechenbarkeit bzw. Unberechenbarkeit von Massengewalt auch Sofsky: *Zeiten des Schreckens*, 32, 48-9.

Wiederum trifft Canettis Beobachtung zu, dass Massen eine „*Bestimmtheit*" besitzen, d.h. dass sie sich als Einheit beschreiben lassen, die weder ihre Ziele noch ihre Aktionen absolut spontan und willkürlich festlegt, sondern die – im Falle einer Gewaltmasse – bestimmte Opfer nach bestimmten Regeln angreift, verletzt, verstümmelt, tötet. Aber auch der Verweis auf etwaige Anstifter oder Anführer dieser Massen kann diese spezifische Massendynamik nur bedingt erklären, selbst wenn er als ein weiterer Faktor zu der bereits erwähnten Absenkung der Hemmschwelle durch Anonymität und den (unterstellten) gewaltaffinen Affekten hinzugenommen wird. Aufgrund der prekären Rolle dieser Akteure bleibt weiterhin zu klären, woher die Massen ihre spezifischen Handlungsmuster nehmen, d.h. woher die einzelnen Täter wissen, was zu tun ist. Denn selbst die Aussicht darauf, nicht belangt zu werden, kann nur bedingt erklären, warum sich eine Masse bildet, die *dieses* Ziel hat, die *diese* Gruppe von Opfern auswählt und *diese* Form der Gewalt wählt und deren Dynamik sich in *dieser* Weise entwickelt.[79]

(d) Scripted Reality
Das Kernproblem bei der Analyse von Massengewalt besteht in dem Umstand, dass die einzelnen Handlungen im Zuge eines Ausbruchs von Massengewalt zwar auf dasselbe Ziel gerichtet sind und ähnlichen Handlungsmustern folgen, aber als Ganzes nicht aufeinander abgestimmt sind. Es gibt zwar miteinander koordinierte Handlungen, ebenso wie es in Einzelfällen Kooperationen, d.h. Fälle von Gruppengewalt als Teil der stattfindenden Massengewalt gibt. Und das Verhalten der Masse als Ganzer kennt ein klar angebbares Ziel. Aber die einzelnen Handlungen sind *in ihrer Gesamtheit* eben nicht koordiniert. Dies liefert allerdings für sich genommen wenig mehr als ein Indiz, dass die Verbindung von Auslöser („trigger") und Ver-

---

[79] Das bedeutet allerdings auch, dass Massen durchaus so etwas wie hierarchische Strukturen kennen, auch wenn diese fragil und die Stellung der Anführer prekär ist. Diese Hierarchien entstehen mitunter relativ spontan und sind in ihrer Stabilität stark von der Dynamik der Masse und damit auch von externen Faktoren abhängig. Siehe dagegen aber Hofstätter: *Gruppendynamik*, 31, der eine Masse als „aktivierte Menge" bezeichnet, „in der sich (noch) kein ordnendes und integrierendes Rollensystem entwickelt hat". Sobald dieses vorhanden ist, bildet sie ihm zufolge eine „Gruppe", aber keine „Masse" mehr.

halten nicht in gleichem Maße durch Instinkte reguliert ist wie bei Tieren (was uns freilich nicht allzu sehr überraschen dürfte). Entscheidend ist der Grund hierfür: Sowohl das Verhalten als auch dessen Verbindung mit einem oder mehreren Auslösern, auf deren Auftreten dann mit entsprechenden Verhaltensweisen reagiert wird, ist durch kontingente soziale Faktoren bestimmt. Die Transformation der Menge auf dem Domvorplatz in eine „Jubelmasse" kann nicht gelingen ohne ein bestimmtes Vorwissen der Mitglieder dieser Menge. Dieses betrifft sowohl das Amt des Papstes und die Insignia, an denen man ihn erkennt, als auch die angemessenen und erwarteten Verhaltensweisen in seiner Gegenwart, unter Umständen in Abhängigkeit von der Stellung und Rolle der Anwesenden innerhalb des katholischen Rahmengefüges. Ähnlich gilt für die gewaltbereiten Fußballfans, dass nicht jede beliebige Gruppe oder Menge von Menschen entsprechende Gewalthandlungen „triggert", dies gilt allein für Fans *bestimmter* anderer Fußballvereine und womöglich auch für Polizisten. Und in diesen verschiedenen Fällen existieren im Regelfall jeweils formelle oder informelle Regeln für das angemessene oder erwartete Verhalten. Auch Gewalthandlungen bilden hier keine Ausnahme, bezüglich des Verhaltens gewaltbereiter Fußballfans wäre es in manchen Fällen vielleicht gar nicht einmal unangemessen, von „ritualisierter Gewalt" zu sprechen.

Einige Autoren haben die These vertreten, dass sich diese Eigenheit von Massengewalt am besten durch das Wissen um ein „Skript" erklären lässt, über das die Mitglieder der Masse verfügen. Dieses Skript sagt ihnen, was in einer bestimmten Situation zu tun ist: in welcher Form Gewalt anzuwenden ist, welche Rollen es bei der Gewaltausübung gibt und wie sie zu besetzen sind, wobei vor allem die Rolle des Opfers und die Eigenschaften jener, die sie besetzen, entscheidend ist.[80] Dieser Ablaufplan für Massengewalt dieses-oder-jenes Typs wird etwa durch Erzählungen von entsprechenden Vorkommnissen, durch andere Formen ihrer kollektiven Erinnerung, aber auch durch Reden, Aufrufe, Abbildungen usw. kollektiv als Typus, als Skript vermittelt, auch unabhängig von dem konkreten Gewaltausbruch. Sollte sich etwas ereignen, das sich als „Be-

---

[80] Vgl. Klatetzki: „„Hang 'em high'", 155-8, 164 sowie Schwalb und Paul: „Nicht-organisierte kollektive Gewalt", 389-90.

ginn" deuten, inszenieren oder instrumentalisieren lässt, dann wissen die Mitglieder des entsprechenden Kollektivs dank des Skriptes, was sie zu tun und wen sie zu attackieren haben. Insbesondere das von Thomas Klatetzki untersuchte Beispiel des Lynchmobs lässt sich auf diese Weise sinnvoll analysieren, beispielsweise die erwähnten rassistischen Unruhen nach dem Sieg Johnsons über Jeffries.

Eine Analyse eines konkreten Ausbruchs von Massengewalt wird nicht gelingen, wenn sie nicht auch situative Faktoren, die konkrete Zusammensetzung der Masse sowie deren Anpassung des eigenen Verhaltens an eine Veränderung der Rahmenbedingungen, etwa durch plötzliches Auftauchen von Polizeieinheiten, in Betracht zieht.[81] Sie wird allerdings ebenso wenig gelingen, wenn sie die Orientierung der Einzelnen an einem ihnen bekannten Ablaufplan nicht in Betracht zieht, der dann unter Umständen eine situative Anpassung erfährt. Bestimmend für die Form des Ablaufs bliebe dann allerdings dieser Ablaufplan, das Gewaltschema oder Skript. David Nirenberg hat zum Beispiel gezeigt, wie stark die Gewalt gegen Angehörige der jüdischen und muslimischen Minderheiten im spätmittelalterlichen und frühneuzeitlichen Spanien durch soziale Strukturen geprägt und geregelt wurde.[82] So wurden bestimmte Gruppen (Juden, Muslime, aber auch Christen, die Juden oder Muslime geheiratet hatten) als *legitime* Ziele von Gewalt gekennzeichnet. Es existierten entsprechende Rechtfertigungen der Gewaltanwendung in Verbindung mit abwertenden, kollektiv geteilten Vorstellungen, die die Angehörigen dieser Gruppe als Menschen identifizierten, die es „verdienten", Gewalt zu erfahren. Die soziale Prägung der Gewalt gegen Angehörige der entsprechenden Gruppen zeigt sich in diesem konkreten Fall nicht zuletzt an dem Umstand, dass es zu Ausbrüchen von Massengewalt im Regelfall berechenbar, etwa nur im Rahmen bestimmter religiöser Festtage kam. Ein anderes Beispiel wären die bereits erwähnten Massaker und Pogrome im Zuge der Bartholomäusnacht 1572.

Man kann dies mit Blick auf Gewaltmassen in wenigstens einer Hinsicht zuspitzen: Ihre Mitglieder müssen ein gemeinsames Wissen, d.h. vor allem bestimmte Vorstellungen und normative Haltungen mit Bezug auf das oder die Opfer haben. Der Lynchmord an

---

[81] So der Einwand gegen die Skript-These bei Sutterlüty: „Kollektive Gewalt und urbane Riots", 237-9.
[82] Siehe dazu Nirenberg: *Communities of Violence*.

einem Schwarzen durch eine Masse von Weißen ist im Regelfall ohne Verweis auf wenigstens latente rassistische Überzeugungen der Täter nicht zu erklären, ebenso wenig wie die Morde an „Hexen" oder „Kinderschändern". Auch hier ist die *„Bestimmtheit"* der Masse kaum zu erklären ohne Verweis auf ein gemeinsames Wissen ihrer Mitglieder über „Hexen" und „Kinderschänder" und was im Umgang mit ihnen erlaubt, vielleicht sogar geboten ist. Ebenso wenig lassen sich die zahlreichen antijüdischen Pogrome im Europa des ausgehenden 19. und beginnenden 20. Jahrhunderts erklären ohne die in den verschiedenen sozialen Schichten und Milieus verbreiteten antijüdischen Ressentiments.[83] Denn ohne extrem abwertend, geradezu feindlich aufgeladene stereotype Vorstellungen von „den" Juden, von ihren (vermeintlichen) Ansichten, Verhaltensweisen, „rassischen" oder anderweitig „wesenhaften" Eigenschaften usw. ist schlicht nicht zu erklären, warum etwa die Furcht vor sozialem und ökonomischem Abstieg derart leicht und über sonstige soziale Grenzen hinweg auf verblüffend ähnliche Weise auf „die Juden" als die Gruppe der Verantwortlichen projiziert werden konnte – und warum die exzessive Anwendung von Gewalt gegen diese so konstruierte Gruppe vermeintlich Schuldiger derart bereitwillig nicht nur legitimiert und entschuldigt, sondern gefordert und provoziert wurde.[84]

---

[83] Zur langen Geschichte antijüdischer Ressentiments und zu ihrer Kontinuität in Europa, besonders in Deutschland siehe Hilberg: *Die Vernichtung der europäischen Juden*, Bd. 1, 21-8.

[84] Siehe zu diesem Kapitel der europäischen Geschichte Aly: *Europa gegen die Juden*, der allerdings durchgehend den Eindruck erweckt, dass vor allem die seit Ende des 19. Jahrhunderts europaweit betriebene nationalistische Politik der – theoretischen wie tatsächlichen – Konstruktion ethnisch homogener Nationalstaaten (ebd., 61-4, 137-9, 315-6) den kulturellen Hintergrund für die Pogrome bildete, wobei diese aufseiten der meisten Mitglieder der Gewaltmassen in erster Linie durch das Interesse an der persönlichen Bereicherung (durch Ermordung der Juden und Diebstahl ihres Eigentums) motiviert waren (siehe etwa ebd., 83-4, 327). Allerdings legt gerade das von Aly gewählte Beispiel Polens (vgl. ebd., 257-63) nahe, dass der moderne Antisemitismus auf bereits verbreitete, größtenteils auf den christlichen Antijudaismus zurückgehende Ressentiments zurückgriff (was die Möglichkeit der persönlichen Bereicherung als *zusätzliches* Motiv freilich nicht irrelevant macht). Siehe dazu Nirenberg: *Anti-Judaism* sowie Friedländer und Kenen: *Das Dritte Reich und die Juden*, 10-2, 224, 331-2, zu Polen vgl. ebd., 186-8.

Ähnliches gilt für die erschreckend lange Geschichte der gewaltsamen Verfolgung der verschiedenen als „Zigeuner" bezeichneten Gruppen, die ihren vorläufigen Höhepunkt im Versuch ihrer vollständigen Vernichtung im Dritten Reich fand. Besonders deutlich wird dies in diesem Fall bei der Projektion der Angst vor dem Verschwinden oder dem Tod der eigenen Kinder auf die „Zigeuner", den ähnlich wie den „Juden" unterstellt wurde, diese Kinder zu rauben oder zu unterschiedlichen Zwecken, etwa im Zuge von nur in der Phantasie der Verfolger geschehenden „Ritualmorden", zu ermorden.[85]

Diese Beispiele zeigen die soziale Prägung der entsprechenden Vorstellungen und Skripte aufseiten der Täter auf besonders deutliche Weise, denn im Zuge der nationalsozialistischen Vernichtungspolitik wurden etwa die jeweiligen „Bestimmungen" dessen, was „die Juden" bzw. „die Zigeuner" ausmache, woran sie zu erkennen seien usw., mehrfach neu – und meist noch widersprüchlicher – bestimmt.[86]

(e) Koordination und Kooperation durch gemeinsames Wissen
Massengewalt stellt vor allem ausgehend vom Phänomen der Gruppengewalt, das ich in den vorigen Abschnitten diskutiert habe, ein Problem dar: In beiden Fällen übt eine Menge von Menschen gemeinsam gegen dasselbe Opfer Gewalt aus. Aber während sich bei Gruppengewalt wenigstens ein koordiniertes, meist sogar ein kooperatives Verhalten und damit eine gemeinsame Absicht der Täter aufzeigen lässt, ist bei Massengewalt solches Handeln nur zwischen einzelnen Mitgliedern der Masse zu sehen. Aber obwohl dieser Masse eine von allen Mitgliedern geteilte gemeinsame Absicht nur schwerlich zugeschrieben werden kann, verhalten diese sich dennoch so, als existierte sie.

Analysieren lässt sich dieser Umstand als Orientierung der Täter an einem idealtypischen Ablaufplan, der ihnen als gemeinsames Wis-

---

[85] Siehe dazu Zimmermann: *Rassenutopie und Genozid*, 66-72 zum „Mythos vom Zigeuner" als wesentlichem Faktor für die Ausgrenzung, Verfolgung und Ermordung von als „Zigeunern" eingeordneten Menschen. Zum Vorwurf des „Kindesraubes" siehe auch Bogdal: *Europa erfindet die Zigeuner*, 216-20.
[86] Siehe dazu etwa Zimmermann: *Rassenutopie und Genozid*, 91-2, 297-301, 370-4.

sen jeweils präsent ist und der bei Ausbruch der Massengewalt als so etwas wie eine latente gemeinsame Absicht fungiert. Hierfür spricht auch, dass, wie Michael Tomasello angemerkt hat, gemeinsames Handeln nicht nur (1) als koordiniertes und (2) als kooperatives, sondern auch (3) als durch eine „institutionelle Realität" im Sinne John Searles vermitteltes Handeln miteinander möglich ist.[87] Denn versteht man unter „institutioneller Realität" alle sozialen Strukturen, die das Verhalten von Menschen prägen, ohne die Betroffenen zwingend berechenbar auf dieses-oder-jenes Verhalten in bestimmten Situationen festzulegen, dann zählt ein gemeinsames Wissen um einen Ablaufplan, um das so-und-so-wird-es-gemacht für bestimmte Situationen, zu dieser „institutionellen Realität". Menschen wissen, wie sie sich verhalten sollen, und sie wissen gleichzeitig, dass die anderen dies ebenfalls wissen. Man könnte sagen: „Man weiß", wie das-und-das abläuft, was passiert, was „man" zu tun hat. Und dementsprechend wissen wir als potentielle Täter, was wir zu tun haben, wenn ...

Das bedeutet nicht, dass die anderen diskutierten Faktoren keine Rolle mehr spielten – die Absenkung der Hemmschwelle durch Anonymität, die spezifische Dynamik kollektiver Affektausbrüche und die Beeinflussung und Steuerung durch einzelne Akteure. Aber diese Faktoren allein sind, zumindest im Regelfall, nicht hinreichend für eine gehaltvolle Beschreibung und Analyse der entsprechenden Massengewalt.

Im Vergleich mit der von Gruppen ausgehenden Gewalt fällt bei der Massengewalt als besonderer Typus kollektiver Gewalt allerdings zweierlei auf. Einerseits ist hier die zeitliche und örtliche Nähe in jedem Falle notwendig; ein Massenangriff liegt nun einmal nicht vor, wenn an verschiedenen Stellen Einzelne oder kleinere Gruppen attackieren, sondern wenn eine große Menge von Menschen als Einheit angreift. Andererseits scheinen die latenten gemeinsamen Ab-

---

[87] Vgl. Tomasello: *Warum wir kooperieren*, 52-4, 77-8. Zum vermittelnden, gemeinsames Handeln ermöglichenden wie prägenden Charakter der von Tomasello angesprochenen „institutionellen Realität" siehe Searle: *Making the Social World*, 93-105 sowie Gehlen: *Moral und Hypermoral*, 91-5, 96-8, Berger und Luckmann: *The Social Construction of Reality*, 30-6 und Popitz: *Einführung in die Soziologie*, 217-27 (Vorlesung XIX). Das Verhältnis von Gewalthandeln und institutionellem Rahmen thematisiere ich ausführlich im folgenden vierten Kapitel.

sichten, die bei einigen Fällen von Gruppengewalt vorzuliegen scheinen, bei Massengewalt in Form des gemeinsamen Wissens ein notwendiger Bestandteil zu sein. Es handelt sich ja bei genauer Betrachtung nicht nur um ein Wissen darum, wie man es macht, sondern auch um Vorstellungen und Haltungen, d.h. um eine wenigstens latente Bereitschaft oder Neigung, diese Ablaufpläne anzuwenden und umzusetzen, wenn die entsprechenden Umstände gegeben sind (oder wenn jemand hinreichend überzeugend darlegen kann, dass sie vorliegen).

Dann aber stellt sich die Frage, ob es nicht Fälle kollektiver Gewalt geben kann, bei denen die Täter – analog zu dem Agieren einzelner Mitglieder einer militärischen Einheit – räumlich und zeitlich voneinander getrennt, „auf eigene Faust" agieren, bei denen die gemeinsame Absicht – ähnlich wie bei Massengewalt, aber im Unterschied zur Militäreinheit – nur latent vorhanden ist. Eine mögliche Quelle derartig latenter gemeinsamer Absichten wäre etwa eine kollektive Identität der Täter, aufgrund derer sie voneinander ein bestimmtes Verhalten, etwa Mobbing, wechselseitig erwarten, die sie aber genauso wenig explizit absprechen und diskutieren wie die Mitglieder des Lynchmobs das „Skript" für den gemeinsam begangenen Mord. Auch hier wäre der Verweis darauf plausibel, dass „wir" eben wissen, dass „man" das-und-das so-und-so macht.

Und das führt auf die am Ende des vorigen Abschnitts aufgeworfene Frage zurück, ob der Begriff der kollektiven Gewalt auf diese Weise nicht ebenso unscharf bestimmt wird wie diejenigen Begriffe, die im ersten Abschnitt dieses Kapitels kritisiert wurden?

3.5. Kollektive Gewaltidentitäten: Kann es kollektive Gewalt ohne Koordination und Kooperation geben?

Aus den bisherigen Überlegungen ließe sich folgende Bestimmung kollektiver Gewalt ableiten: Es handelt sich um die *schwere Verletzung desselben Opfers bzw. derselben Gruppe von Opfern durch zwei oder mehr gemeinsam agierende Täter*. Die crux dieser Bestimmung, so wird mit Blick auf Großkollektive und auf die Analyse von Massengewalt deutlich, liegt in der Offenheit des Merkmals „gemeinsam". Vor allem die Offenheit für *latente* gemeinsame Absichten droht, den Begriff der kollektiven Gewalt beliebig werden zu lassen (a).

Es wäre naheliegend, dies dadurch zu umgehen, dass man die Kriterien enger oder alternativ als „Familienähnlichkeiten" fasst, wobei beides mit Schwierigkeiten verbunden ist. Letztlich lassen sich wohl nur zwei bzw. drei verschiedene, hinreichend ähnliche Typen kollektiver Gewalt bestimmen (b). Das deutet darauf hin, dass die Eigenheiten der Gewalt, die von Mitgliedern komplexer Großkollektive ausgeht, sich primär auf die diese Großkollektive strukturierenden sozialen Strukturen zurückführen lassen (c).

(a) Kollektive Gewalt vs. von Kollektiven ausgeübte Gewalt?
Die meisten der in diesem Kapitel diskutierten Beispiele scheinen als Beispiele kollektiver Gewalt unproblematisch zu sein: die von einer Gruppe gemeinsam, koordiniert oder sogar kooperativ, wahlweise zur selben Zeit am selben Ort oder räumlich und zeitlich getrennt, arbeitsteilig oder nicht arbeitsteilig ausgeübte Gewalt oder die Massengewalt eines Pogroms oder Lynchmobs, bei der jeweils Einzelne ihre Handlungen koordinieren oder auch miteinander kooperieren. Eine gemeinsame Absicht der Täter scheint in jedem Falle wenigstens in einem schwachen Sinne notwendig zu sein. Sie zeigt sich in der koordiniert oder kooperativ gegen dieselben Opfer und nicht gegeneinander ausgeübten Gewalt, auch wenn sie nicht notwendig einhergeht mit der Bereitschaft, die Mittäter auch zum eigenen Schaden, geschweige denn bedingungslos zu unterstützen (und könnte insofern mit Blick auf die Argumente Bratmans und Gilberts als „schwache" gemeinsame Absicht bezeichnet werden).

In der Diskussion der Massengewalt hatte ich an dieser Stelle zweierlei zugestanden: Dass derartige (schwache) gemeinsame Absichten erstens latent vorhanden sein können in Form von Überzeugungen und Dispositionen sowie dass sie letztlich auf die sozialen Strukturen, in denen sich die Täter bewegen, zurückzuführen sind. Damit lassen sich, entgegen den tentativen Abgrenzungen im ersten Abschnitt dieses Kapitels, verschiedene Phänomene letztlich doch als Fälle kollektiver Gewalt rechtfertigen. Das betrifft zwar nicht den Krieg selbst, wohl aber das Agieren von Angehörigen militärischer und paramilitärischer Gruppen, von einzelnen Kämpfern über Einheiten bis hin zu ganzen Armeen. Und Ähnliches träfe wohl auf die von Polizisten und Polizeieinheiten ausgeübte Gewalt zu, denn in diesen drei Fällen ist es die Mitgliedschaft der Täter in dem entsprechenden Großkollektiv, die ihre Überzeugungen und Dispositionen so prägt, dass sie als Mitglieder dieser Gruppen Gewalt gegen bestimmte Opfergruppen ausüben. Und ähnlich wie bei der Massengewalt sind die damit verbundenen Absichten insofern latent, als sie unabhängig von der konkreten Gewalttat vorhanden sind und durch entsprechende Auslöser wie Befehle, Auftauchen eines Feindes usw. aktiviert werden.

Einerseits könnte man natürlich geltend machen, dass es durchaus gerechtfertigt ist, hier von „kollektiver Gewalt" zu sprechen, schließlich agieren hier ja Mitglieder einer Gruppe bzw. eines Kollektivs. Und das unterscheide diese Fälle ja immer noch hinreichend von den komplexen Praktiken des Krieges und des Völkermordes, von komplexen institutionellen Strukturen wie einer „Diktatur" und von spezifischen Gewaltstrategien wie dem Terrorismus. Und gegen den Einwand, dass sich ja gerade mit Blick auf das Agieren von Armeen sinnvoll zwischen personaler und kollektiver Gewalt (Scharfschütze vs. Einheit) unterscheiden lasse, kann man zurecht geltend machen, dass dieselbe Unterscheidung auch bei Pogromen und Aufständen sinnvoll angewendet werden kann.

Andererseits sind Armeen und Polizeistrukturen insofern günstig gewählte Beispiele für eine solche „Erweiterung" des Begriffs, als wir nicht nur gewohnt sind, sie als Kollektive mit einer gemeinsamen kollektiven Identität zu beschreiben, die dann die Überzeugungen und Habitus der Mitglieder dieser Kollektive entsprechend prägt. Es handelt sich zudem um Großkollektive bzw. soziale Strukturen, deren wesentliche Aufgabe in der Androhung und Ausübung von Gewalt besteht, d.h. die Verknüpfung dieser kollektiven Identität mit entsprechenden latenten gemeinsamen Absichten ist kaum kontrovers.

Problematischer wäre der Fall des Mobbings des einzigen nicht-weißen Kollegen durch seine weißen Kollegen in einem größeren Betrieb. Auch dieser Fall dürfte schwerlich analysiert werden können ohne Verweis auf eine latente gemeinsame Absicht, nicht-weiße Personen schwer zu verletzen, die bei den weißen Kollegen vorhanden ist und durch das Auftauchen des nicht-weißen Kollegen jeweils aktiviert wird. Vergleichbar wird die körperliche wie nicht-körperliche Gewalt, der weibliche Mitarbeiterinnen in einem Betrieb vonseiten ihrer männlichen Kollegen ausgesetzt sind, sich kaum ohne Verweis auf diesen Kollegen gemeinsame sexistische Überzeugungen und entsprechende Dispositionen analysieren lassen. Inwiefern aber agieren in diesen Fällen die Täter „gemeinsam"? Hier erscheint die Bezeichnung als „kollektive Gewalt" unangemessen, obwohl auf den ersten Blick kein kategorischer Unterschied zwischen diesen beiden Fällen und dem der Soldaten einer Armee zu bestehen scheint. Wenn aber diese Fälle doch hinreichend ähnlich sind, dann scheint die Behauptung, im einen Fall liege kollektive Gewalt vor, im anderen aber nicht, willkürlich, so gebräuchlich und tradiert sie unter Umständen auch sein mag.

(b) Kollektive Gewalt: Familienähnlichkeiten statt notwendiger Merkmale?

Man könnte natürlich einen Unterschied darin sehen, dass bei Soldaten und Polizisten die jeweils gemeinsamen Absichten verbunden sind mit einem Bewusstsein, als Teil eines Kollektivs (der Armee, der Polizei, „der Truppe" o.ä.) zu agieren, während dies weder bei den männlichen noch bei den weißen Kollegen notwendig der Fall sein muss. Aber die These, dass die Selbstwahrnehmung von Soldaten und Polizisten primär diejenige von Mitgliedern eines Kollektivs ist, darf durchaus als gewagt bezeichnet werden angesichts derart großer, komplex strukturierter und hierarchisierter Kollektive, wie sie Armeen und Polizeiapparate darstellen.[88] Zumal ja nicht ausgeschlossen ist, dass einige der Kollegen sich vor allem als „Weiße", womöglich gar als „Rassisten" oder „White Supremacists" sehen und hieraus die Gründe und Kriterien ihres Handelns ableiten.

Die Alternative, die bisher diskutierten Merkmale kollektiver Gewalt durch eine explizite Definition klarer einzugrenzen, würde die Öffnung des Begriffs kollektiver Gewalt zwar vermeiden helfen, sie würde allerdings zugleich die zwei zentralen Probleme wieder aufwerfen: Erstens weisen Gruppengewalt und Massengewalt nicht dieselben Merkmale auf, denn lediglich koordinierte Gruppengewalt wie auch Massengewalt setzen räumliche und zeitliche Nähe der Gewalthandlungen voraus, was für Gruppengewalt durch Koordination nicht gilt; definiert man nun das einzige gemeinsame Merkmal der gemeinsamen Verletzungsabsicht klarer, dann wird

---

[88] Siehe dazu nochmals Schmid: *Wir-Intentionalität*, 17-9, 240-3. Das hieße aber auch, dass entsprechende „Wir-Absichten" unter Umständen auch dann das Motiv oder Ziel einzelner Handlungen bestimmen können, wenn dies dem Akteur *nicht* voll bewusst ist. Siehe dazu kritisch Schweikardt: *Der Mythos des Singulären*, 196-7, 277; zur sich dann ergebenden Frage nach der Struktur von „Wir-Absichten" siehe die ausführliche und kritische Diskussion verschiedener Ansätze ebd., 233-81.

entweder Massengewalt als Beispiel kollektiver Gewalt problematisch (weil im Zweifelsfall allein explizite gemeinsame Absichten hinreichend sind), oder das Problem der Öffnung des Begriffs bleibt bestehen.

Aber handelt es sich bei den Merkmalen dann nicht vielleicht um „Familienähnlichkeiten" im Sinne Wittgensteins, die einander „übergreifen und kreuzen" wie „die verschiedenen Ähnlichkeiten, die zwischen den Gliedern einer Familie bestehen"[89]? Das träfe lediglich auf das Merkmal der räumlichen und zeitlichen Nähe zu, das bei koordinierter Gruppengewalt und Massengewalt vorliegt, bei in Kooperation ausgeübter Gruppengewalt hingegen nicht, oder zumindest nicht notwendig. Aber die gemeinsame Absicht liegt ja *in allen drei Fällen* vor, allerdings auf unterschiedliche Weise. Grob schematisch gefasst: Sie bildet sich im Zuge der gemeinsam verübten Gewalt heraus (koordinierte und kooperative Gruppengewalt), wird auf verschiedene Weise explizit gefasst (kooperative Gruppengewalt) oder ist latent vorhanden und wird konkret aktiviert (Massengewalt). Nicht nur scheint es sich um zu wenige Merkmale zu handeln (Wittgenstein erwähnt ja mit „Wuchs, Gesichtszüge, Augenfarbe, Gang, Temperament etc. etc."[90] deutlich mehr), sie verhalten sich auch nicht wie „Familienähnlichkeiten" dies tun sollten, d.h. es liegen nicht immer mehrere, aber jeweils andere von ihnen vor.

Als Lösung dieses Problems, die allerdings durchaus unbefriedigend, weil immer noch der Willkür verdächtig ist, bleibt nur, hier verschiedene, im *Moment des Agierens als Gruppe* hinreichend ähnliche Typen kollektiver Gewalt zu unterscheiden. Um als kollektive Gewalt zu gelten, müsste dann *entweder* eine Koordination des Gewalthandelns in großer räumlicher und zeitlicher Nähe *oder* eine Kooperation mit einer explizit gefassten gemeinsamen Absicht vorliegen, wenn zwei oder mehr Personen Gewalt gegen dasselbe Opfer bzw. gegen dieselbe Opfergruppe ausüben. Auf diese Weise lassen sich die hier hauptsächlich diskutierten Fälle der Gruppengewalt und der Massengewalt gewissermaßen als Idealtypen kollektiver Gewalt bestimmen.

---

[89] Wittgenstein: *Philosophische Untersuchungen*, §67.
[90] Ebd.

(c) Kollektive Gewalt und durch soziale Strukturen bestimmte Gewalt

Diese Lösung wirkt vor allem dann willkürlich, wenn man aus ihr folgern wollte, dass das Gewalthandeln der Soldaten, Polizisten und Mobbenden entweder personale Gewalt oder kollektive Gewalt im Sinne von Gruppen- oder Massengewalt ist. Auf der einen Seite ist diese Unterscheidung der jeweiligen Handlungen natürlich sinnvoll, im Grunde sogar zwingend, denn wie wollte man sonst den Schuss einer einzelnen Polizistin vom gewaltsamen Angriff einer zwanzigköpfigen Polizeieinheit unterscheiden?

Auf der anderen Seite scheint damit ein entscheidender Unterschied außer Acht gelassen zu werden zwischen diesen Gewalthandlungen und dem Schlag des Viertklässlers bzw. der Prügel der drei Schulfreunde, denen ein einzelnes Opfer ausgesetzt ist. Zumindest im Falle der Soldaten und Polizisten ist der Umstand, dass die Täter Teil einer sozialen Struktur sind, ein wesentlicher Aspekt der von ihnen ausgeübten Gewalt, ohne den sie unvollständig beschrieben würde (und in ihrer konkreten Form wohl auch schwerlich erklärbar wäre). Diese Gemeinsamkeit mit Massengewalt bleibt ja bestehen, auch wenn man gegen die Einordnung als kollektive Gewalt das Fehlen expliziter Absprachen oder einer Koordination des Handelns vor Ort anführen würde.

Die Notwendigkeit, über so etwas wie „strukturelle" oder „systemische", d.h. durch soziale Strukturen geprägte oder vielleicht auch verursachte Gewalt genauer nachzudenken, ergibt sich folglich nicht allein aus dem Umstand, dass diese Begriffe nun einmal in verschiedenen Wissenschaften und auch in öffentlichen Debatten kursieren und gebraucht werden. Sie ergibt sich unmittelbar aus den bisherigen Überlegungen zu den Begriffen der personalen und der kollektiven Gewalt – insofern diese insbesondere in Abgrenzung von Gewaltpraktiken wie Kriegen und Gewaltstrategien wie dem Terrorismus eine größere Gruppe von Gewaltphänomenen unbestimmt bzw. unterbestimmt zu lassen scheinen.

3.6. Was ist „kollektive Gewalt"?

Damit lässt sich die eingangs formulierte Frage, was denn das Kollektive an kollektiver Gewalt ausmache, differenziert beantworten: Das Verbindende, das aus mehreren Handlungen Teilhandlungen eines Aktes kollektiver Gewalt macht, besteht in einer gemeinsamen Absicht, wenigstens aber im gemeinsamen, koordinierten Ausüben von Gewalt durch zwei oder mehr Akteure. Und dies zeigt sich nicht nur in der gemeinsamen Verletzung desselben Opfers bzw. von Angehörigen derselben Opfergruppe, sondern vor allem in einer den Tätern gemeinsamen gewaltbereiten Haltung in Bezug auf das Opfer bzw. auf die Gruppe, der das oder die Opfer von den Tätern zugeordnet werden. Ein Begriff der kollektiven Gewalt, der einerseits die verschiedenen Typen umfassen, sie aber andererseits von personaler Gewalt abgrenzen soll, muss wesentlich über das gemeinsame Agieren der Täter bestimmt werden: „Kollektive Gewalt" ist die *gemeinsam verübte schwere Verletzung eines oder mehrerer Lebewesen durch zwei oder mehr Täter.*

Wie im letzten Abschnitt diskutiert, lässt dies auf den ersten Blick die Möglichkeit zu, auch Einzelhandlungen, d.h. Akte personaler Gewalt, als Fälle kollektiver Gewalt zu behandeln. Allerdings handelt es sich hier um einen Problemfall, während als eindeutige und unproblematische Fälle kollektiver Gewalt Gruppengewalt und Massengewalt bleiben, die man vielleicht als drei Idealtypen kollektiver Gewalt wie folgt bestimmen könnte:

(1) Die gemeinsame schwere Verletzung eines oder mehrerer Opfer zur selben Zeit am selben Ort durch zwei oder mehr Täter, die entweder ihre Handlungen koordinieren oder bei der Gewaltausübung kooperieren. („Gruppengewalt 1")

(2) Die gemeinsame schwere Verletzung eines oder mehrerer Opfer zur selben Zeit am selben Ort durch eine Menge von Tätern, die ihre Handlungen gemäß einer allen gemeinsamen, unter Umständen latenten Absicht koordinieren. („Massengewalt")

(3) Die gemeinsame schwere Verletzung eines oder mehrerer Opfer durch eine Gruppe von Tätern, die ihre Opfer zwar mit einer gemeinsamen Absicht, aber unter Umständen zu unterschiedlichen Zeiten und an unterschiedlichen Orten schwer verletzen. („Gruppengewalt 2")

Anzumerken wäre, dass eine Koordination der einzelnen Handlungen diese lediglich dann als Fälle gemeinsamen Handelns qualifiziert, wenn sie, wie bei (1) und (2), in enger zeitlicher und örtlicher Nähe zueinander stattfinden und dieselbe Opfergruppe treffen. Diese Nähe kann natürlich bei in Kooperation gemeinsam ausgeübter Gewalt ebenfalls gegeben sein, aber die in der Kooperation, siehe (3), notwendig gegebene gemeinsame Absicht der Täter lässt auch ihr zeitlich und räumlich getrenntes Agieren zu.

4. Gewaltstrukturen
Soziale Rollen und soziale Positionen als Gewaltursachen

Eine zentrale Frage, die sich ausgehend von der Bestimmung der Idealtypen kollektiver Gewalt aufdrängt, wurde bereits im vorigen Kapitel deutlich: Wie sind jene Gewalthandlungen einzuordnen und zu analysieren, die durch die sozialen Strukturen, in denen sich Täter und Opfer begegnen, nicht nur geprägt, sondern vielmehr verursacht oder motiviert wurden? Die bereits diskutierten Beispiele waren sexistisch oder rassistisch motivierte Gewalt und die von Polizisten und Soldaten ausgeübte Gewalt. Die systemische Eingebundenheit dieser Gewalthandlungen, ihre enge Verwobenheit mit sozialen Strukturen zu ignorieren, so der wiederholt geäußerte Verdacht, droht die Bedeutung dieser Strukturen für das Aufkommen der entsprechenden Gewalthandlungen zu unterschlagen oder zu bagatellisieren.

Meistens wird hier von „struktureller Gewalt" gesprochen. Dieser ursprünglich von Johan Galtung entwickelte Begriff ist allerdings wenig hilfreich, da er zu unscharf und letztlich analytisch unbrauchbar ist. Dennoch machen Galtungs Überlegungen deutlich, was ein solcher Begriff leisten müsste: Er müsste Strukturen identifizieren, die Menschen in bestimmten sozialen Konstellationen in potentielle Täter und mögliche Opfer einteilen und den Tätern Mittel legitimer oder geduldeter Gewalt an die Hand geben (4.1).

Natürlich provoziert dies die Frage, wie soziale Strukturen dies eigentlich tun sollten? Eine bereits von Galtung selbst vertretene These lautet: Indem sie die Gewaltressourcen, d.h. die Möglichkeiten und Mittel der Gewaltanwendung, einseitig zugunsten der Täter verteilen. Nur hieße das allenfalls, dass es einer bestimmten Gruppe von Menschen leichter gemacht wird, Gewalt auszuüben; es heißt nicht, dass sie auch hinreichende Gründe haben, dies zu tun (4.2). Ein Blick auf Militär und Polizei zeigt allerdings ein fehlendes Bindeglied auf: Die infrage stehenden sozialen Strukturen verteilen nicht nur die Gewaltressourcen zugunsten der Täter, sondern sie prägen als *institutionelle* Strukturen zugleich deren Habitus in Form einer sozialen Rolle. Den Tätern wird nicht nur die Möglichkeit gegeben, sondern sie werden zudem aktiv dazu motiviert, Gewalt gegen bestimmte Menschen anzuwenden (4.3).

Die Bestimmung des aus diesem Grund nicht als „strukturelle", sondern als „institutionalisierte Gewalt" bezeichneten besonderen Typus als von den Tätern aufgrund ihrer sozialen Rolle ausgeübter Gewalt ist nicht unproblematisch, denn systemische sexualisierte oder rassistische Gewalt lässt sich nicht oder nur bedingt über die sozialen Rollen der Täter aufschlüsseln. Eine entsprechende Verhaltensprägung ist allerdings auch durch ein Geflecht verschiedener sozialer Faktoren möglich, ohne dass eine explizit gewaltaffine soziale Rolle aufseiten der Täter notwendig wäre (4.4).

Die Bestimmung „institutionalisierter Gewalt" als geprägt von sozialen Strukturen, die Inhaber bestimmter sozialer Positionen entweder zu Tätern oder zu Opfern machen, hat allerdings zur Folge, dass die Feststellung, dass institutionalisierte Gewalt vorliegt, deutlich schwerer zu begründen ist, als die teils geradezu inflationäre Rede von „struktureller Gewalt" dies vielleicht erwarten ließe (4.5).

4.1. Gewalt ohne Täter: Zur Kritik von Galtungs Begriff „struktureller Gewalt"

Es ist unumgänglich, sich mit dem Begriff, oder besser: mit der Rede von struktureller Gewalt auseinanderzusetzen, wenn die eigenen Überlegungen das Ziel verfolgen, die Verflechtung von sozialen Strukturen und Gewalthandlungen begrifflich klarer zu fassen. Denn die Rede von struktureller Gewalt ist zumindest in den Gesellschaftswissenschaften in weiten Teilen gebräuchlich und wird selten hinterfragt, wobei sie auf sehr unterschiedliche Phänomene angewendet wird.

Es hilft, die im dritten Kapitel diskutierten Fälle noch einmal kurz zu skizzieren, um pointiert formulieren zu können, wo genau die „Lücke" zu klaffen scheint, die die Begriffe der personalen und der kollektiven Gewalt offen lassen (a). Vor diesem Hintergrund lässt sich dann der von Johan Galtung eingeführte, aber weit jenseits des von ihm gesetzten Rahmens gebrauchte Begriff der strukturellen Gewalt entwickeln (b). Dieser Begriff ist bereits vielfach kritisiert worden, wobei gerade mit Blick auf die eingangs skizzierten Fälle das Argument seiner mangelhaften analytischen Klarheit besonders stark zu gewichten ist (c).

Diese lässt sich allerdings dadurch gewinnen, dass man den Begriff auf das Verhalten prägende und in diesem Sinne institutionelle

Strukturen begrenzt. Derartige Strukturen, so die tentative und erläuterungsbedürftige Bestimmung, öffnen mit Jörg Baberowski gesprochen „Räume der Gewalt",[1] in denen einige ebenso berechenbar zu Tätern werden wie andere absehbar zu Opfern (d).

(a) Gemeinsame Gewohnheiten ohne gemeinsame Absichten? Den *als kollektive Gewalt* problematischen Fällen der militärischen und Polizeigewalt sowie sexistischer wie rassistischer Gewalt ist zweierlei gemeinsam. Zum einen werden nicht beliebige Menschen Opfer, ebenso wenig wie beliebige Akteure als Täter infrage kommen; beide, Opfer wie Täter, sind in den meisten Fällen Mitglieder bestimmter Gruppen oder Milieus. Das ist bei Polizei- und Militärgewalt ebenso offensichtlich wie bei rassistischer und sexistischer Gewalt, selbst wenn man nicht auf differenzierte Analysen entsprechender Statistiken zurückgreift (die vielleicht zeigen, dass nicht allein Jugendliche, sondern darüber hinaus Jugendliche aus bestimmten Vierteln, Milieus oder Communities in besonderem Maße Opfer von Polizeigewalt werden). Zum anderen geht damit eine gewisse Berechenbarkeit dieser Gewalt einher, d.h. unter bestimmten Umständen ist auch unabhängig von situativen oder individuellen Faktoren eine solche Gewalthandlung erwartbar. Das wäre möglicherweise der Fall, wenn etwa Polizisten auf betrunkene und aggressiv auftretende Fußballfans oder auf Demonstranten treffen.

Anders als bei kollektiver Gewalt fehlt diesen Gewalthandlungen in ihrer Gesamtheit sowohl eine explizit gefasste gemeinsame Absicht als auch eine durch räumliche und zeitliche Nähe gegebene oder zumindest mögliche Koordination. Aber ähnlich wie bei manchen Fällen kollektiver Gewalt sind sie auf den ersten Blick durch kollektiv geteilte Überzeugungen und Dispositionen bestimmt, was ja ein wesentlicher Grund für ihre Berechenbarkeit sein dürfte: dass eben Mitglieder bestimmter Gruppen diese-oder-jene Überzeugungen und Habitus besitzen, die unter bestimmten Bedingungen dazu führen, dass sie Gewalt gegen bestimmte Opfer ausüben.

Eine solche Gewalt kann in doppeltem Sinne „anonym" sein: aus Sicht der Opfer, aber auch aus Sicht der Täter. Aus Sicht der Opfer kann die Identifizierung möglicher Täter schwierig bis unmöglich werden, falls die entsprechende Haltung in verschiedenen Milieus und Gruppen verbreitet ist. Im schlimmsten Falle kann jede und je-

---

[1] Siehe dazu Baberowski: *Räume der Gewalt*, 32-3, 109.

der, mit denen man zu tun hat, ein potentieller Täter sein. Umgekehrt ist es durchaus möglich, dass die Gewaltakteure selbst zwar auf eine entsprechende Erwartungshaltung ihnen gegenüber verweisen, ohne aber jemanden konkret als denjenigen benennen zu können, der dies von ihnen erwartet. Der Verweis auf die jeweils konkret Anwesenden ist augenscheinlich unvollständig. Diese Menschen stehen nicht nur unter demselben, spürbaren und wirksamen Erwartungsdruck. Sie selbst würden ebenfalls darauf verweisen, dass das- und-das von ihnen erwartet wird, aber gleichfalls ohne klar sagen zu können, *wer* dies von ihnen erwartet.

Im Extremfall führt dies, wie Kurt Röttgers deutlich gemacht hat, zu „eine[r] abgründige[n] Asymmetrie"[2], zu einem „fundamentalen Hiatus zwischen dem Erleben von Gewalt und dem Gewalthandeln": „Jemand erleidet Gewalt, ohne daß es einen Täter gibt."[3] Denn während die Opfer derartiger Gewalt sie eindeutig als Gewalt erleben, nehmen die Täter ihr Verhalten anders wahr und beschreiben und deuten es auch – authentisch – auf andere Weise. Das Problem ist aber nicht das „Leiden unter einer Gewalt für die kein Einzelner moralisch die Verantwortung trägt"[4], wie Röttgers meint. Entscheidender ist, dass die Täter ihr Verhalten als unproblematisch betrachten und erfahren, vielleicht sogar als simple, unreflektierte Gewohnheit, als etwas, „das man eben so macht". Unter Umständen nehmen sie es selbst nicht als befürwortetes, aber von ihnen erwartetes Verhalten wahr, vor allem aber ordnen sie es womöglich nicht als „Gewalt" ein. Was objektiv eindeutig als Gewalthandlung zu erkennen ist, wird in dem Milieu der Täter unter Umständen routiniert als Nicht-Gewalt gedeutet, etwa als „härter zupacken", als „Erziehung", als „das, was Männer nun mal machen", als „Spaß" usw.

Das unterscheidet diese Gewaltphänomene etwa von der schweren Verletzung eines Fußgängers durch ein nicht rechtzeitig abgebremstes Auto. Auch in einem solchen Fall, der Mark Vorobejs „Fall des Unabsichtlichen Angreifers"[5] entspricht, liegt eine Asymmetrie vor zwischen dem Opfer, das eine schwere Verletzung durch das

---

[2] Röttgers: *Spuren der Macht*, 94.
[3] Ebd., 93.
[4] Ebd.
[5] Vorobej: *The Concept of Violence*, 8: „the case of the Unintentional Attacker". Von Vorobej stammt auch das Beispiel des „drunken driver who accidentally kills a pedestrian"(ebd.).

Handeln einer anderen Person erfährt, und dem Täter, der keine schwere Verletzung des Opfers beabsichtigt hat. Die Verletzung des Fußgängers ist auch nicht die unmittelbare und absehbare Folge von gewohnheitsmäßigem Verletzungshandeln seinerseits. Die Verletzung ist die Folge eines Unfalls, und dieser passiert aus bestimmten, zum Teil angebbaren Ursachen, aber sie ist nichts, was der Täter hat tun wollen oder was er regelmäßig – als Autofahrer – tun würde.

Wenn hingegen in einer Gesellschaft Frauen regelmäßig Opfer von (sexualisierter) Gewalt werden, dann, so zumindest die naheliegende Vermutung, hat dies seine Ursache nicht in dem zufälligen Zusammentreffen verschiedener („unglücklicher") Umstände, sondern darin, dass Frauen in dieser Gesellschaft, wenigstens aber in einigen Milieus dieser Gesellschaft, als legitime Ziele entsprechender Gewalthandlungen gelten. Und dass dies der Fall ist, ist eben kein „Schicksal", sondern die Folge der Aufrechterhaltung und Stabilisierung entsprechender Überzeugungen und Haltungen aufseiten der Täter. Daher liegt die Vermutung nahe, dass der entscheidende Faktor die gesellschaftlichen Strukturen sind, in denen Täter und Opfer sich bewegen und sich begegnen, oder genauer: die einige in die Position der Gewaltopfer und andere in die Position jener bringen, die Gewalt gegen die Opfer ausüben, die dies dürfen oder womöglich gar sollen.

(b) Johan Galtungs Begriff der „strukturellen Gewalt"
Offen ist, wie man diese Fälle angemessen und analytisch fruchtbar auf den Begriff bringen kann. Schaut man in die Literatur, dann springt dem Leser der Begriff der „strukturellen Gewalt" förmlich entgegen als Angebot, diese Fälle analytisch zu erfassen und von personaler wie kollektiver Gewalt abzugrenzen.

Johan Galtung hat den Begriff der „strukturellen Gewalt" eingeführt als Kategorie für Verletzungen oder Schädigungen von Menschen, die nicht auf das Handeln Einzelner zurückzuführen, sondern „in das System eingebaut" sind und sich „in ungleichen Machtverhältnissen und folglich in ungleichen Lebenschancen" äußern[6]. Unter diesen Begriff fallen verschiedene gesellschaftliche Strukturen und Ordnungen, in denen *eine* Gruppe der Mitglieder stärker geschädigt oder verletzt wird, als es unter den gegebenen Rahmenbe-

---

[6] Galtung: „Gewalt, Frieden und Friedensforschung", 12. Vgl auch ebd., 19-23.

dingungen notwendig wäre. Eine rassistische politische und Rechtsordnung, die Menschen einer bestimmten „Rasse" in eine Position zwingt, in der sie – als Sklaven, Menschen zweiter Klasse usw. – regelmäßig Opfer der Gewalt von Mitgliedern anderer gesellschaftlicher Gruppen werden, ist „strukturelle Gewalt" in diesem Sinne. Es liegt allerdings auch dann „strukturelle Gewalt" vor, wenn Menschen infolge von Nahrungsmangel und Unterernährung Schaden nehmen, womöglich sogar Hungers sterben in einer Gesellschaft, in der genügend Ressourcen vorhanden sind, um *alle*, einschließlich der Opfer des Nahrungsmangels, ausreichend mit Nahrung zu versorgen.[7]

Auch in den genannten Fällen ist ja, um Galtungs Formulierung zu gebrauchen, die *„aktuelle somatische und geistige Verwirklichung"* einiger Mitglieder der Gesellschaft *„geringer [...] als ihre potentielle Verwirklichung"*[8]. Das bedeutet: In diesen Fällen ist das durch die Grundbedürfnisse definierte Lebensniveau eines Teils der Gesellschaft schlechter als es sein müsste. Es ist vermeidbar und in diesem Sinne nicht notwendig, dass Menschen, die als Mitglieder dieser-oder-jener „Rasse" identifiziert werden, regelmäßig Opfer personaler oder auch kollektiver Gewalt werden. Und es ist gleichfalls vermeidbar und daher nicht notwendig, dass ein Teil der Gesellschaft massiven Schaden nimmt in Folge von Unterernährung und Mangelversorgung mit Nahrungsmitteln, sofern genügend Nahrungsmittel vorhanden sind, um alle Mitglieder der Gesellschaft zu ernähren. Strukturelle Gewalt liegt nach Galtung immer dann vor, wenn eine Diskrepanz zwischen dem Ist-Zustand und dem Kann-Zustand in Bezug auf das Lebensniveau aller Gesellschaftsmitglieder nachweisbar ist. So gefasst sind *alle* gesellschaftlichen Strukturen, die eine Gruppe gezielt benachteiligen und ihren Mitgliedern den Zugang zu bestimmten Gütern unnötigerweise verweigern, Fälle struktureller Gewalt.[9]

Das Argument für diese Gleichsetzung verschiedener Formen des Ausschlusses lautet: Sie alle führen zu einer schweren Schädi-

---

[7] Lee: „Is Poverty Violence?", 11, Gordon: „Economic sanctions and global governance" sowie Gupta: „On Structural Violence", 339-40.
[8] Galtung: „Gewalt, Frieden und Friedensforschung", 9.
[9] Vgl. auch die Reformulierung von Galtungs Begriff der „strukturellen Gewalt" bei Vorobej: *The Concept of Violence*, 64: „Violence occurs when someone is worse off overall than she otherwise would have been."

gung einer bestimmten Gruppe von Menschen, die vermeidbar wäre. Menschen erreichen nicht das Lebensniveau, das sie erreichen könnten, wobei sich dies ändern ließe, wenn man die infrage stehenden Güter auf andere Weise verteilt. Und das haben diese Strukturen nach Galtung eben mit Gewalthandlungen wie dem Stich ins Bein, der Stehfolter oder dem Schlag ins Gesicht gemeinsam, die er als „direkte Gewalt" bezeichnet.[10] Auch hier ist es ja so, dass die *„aktuelle somatische und geistige Verwirklichung"* geringer ist als die *„potentielle Verwirklichung"*, schließlich hätten diese Handlungen unterlassen und das entsprechende Leid vermieden werden können.[11]

Die Schädigungen und Verletzungen, für die soziale Strukturen und nicht die Handlungen einzelner Täter verantwortlich sind, sind vielleicht weniger leicht *als Verletzungen* erkennbar; daher ist der *Gewalt*charakter bei struktureller Gewalt weniger offensichtlich. Sie verschwinden, bildlich gesprochen, im Dickicht des Netzes aus sozialen Normen und Praktiken. Aber insofern sie (a) genauso berechenbar verletzen wie „direkte Gewalt" und (b) genauso vermeidbar sind, dürfen oder gar müssen sie auch wie diese eingeordnet und behandelt werden: als („strukturelle") Gewalt.[12]

(c) Strukturelle Gewalt: Analytische Kategorie oder Kampfbegriff?
„Strukturelle Gewalt" wird so freilich zu einer Sammelbezeichnung für alle Arten von sozialen Strukturen, die zur schweren Schädigung, Verletzung oder zum Tod von Menschen führen in Situationen, in denen dies vermeidbar wäre. Das schließt dann zum Beispiel auch das Vorenthalten bestimmter (bürgerlicher) Rechte ein, schließlich ist dies gleichbedeutend mit dem Vorenthalten bestimmter Güter und Lebenschancen.[13] Ein derart weiter Gewaltbegriff ist

---

[10] Galtung: „Gewalt, Frieden und Friedensforschung", 9.
[11] Daher sind etwa nach Döring: *Gewalt und Kommunikation*, 37 auch durch soziale Strukturen vermittelte „Zwänge" und „Drohungen" Fälle „struktureller Gewalt". Siehe auch Narr: „Gewalt und Legitimität", 25-6, 31 und Hirsch: „Philosophie", 351.
[12] Vgl. Schroer: „Gewalt ohne Gesicht", 256-8, 164-5 und Imbusch: *Moderne und Gewalt*, 21-6, 49.
[13] Garver: „Violence and Social Order", 219-20 und Salmi: „The Different Categories of Violence", 315-7. Insofern der Grund für diese Ausgrenzungen und Ungleichheiten die spezifische Beschaffenheit des sozialen Systems ist,

sicherlich zweckmäßig mit Blick auf das erklärte Ziel Galtungs, den Begriff des Friedens möglichst klar und deutlich zu definieren. Denn solange „Friede" allgemein als „Abwesenheit von Gewalt" definiert wird, „Gewalt" aber (wie in dieser Arbeit) auf Handlungen, genauer: auf absichtliche schwere Verletzungen begrenzt bleibt, fallen zahlreiche, durchaus unterschiedliche gesellschaftliche Zustände unter den Friedensbegriff.[14] Damit werden allerdings, so könnte man Galtungs Überlegung zusammenfassen, gesellschaftliche Zustände und Strukturen als „Friede" verklärt, die, vorsichtig formuliert, erhebliche normative Defizite haben. Auch die Friedhofsruhe ist ja, gemäß diesem Begriff, „Friede".[15]

Diese letztlich strategischen Überlegungen mögen ihre Berechtigung haben, so wie es einleuchten mag, für einen möglichst engen, wenigstens Mindeststandards sozialer Gerechtigkeit einschließenden Friedensbegriff zu argumentieren. Damit verbunden ist allerdings die bereits erwähnte Ausweitung dieses Begriffs, der von Polizeigewalt über Vorenthalten von Nahrungsmitteln bis hin zur Beschneidung von Grundrechten alle Arten vermeidbarer Benachteiligungen durch soziale Strukturen erfasst.

Und damit, so der Vorwurf, wird dieser Begriff analytisch unscharf und letztlich unbrauchbar, was sich an wenigstens drei Punk-

---

in dem sich die Akteure bewegen, ist die in der Literatur zu findende alternative Bezeichnung als „systemische Gewalt" durchaus treffend. Siehe beispielhaft Garver: „Violence and Social Order", 20 und Žižek: *Gewalt*, 17.

[14] Eine klassische Negativdefinition des Friedensbegriffs in diesem Sinne findet sich etwa bei Hobbes: „Daraus ergibt sich klar, daß die Menschen während der Zeit, in der sie ohne eine allgemeine, sie alle im Zaum haltende Macht leben, sich in einem Zustand befinden, der *Krieg* genannt wird, und zwar in einem Krieg eines jeden gegen jeden. Denn *Krieg* besteht nicht nur in Schlachten oder Kampfhandlungen, sondern in einem Zeitraum, in dem der Wille zum Kampf genügend bekannt ist. Und deshalb gehört zum Wesen des Krieges der Begriff *Zeit*, wie zum Wesen des Wetters. Denn […] das Wesen des Krieges [besteht] nicht in tatsächlichen Kampfhandlungen, sondern in der bekannten Bereitschaft dazu während der ganzen Zeit, in der man sich des Gegenteils nicht sicher sein kann. Jede andere Zeit ist *Frieden*." (Hobbes: *Leviathan*, 96)

[15] Siehe Galtung: „Gewalt, Frieden und Friedensforschung", 7. Es sei noch einmal daran erinnert, dass Galtung selbst aus diesem Grund „soziale Ungerechtigkeit" als Alternative zu „struktureller Gewalt" vorschlägt (ebd., 13). Dieser Gleichsetzung folgt – ohne weiter auf die sich daraus ergebenden begrifflichen Probleme einzugehen – Roy: „Strukturelle Gewalt", 143.

ten zeigt. Man mag, erstens, dem Argument vielleicht folgen können, dass der verwehrte Zugang zu bestimmten Gütern moralisch genauso zu bewerten ist wie das Verprügeln, Foltern oder Erschießen eines Menschen. Aber hieraus abzuleiten, dass beides *aus diesem Grund* unter denselben Begriff falle, bedeutet, die Frage der Bewertung mit der Frage der Beschreibung zu vermengen.[16] Zumal die Behauptung, beides habe ja mittel- oder langfristig dieselben Folgen, es sich deutlich zu einfach macht: Sowohl die Analyse als auch die Kausalketten bei sozialen Phänomenen wie Armut oder dem Vorenthalten bestimmter Rechte sind deutlich komplizierter, als der Hinweis nahelegt, sie hätten nun einmal die Schädigung der Betroffenen zur Folge. Erschwerend kommt hinzu, dass unklar ist, auf *welche* Folgen die Diagnose struktureller Gewalt zielt, wenn alle Arten der vermeidbaren Diskriminierung durch soziale Strukturen unter diesen Begriff fallen. Damit ist nicht nur unklar, anhand welcher Kriterien die Behauptung, diese-oder-jene Struktur stelle strukturelle Gewalt dar, empirisch überprüft werden kann. Es werden auch zahlreiche Unterschiede, die für die Analyse der entsprechenden Strukturen notwendig sind, auf diese Weise nivelliert. So betrachtet, ist der Begriff der strukturellen Gewalt aus sozialphilosophischer Sicht im Grunde analytisch nutzlos.[17]

Zweitens bleibt bei Galtung selbst wie auch bei zahlreichen Arbeiten, die seinen Begriff übernehmen, einigermaßen nebulös, wann *genau* die Ausgrenzung und Benachteiligung einer Gruppe derart notwendig oder unvermeidbar ist, dass die „aktuelle Verwirklichung" der „potentiellen" nicht entspricht und folglich „strukturelle

---

[16] Coady: *Morality and Political Violence*, 31-2. Dieses Argument unterläuft zudem das Niveau moralphilosophischer Reflexion, das konsequentialistische Autoren seit langem erreicht haben, etwa mit Blick auf die unterschiedliche Bewertung von Handeln und Unterlassen u.ä. Siehe beispielsweise Singer: *Praktische Ethik*, 345-54 und Gesang: *Eine Verteidigung des Utilitarismus*, 56-94.

[17] Wie Coady (*Morality and Political Violence*, 31-2) einwendet, ist diesem Begriff zufolge nicht nur das Vorenthalten lebensnotwendiger Nahrungsmittel durch entsprechende soziale und ökonomische Strukturen ein Fall „struktureller Gewalt", sondern auch der um Mitternacht schreiende Säugling – schließlich ist die „aktuelle Verwirklichung" der Eltern geringer als die „potentielle Verwirklichung" (sie sind wach, obwohl sie schlafen könnten, mit den absehbaren, den meisten Eltern wohl bekannten Folgen). Der Säugling *könnte* ja schlafen.

Gewalt" vorliegt.[18] Ein Beispiel wäre folgendes Szenario: Eine Gesellschaft hat mit massiver Güterknappheit zu kämpfen, folglich können nicht alle Mitglieder mit ausreichend Nahrungsmitteln versorgt werden. Das bedeutet, einige *müssen* sterben, so dass keine „strukturelle Gewalt" vorliegt.

Man könnte allerdings einwenden, dass unter Umständen dennoch strukturelle Gewalt vorliegt: wenn nämlich anhand willkürlicher Kriterien entschieden wird, wer sterben muss. Auch wenn die Anzahl der Toten identisch ist, so scheint doch ein entscheidender Unterschied zu bestehen zwischen einer Gesellschaft, die die Opfer fair auswählt, etwa durch Losen, und einer, in der willkürlich eine bestimmte Gruppe (alle Schwarzen, alle Menschen, die älter als 60 sind o.ä.) ausgewählt und von den knappen lebenswichtigen Gütern ausgeschlossen wird. Im zweiten Fall, in dem Menschen letztlich *aufgrund ihrer Position im sozialen System* Schaden nehmen, wäre die Rede von „struktureller Gewalt" durchaus angemessen.

Zuletzt ist, drittens, unklar, in welchem kausalen oder anderweitig ‚bedingenden' Zusammenhang die jeweiligen sozialen Strukturen und die inkriminierten Verletzungen und Schädigungen im Falle struktureller Gewalt stehen. Nicht zuletzt die konsequentialistische Rechtfertigung des Begriffs der „strukturellen Gewalt" legt nahe, dass diese dann vorliegt, wenn die sozialen Strukturen die *Ursache* der Diskriminierung, Benachteiligung oder Verletzung eines Teils der Gesellschaft sind. Man könnte vielleicht einwenden, dass auf diese Weise das zu untersuchende Phänomen (die Verletzung) mit seinen Ursachen (den Strukturen) vermengt zu werden droht.[19] Andererseits spräche es im Gegenteil *für* diese Benennung entsprechender Gewalthandlungen, dass ihre strukturellen Ursachen sonst aus dem Blick zu geraten drohen. Gerade dieses Gegenargument setzt allerdings voraus, dass sich klar benennen lässt, auf welche Art und Weise soziale Strukturen Gewalt verursachen.[20] Nur ist dies aufgrund der Offenheit dieses Begriffs, vorsichtig formuliert, schwierig.

Mit Blick auf diese Unklarheiten und offenen Fragen ist es umso problematischer, dass in der Rede von „struktureller *Gewalt*" die

---

[18] Auf dieses Problem der Abgrenzung von „potentieller" und „aktueller Verwirklichung" weist auch Narr: „Gewalt und Legitimität", 23-4 hin.
[19] Vgl. Neidhardt: „Gewalt", 130 und Matz: *Politik und Gewalt*, 71.
[20] Vorobej: *The Concept of Violence*, 113-4.

Vorstellung einer schweren absichtlichen Verletzung der Betroffenen durch Dritte transportiert und aufgerufen wird. Damit wird der Eindruck begrifflicher Klarheit erweckt, obwohl zugleich Unterschiede zwischen verschiedenen Phänomenen teils drastisch verwischt werden. Es fällt daher schwer, den Vorwurf John Coadys zurückzuweisen, Galtungs Begriff der strukturellen Gewalt sei wenig mehr als ein Kampfbegriff, ein Fall sozialwissenschaftlich aufgeputzter „propaganda".[21]

(d) Soziale Strukturen als Ursache von Gewalt
Diese Beliebigkeit des Begriffs lässt sich zumindest partiell beheben, indem man „strukturelle Gewalt" begrenzt auf jene sozialen Strukturen, mit denen ein drastisch erhöhtes Aufkommen absichtlicher schwerer Verletzungen einhergeht. Das zentrale Beispiel wären dabei soziale Strukturen, in denen die Inhaber bestimmter Positionen Täter und die Inhaber anderer Positionen entsprechend Opfer bestimmter Gewalthandlungen sind. Auf diese Weise definieren die sozialen Strukturen, ob man Täter oder Opfer von Gewalt wird. Vereinfacht gesagt hängt dies davon ab, auf welcher Position innerhalb der sozialen Struktur man sich befindet.

Es spricht zweierlei dafür, den Begriff der „strukturellen Gewalt" auf diese Weise einzugrenzen. Zum einen ist die Rede von „Gewalt" in diesem Fall weder beliebig noch propagandistisch, schließlich referiert der Begriff auf Gewalthandlungen. Damit trägt er dem unter anderen von Judith Shklar[22] formulierten Einwand Rechnung, dass Gewalt ebenso wenig wie Grausamkeit von Strukturen oder Institutionen als solchen ausgeübt wird, sondern von Menschen, die sich in diesen Strukturen bewegen. Zum anderen be-

---

[21] Coady: *Morality and Political Violence*, 29, vgl. aber mit umgekehrter Wertung Baberowski: *Räume der Gewalt*, 114, nach dem Galtungs Ansatz als „ein Versuch, die Revolte der Empörten und Entrechteten zu legitimieren" zu sehen ist. Allerdings gibt Galtung, für Propagandisten eher untypisch, klar an, warum er den Begriff der strukturellen Gewalt auf diese Weise definiert. Es bleibt dennoch das Problem der relativen Leere des Begriffs, dessen Gebrauch so vor allem eine starke Empörung über das Vorhandensein der entsprechenden Strukturen artikuliert. Für ihre Analyse ist er allerdings eher untauglich.
[22] Siehe Shklar: *Ordinary Vices*, 225: „[I]t is not impersonal forces or institutions that commit atrocities: it is always a human being who is cruel and another who is a victim."

steht zumindest die Chance, dass dieser Begriff analytisch fruchtbar ist, indem eine bestimmte Gruppe von Gewalthandlungen aufgrund spezifischer Eigenschaften klarer erfasst und analysiert werden kann; eben jene, die ihre wesentliche Ursache in sozialen Strukturen haben.

Man kann die Grundidee anhand der titelgebenden Formulierung von Jörg Baberowskis *Räume der Gewalt* illustrieren: Es ist denkbar, dass durch soziale Strukturen soziale Räume, d.h. einzelne, abgegrenzte Areale unserer Lebenswelt geschaffen werden, in denen Angehörige bestimmter Gruppen mit Gründen und Mitteln zur Gewaltanwendung gegen Mitglieder anderer Gruppen ausgestattet werden. Das Miniaturmodell wäre der Boxring: Wer ihn als Kämpfer betritt, bekommt das Recht, dem Gegner unter bestimmten Auflagen Gewalt anzutun. Es ist nicht allein der physische Raum, d.h. das „Seilgeviert", sondern der durch besondere soziale Regeln (Wettkampfreglement, geteiltes Verständnis eines Sportevents usw.) geschaffene Raum, in dem für bestimmte Personen, die Kämpfer, die Gewaltanwendung erlaubt ist.

Allerdings ist die eingangs angekündigte Entscheidung, statt sozialer Strukturen im Allgemeinen lediglich *institutionelle* soziale Strukturen als möglichen Gegenstand eines Begriffs struktureller Gewalt zu untersuchen, womöglich voreilig. Es lohnt sich durchaus, erst einmal die von Galtung in den Blick genommene einseitige Verteilung von Ressourcen durch soziale, aber nicht notwendig institutionelle Strukturen zu untersuchen und zu prüfen, inwiefern bereits hier eine wesentliche Ursache für das Vorkommen bestimmter, an diese sozialen Strukturen gebundener Gewalthandlungen vorliegt.

4.2. Gewaltressourcen: Ungleiche Verletzungschancen als institutionalisierte Gewalt

Galtung erwähnt in seinen Überlegungen eine Möglichkeit, wie soziale Strukturen die Schädigung oder Verletzung von Mitgliedern einer bestimmten Gruppe fördern können: durch ungleiche Zuteilung von Ressourcen und den damit gegebenen Handlungsoptionen.[23]

---

[23] Siehe Galtung: „Gewalt, Frieden und Friedensforschung", 12, wo Galtung auf die „ungleiche Verteilung" einerseits von „*Ressourcen*" und andererseits der „*Entscheidungsgewalt bezüglich der Ressourcen*" hinweist.

Das deutlichste Beispiel für solch eine ungleiche Verteilung von Chancen durch eine ungleiche Verteilung von Ressourcen ist sicherlich die ungleiche Chance zu überleben, die sich etwa aus der ungleichen Verteilung von Nahrungsmitteln bzw. aus dem nicht allen gleichermaßen verfügbaren Zugriff auf sie ergibt.

Überträgt man diese Überlegungen nun auf soziale Strukturen, die Gewalthandlungen verursachen, dann handelt es sich um die ungleiche Verteilung von Ressourcen zur Gewaltausübung, wobei sich hier zwei verschiedene Arten von Ressourcen, Verletzungstechniken und Verletzungsvorrechte, unterscheiden lassen (a). Das bedeutet, dass die sozialen Strukturen je nach sozialer Position unterschiedliche Chancen zur Folge haben, erfolgreich Gewalt auszuüben bzw. Opfer von Gewalt zu werden, was sich konkret am Beispiel der von Jon Krakauer untersuchten Fälle sexualisierter Gewalt an der amerikanischen Universität von Missoula illustrieren lässt (b).

Es spricht zwar vieles dafür, dass derart ungleich verteilte Gewaltressourcen ein Merkmal institutionalisierter Gewalt sind. Aber diese ungleiche Verteilung von Verletzungschancen allein kann zumindest Polizei- und Militärgewalt nicht hinreichend erklären, denn sie erklärt zwar, warum für manche Akteure die Ausübung von Gewalt leichter ist als für andere. Sie erklärt aber nicht, warum sie es tatsächlich tun (c).

(a) Institutionalisierte Gewalt durch ungleich verteilte Gewaltressourcen?
Es lässt sich an einem einfachen Beispiel illustrieren, welche Rolle die soziale Position der Täter spielt, aber auch, warum zudem zwei Arten von Gewaltressourcen unterschieden werden sollten, auf die Inhaber entsprechender Positionen Zugriff haben.

Der Bankräuber verfügt über Ressourcen zur Gewaltausübung: Er besitzt eine Schusswaffe und er besitzt die nötigen Fertigkeiten, um sie zu benutzen. Das hat aber erst einmal nichts mit seiner sozialen Position zu tun. Er ist vielleicht Student, Arbeits- oder Obdachloser oder sogar Angestellter der Bank, die er überfällt. Mit keiner dieser sozialen Positionen geht der Besitz einer Waffe oder die Kompetenz im Umgang mit ihr einher, geschweige denn das Recht, eine Waffe zu besitzen oder sie gar gegen Menschen einzusetzen. Dass er eine Waffe besitzt und mit ihr umzugehen weiß, hat folglich etwas mit individuellen Umständen zu tun. Und dies unterscheidet ihn etwa von einer Polizistin: Sie besitzt sowohl die Waffe und die entsprechenden Fertigkeiten als auch das (durch Auflagen eingeschränkte) Recht, von der Schusswaffe Gebrauch zu machen, nicht, weil sie Paula Müller oder Natascha Schneider ist, sondern *als Polizistin*, d.h. aufgrund eines spezifischen sozialen Status. Mit diesem Status sind die entsprechenden Rechte und Kompetenzen verbunden, was bedeutet, dass *jeder*, der diesen Status innehat, sie besitzt. Dies ist aber bei anderen sozialen Status wie denen der Studentin oder des Bankangestellten nicht der Fall.

„Sozialer Status" meint hier *jede* durch soziale Strukturen und Normen definierte soziale Position und nicht allein diejenige, die man aufgrund seines Berufes innehat. Der Bankräuber ist vielleicht Jäger oder Mitglied eines Schützenvereins und damit Inhaber wahlweise eines Waffenscheins oder einer Waffenbesitzkarte. Er ist dann Mitglied einer Gruppe, deren Mitglieder rechtmäßig über Waffen und die entsprechenden Fertigkeiten verfügen, allerdings mit jeweils unterschiedlichen Rechten, was die Art und Anzahl der Waffen und die Frage der Lagerung der Munition betrifft.

Ähnliches gilt für das Recht, die Waffen gegen Andere einzusetzen, das ebenfalls an soziale Positionen, nicht notwendig aber an bestimmte Berufe o.ä. gebunden ist. Die Polizistin hat das Recht, von der Schusswaffe Gebrauch zu machen, wenn die Situation, in der sie sich befindet, bestimmte Bedingungen erfüllt. Vergleichbare Rechte, andere Menschen unter bestimmten Bedingungen schwer oder tödlich zu verletzen, finden sich allerdings auch in anderen Kontexten. So hob der deutsche Bundestag erst 1997 die Beschränkung der Tatbestände der Vergewaltigung und der sexuellen Nötigung auf „außereheliche" Handlungen auf. Das bedeutet, dass selbst eine „mit Gewalt" erfolgte Nötigung, „sexuelle Handlungen des Täters oder eines Dritten an sich zu dulden"[24], bis 1997 gemäß deutschem Recht *nicht* als Vergewaltigung zu behandeln und zu bestrafen war, wenn Täter und Opfer verheiratet waren. Damit hatten Ehepartner aufgrund ihrer sozialen Position das Recht und damit die höhere Chance, andere Menschen ungestraft zu vergewaltigen, sofern es sich bei dem Opfer um ihren Ehepartner handelte.

Das macht deutlich, dass soziale Strukturen, erstens, Verletzungschancen in unterschiedlichem Maße, im Extremfall sogar exklusiv an bestimmte soziale Positionen verteilen können. Wie hoch die Chance ist, Gewalt erfolgreich und ohne Sanktionen anzuwen-

---

[24] StGB §177, Abs. 1.

den, ist dann nur bedingt abhängig von den individuellen Fähigkeiten und Eigenschaften des Täters; diese Chance ist vielmehr größer oder geringer je nachdem, auf welcher sozialen Position sowohl er als auch sein Opfer sich befinden. Es sind dabei, zweitens, vor allem zwei Arten von Gewaltressourcen, die derart unterschiedlich verteilt sein können: Verletzungstechniken, d.h. Mittel der Gewaltausübung auf der einen Seite und Verletzungsvorrechte, d.h. Gewalt erlaubende Rahmenbedingungen auf der anderen Seite. Der Bankräuber hat wie die Polizistin und im Gegensatz zur Bankangestellten Zugriff auf bestimmte *Mittel* zur Gewaltanwendung: eine Schusswaffe und die Fertigkeit, sie zu handhaben und zu benutzen. Aber im Gegensatz zur Polizistin und wie die Bankangestellte agiert er nicht unter bestimmten *Rahmenbedingungen*, die ihm die Ausübung von Gewalt grundsätzlich, wenn auch unter bestimmten Auflagen erlauben und damit erleichtern.

Dabei sind diese beiden Gewaltressourcen durchaus unterschiedlich zu bewerten. *Verletzungstechniken* sind, erst einmal, spezifische Gegenstände und Handlungsroutinen, auf welche die Täter einen privilegierten Zugriff besitzen, um ihre Ziele gegenüber anderen durchzusetzen. Die Bankangestellte verfügt etwa im Gegensatz zum Bankräuber und zur Polizistin nicht über eine Waffe, im Zweifelsfall auch nicht über Techniken der effektiven Selbstverteidigung oder Vergleichbares. Der Zugriff auf derartige Gewaltmittel kann zwar durch soziale Strukturen wesentlich erleichtert oder erschwert werden, was durch die gezielte Ausbildung von Polizisten in entsprechenden Techniken und das Aushändigen von Waffen ebenso deutlich wird wie durch einen gesamtgesellschaftlich mit informellen wie formellen Normen durchgesetzten Ausschluss bestimmter Gruppen vom Zugang zu entsprechenden Mitteln.

Dennoch sind weder der Zugriff auf entsprechende Gegenstände noch die Beherrschung der erwähnten Techniken notwendig an bestimmte soziale Status gebunden. Charles Tilly hat etwa für jene, die über entsprechende Techniken verfügen, die Bezeichnung „specialists of violence", „Gewaltspezialisten" vorgeschlagen.[25] Und er weist zurecht darauf hin, dass man hierbei zwar zuerst an Polizisten und Soldaten oder geübte Folterer denken mag, dass aber auch ausgebildete Kampfsportler wie etwa Boxer „Gewaltspezialisten" sind: Sie bilden eine Gruppe, deren Mitglieder in besonderem Maße über

---

[25] Tilly: *The Politics of Collective Violence*, 35.

Fertigkeiten und Techniken verfügen, mit denen man andere Menschen schwer verletzen oder töten kann.[26]

An dieser Stelle trifft Hannah Arendts These vom „instrumentalen Charakter" der Gewalt durchaus zu: Das Verletzungspotential der Gewalthandlung lässt sich durch Werkzeuge und andere technische Hilfsmittel, vom Schlagring bis zur bewaffneten Drohne, steigern oder vervielfachen.[27] Aber die entscheidende Gewaltressource, deren Reichweite und Verletzungsmacht auf diese Weise gesteigert wird, ist der grundsätzlich jedem Menschen zur Verfügung stehende und „mit Verletzungsmacht" begabte menschliche Körper.

Und das ist bei *Verletzungsvorrechten* grundsätzlich anders. Ganz gleich, ob es sich um positiv-rechtlich kodifizierte oder um informelle soziale Normen handelt, die Inhabern bestimmter Positionen die Gewaltausübung gegen bestimmte Opfergruppen erlauben: Dass diese Möglichkeiten bestehen, dass sie Zugang zu diesem „Raum der Gewalt" haben, ist abhängig von ihrer sozialen Position. Die Polizistin besitzt das Recht, die Mittel, über die sie verfügt, anzuwenden. Der Bankräuber besitzt zwar ebenfalls eine Waffe und weiß auch, wie er sie benutzen muss, um bestimmte Ziele und nicht etwa aus Versehen sich selbst zu verletzen. Aber anders als die Polizistin hat er keine Erlaubnis hierzu, er darf die Mittel, über die er verfügt, nicht in dieser Form einsetzen, selbst wenn er über das Recht zum Besitz der Waffe verfügt (weil er etwa einen Waffenschein besitzt, Mitglied eines Schützenvereins ist oder ähnliches). Solche Rahmenbedingungen für Inhaber eines bestimmten sozialen Status werden allerdings nicht allein durch geltende Gesetze, sondern auch auf andere Weise geschaffen. Auch wenn etwa seit 1997 der Tatbestand der Vergewaltigung auch auf entsprechende Handlungen zwischen Ehepartnern ausgedehnt wurde, kann ein Recht eines Ehepartners auf entsprechende Handlungen existieren, in Form etwa von informellen Normen, was Ehepartner einander schuldig

---

[26] Inwieweit Tillys darüber hinausgehende These begründet ist, „specialists in violence" bezögen ihren Status *aus* der Androhung, wenn nicht der Ausübung von Gewalt (ebd.), halte ich für fraglich.

[27] Siehe Arendt: *Macht und Gewalt*, 43, 47: „*Gewalt* schließlich ist [...] durch ihren instrumentalen Charakter gekennzeichnet. Sie steht dem Phänomen der Stärke am nächsten, da die Gewaltmittel, wie alle Werkzeuge, dazu dienen, menschliche Stärke bzw. die der organischen ‚Werkzeuge' zu vervielfachen, bis das Stadium erreicht ist, wo die künstlichen Werkzeuge die natürlichen ganz und gar ersetzen."

sind, oder Vorstellungen davon, was denn eine Vergewaltigung „eigentlich" ausmacht (dass der Täter ein Fremder ist o.ä.).

Handelt es sich hier um Rahmenbedingungen, die explizit auf das Recht zielen, Gewalt auszuüben, so lassen sich auch andere Rahmenbedingungen finden, die eine Gewaltressource von Inhabern bestimmter sozialer Status darstellen, ohne direkt auf die Ausübung von Gewalt zu zielen. Gemeint sind etwa soziale Strukturen oder deren Merkmale, die selbst gar nicht unbedingt mit einer expliziten Erlaubnis oder gar einer Ermutigung zur Anwendung von Gewalt verbunden sind, die aber in bestimmten Fällen, d.h. vor allem für bestimmte Gruppen die Anwendung von Gewalt erleichtern. So besitzen Polizisten in vielen sozialen Milieus der deutschen Gesellschaft grundsätzlich eine gewisse Autorität, mit der auch mit Blick auf ihr Gewalthandeln ein gewisser Vertrauensvorschuss einhergeht, d.h. viele Menschen unterstellen, dass ihr Gewalthandeln im Regelfall gerechtfertigt ist.

Derartige Rechte auf Gewaltanwendung, ganz gleich, wie sie kodifiziert und tradiert werden, lassen sich mit Jan Philipp Reemtsma als „Gewaltlizenzen" bezeichnen.[28] Gemeinsam ist ihnen, dass sie die erwähnten „Räume der Gewalt" schaffen, d.h. sie setzen Rahmenbedingungen, in denen es einigen leichter gemacht wird als anderen, Gewalt anzuwenden, und in dem einige leichter zu Opfern werden als andere.

Dabei ist allerdings zweierlei zu beachten. Erstens müssen nicht notwendig beide Arten von Gewaltressourcen zugleich und in gleicher Weise ungleichmäßig verteilt sein. Häusliche Gewalt wird nicht zwangsläufig von jemandem verübt, der über stärkere oder effektivere Mittel zur Gewaltausübung verfügt. Hier ist in erster Linie die Gewaltressource der Rahmenbedingungen ungleich verteilt. Umgekehrt lassen sich Fälle denken, in denen vor allem die Gewaltmittel massiv ungleich zugunsten einer Gruppe verteilt sind, so dass sie jede Art von Widerstand oder Kritik im Wortsinne ersticken können, obwohl sie das Recht dazu nicht besitzen. Zweitens wird, gerade auch aus diesem Grund, die Diagnose, dass in diesem-oder-jenem Fall wahlweise alle oder einige Gewaltressourcen asymmetrisch zugunsten dieser-oder-jener sozialen Position oder Positionen verteilt sind, schwierig: Denn in der Realität überlagern sich soziale Strukturen verschiedener Art und wir befinden uns nie nur in einer

---

[28] Reemtsma: *Vertrauen und Gewalt*, 172 sowie Reemtsma: „Gewalt", 349.

sozialen Position.²⁹ Auch daher darf die Aussage, dass in diesem- oder-jenem Fall institutionalisierte Gewalt vorliege, nicht verstanden werden als Behauptung, dass *alle* Inhaber dieses-oder-jenes sozialen Status Gewalt ausüben.³⁰

Das bedeutet auch, dass die Behauptung, Inhaber *dieser* sozialen Position verfügten über mehr oder besonders große Gewaltressourcen, immer kritisch hinterfragt und gründlich geprüft werden muss. Das lässt sich recht gut anhand eines konkreten Beispiels verdeutlichen, das, bei aller Komplexität, dennoch verhältnismäßig überschaubar ist.

(b) Unterschiedliche Verletzungschancen durch soziale Strukturen: Das Beispiel Missoula
Die Vielschichtigkeit der Rahmenbedingungen, die durch soziale Strukturen gesetzt werden und die als Gewaltressourcen dienen, lässt sich an den Fällen sexualisierter Gewalt von Studenten gegen ihre Kommilitoninnen an der Universität von Missoula illustrieren, die Jon Krakauer untersucht hat. Krakauer hat dabei deutlich auf die verschiedenen sozialen Rahmenbedingungen hingewiesen, die diese Gewalthandlungen strukturell mit ermöglichen, weil sie mögliche Sanktionen für die Täter deutlich abschwächten oder sogar verhinderten.

Ein solcher Faktor sind etwa, erstens, bestimmte stereotype Vorstellungen von den Tätern. Je stärker das Bild „des Vergewaltigers" von dem Selbstbild der Täter abweicht, desto wahrscheinlicher ist es, dass diese ihre Handlungen nicht als „Vergewaltigungen" oder sexualisierte Gewalt anderer Art betrachten.³¹ Auch wenn Statistiken und Dunkelziffern darauf hindeuten, dass in ungefähr 85 Prozent aller Fälle sexualisierter Gewalt die Täter aus dem unmittelbaren sozialen Umfeld des Opfers und damit aus derselben sozialen

---

²⁹ Das wird etwa mit Blick auf Kindesmissbrauch deutlich: „Dabei ist im Grunde kein Faktor ‚typisch' für Kindesmisshandlungen [...]. Erst spezifische Wechselwirkungen zwischen Risiko- und Schutzfaktoren können zu einer Destabilisierung auf familiärer und individueller Ebene führen mit der Folge von Kindesmisshandlung." (Deegener: „Erscheinungsformen und Ausmaße von Kindesmisshandlung", 39)
³⁰ Das wirft freilich die Frage auf, bei wie vielen es denn der Fall sein muss, damit die Behauptung gerechtfertigt ist? Ich werde auf dieses Problem unten, in Kapitel 4.5., noch einmal zurückkommen.
³¹ Krakauer: *Die Schande von Missoula*, 171-5.

Gruppe stammen,[32] so hält sich doch hartnäckig das Stereotyp vom Vergewaltiger als *fremdem* „Typ[en] mit einer Maske [...], der ein langes Messer bei sich hat und Frauen ins Gebüsch zieht"[33]. Je stärker diese stereotype Vorstellung eines „typischen" Täters vom Selbstbild abweicht, desto leichter fällt es nach Ergebnissen der von Krakauer zitierten Studie David Lisaks und Paul Millers nicht nur Beobachtern, sondern auch den Tätern, ihr eigenes Handeln zu bagatellisieren und zu entschuldigen und nicht als das zu betrachten, was es faktisch ist: sexualisierte Gewalt.[34] Parallel zu diesen stereotypen Vorstellungen von den Tätern sexualisierter Gewalt existieren allerdings, zweitens, auch bestimmte, nicht weniger stereotype Vorstellungen von den („typischen") Opfern sexualisierter Gewalt, mit denen dann bestimmte Erwartungen an das Verhalten dieser Opfer einhergehen: Es handele sich um Frauen, die durch die erfahrene Gewalt schwer traumatisiert seien,[35] die sich aber doch wehrten und nicht stillhielten. Beides entspricht häufig nicht der Realität.[36]

Hinzu kommt, drittens, die anscheinend weit verbreitete Überzeugung, dass eine große Zahl der erhobenen Vergewaltigungsvorwürfe Falschbeschuldigungen sind, dass Frauen also die Behauptung, vergewaltigt worden zu sein, häufig als Mittel nutzen, um andere Ziele zu verfolgen – obwohl Studien sehr deutlich zeigen, dass es sich hier um einen frauenfeindlichen Mythos handelt.[37] Diese stereotypen Vorstellungen von Vergewaltigungsopfern haben unter an-

---

[32] Vgl. ebd., 169. Zu ähnlichen Ergebnissen bezüglich der Täter sexualisierter Gewalt kommt die im Auftrag des Bundesministeriums für Familie, Senioren, Frauen und Jugend unter der Leitung von Monika Schröttle und Ursula Müller durchgeführte Studie *Lebenssituation, Sicherheit und Gesundheit von Frauen in Deutschland*, 78-9.

[33] Lisak und Miller: „Repeat Rape", zitiert nach Krakauer: *Die Schande von Missoula*, 171.

[34] Besonders deutlich wird das an der Erzählung des Probanden „Frank" (vgl. ebd., 172-5), der detailliert beschreibt, wie er und die anderen Mitglieder seiner Studentenverbindung auf von ihnen organisierten „Parties" vorgehen, um potentielle Opfer auszumachen und in Situationen zu bringen, in denen sie sie leicht überwältigen und vergewaltigen können – der sich aber, wie David Lisak gegenüber Krakauer deutlich machte, „nicht bewusst [war], dass er mir gegenüber Vergewaltigungshandlungen beschrieb" (ebd., 175).

[35] Siehe dazu Sanyal: *Vergewaltigung*, 76-88.

[36] Krakauer: *Die Schande von Missoula*, 106-8, 140, 197.

[37] Siehe dazu ebd., 155-60 sowie Sanyal: *Vergewaltigung*, 65-7.

derem auch zur Folge, dass Männer kaum als Opfer von Vergewaltigungen wahrgenommen werden.[38] Und sie haben zudem zur Folge, dass Vergewaltigungsopfern, die diesen Vorstellungen nicht entsprechen (die sich nicht wie erwartet benehmen, sich nicht gewehrt haben usw.), noch schneller die Glaubwürdigkeit abgesprochen wird und sie der Übertreibung oder der Lüge bezichtigt werden, als dies ohnehin schon der Fall ist.[39]

Eine wesentliche Rahmenbedingung, die sexualisierte Gewalt ermöglicht, ist, anders formuliert, ein struktureller Sexismus, der vor allem stereotype Vorstellungen von Tätern und Opfern sexualisierter Gewalt, aber auch von „Männern" und „Frauen" und deren „typischen" oder gar „natürlichen" Verhaltensweisen kodifiziert und gesellschaftlich auf verschiedenen Ebenen verankert.[40]

Dass sich der Mythos der hohen Zahl an Falschbeschuldigungen hält und dass er weit verbreitet ist, wird vor allem dann zu einem *strukturellen* Problem, wenn man sich klar macht, dass, viertens, die entsprechenden Vorstellungen und Überzeugungen auch bei denen verbreitet sind, die als Anwälte, Staatsanwälte oder Polizisten die Täter ausfindig machen und zur Verantwortung ziehen sollen. Diese Vorstellungen dienen also nicht allein insofern als Gewaltressource, als sie es den Opfern deutlich erschweren, das ihnen zugefügte als Vergewaltigung zu erkennen, zu benennen und dann auch entsprechend zur Anklage zu bringen. Sie dienen den Tätern auch insofern als Gewaltressource, als sie die Chancen der Opfer, die Täter zur Rechenschaft zu ziehen, mitunter drastisch vermindern, weil diejenigen, die dies beschließen und umsetzen müssten, eher geneigt sind, den Tätern als den Opfern zu vertrauen. Bereits das Wissen um diese geringen Erfolgsaussichten führt ja bisweilen dazu, dass Opfern von

---

[38] Vgl. ebd., 127-32, 145. Die Zahlen der männlichen Opfer sexualisierter Gewalt scheinen allerdings deutlich niedriger zu sein als die Zahlen der weiblichen Opfer sexualisierter Gewalt, vgl. Lenz: „Gewalt gegen Männer als neues Thema", 109-10. Die Wirkungen der sozialen Faktoren sind in diesem Fall allerdings vielschichtiger. Sie beeinflussen nicht nur die Bereitschaft, das Erfahrene als Gewalterfahrung zu thematisieren (ebd., 106), sie markieren auch deutliche Unterschiede der Art der erlittenen Gewalt je nach Geschlecht der Opfer, vgl. Hagemann-White: „Gemeinsamkeiten und Unterschiede der Gewalt gegen Frauen und Männer", 118.
[39] Vgl. Sanyal: *Vergewaltigung*, 82-3, 99-101.
[40] Siehe dazu zusammenfassend Müller und Schröttle: „Gewalt gegen Frauen in Deutschland", 86-7.

einer Anklage abgeraten wird oder sie selbst davon absehen, die Täter öffentlich als Vergewaltiger anzuklagen.

In den von Krakauer untersuchten Fällen ist, fünftens, das spezifische Rechtssystem ein weiterer Faktor, auch unabhängig von den Überzeugungen seiner Vertreter, einschließlich der Geschworenen: Das US-amerikanische Rechtssystem stärkt in besonderem Maße die Stellung der Angeklagten, so dass besonders starke Beweise vorgelegt werden müssen, um alle „berechtigten Zweifel" an der Schuld des Angeklagten auszuräumen.[41] Dies ist ein Grund, warum Staatsanwälte Fälle bisweilen nicht zur Anklage bringen, bei denen die Chancen auf Erfolg gering sind. Es ist aber vor allem ein struktureller Faktor, der vollkommen unabhängig von institutionalisierter Gewalt gegeben ist, der sie aber unter Umständen – wie im Falle sexualisierter Gewalt – ermöglicht oder fördert: Denn wenn die Täter nicht oder nur selten zur Rechenschaft gezogen werden, liefert zumindest das Rechtssystem ihnen und anderen Inhabern desselben sozialen Status keine Gründe, derartige Gewalt zu unterlassen.

Wie problematisch dies ist, wird deutlich, wenn man sich die Ergebnisse verschiedener Studien vor Augen führt, auf die Krakauer verweist: Von den Vergewaltigern, die nicht angeklagt, geschweige denn verurteilt wurden, waren nach Lisak und Miller ungefähr 60 Prozent (Studenten der University of Massachusetts, Boston), zufolge einer Studie von Stephanie McWhorter sogar gut 70 Prozent (Marinerekruten der US Navy) Wiederholungstäter.[42] Vergleichbare „gewaltförderliche" Rahmenbedingungen ließen sich in zahlreichen Fällen für die regelmäßige Gewalt von Angehörigen der Mehrheit gegen Angehörige ethnisch oder religiös definierter Minderheiten aufzählen. Es sei nur noch einmal an die sozialen Strukturen erinnert, in die die mittelalterlichen antijüdischen Pogrome eingebettet waren. Diese wiesen Juden eine Sonderstellung zu, teils verbunden mit besonderen Kleidungsvorschriften und im Regelfall mit entsprechenden stereotypen und verleumderischen Vorstellungen über das, was „die Juden" so tun, angefangen vom „Lästern über Christus" bis hin zu den angeblichen Ritualmorden an christlichen Kindern, zu welchem unterstellten Zweck auch immer.

---

[41] Vgl. Krakauer: *Die Schande von Missoula*, 116, 175-6, 150.
[42] Lisak und Miller: „Repeat Rape", McWorther: „Reports of Rape Reperpretation". Siehe dazu die Zusammenfassung bei Krakauer: *Die Schande von Missoula*, 169-71.

Zuletzt war bei den von Krakauer untersuchten Fällen, in denen die Täter zumeist Mitglieder der in der Stadt hoch angesehenen American Football-Mannschaft „Grizzlies" waren, sicherlich auch dieser Umstand eine Gewaltressource der Täter: Mit dem hohen Ansehen ging ein Vertrauensvorschuss einher, eine höhere Bereitschaft, an die Unschuld der Täter und die Unwahrheit der Anschuldigungen zu glauben.[43] Auch diese Ressource ist erst einmal unabhängig von der Gewaltausübung zu betrachten und steht mit ihr in keinem unmittelbaren Zusammenhang, d.h. aus diesem hohen Ansehen folgt nicht automatisch eine höhere Chance, erfolgreich und ungehindert sexualisierte Gewalt auszuüben.

Aber wie die Eigenheiten des Rechtssystems, so wirkt in diesem Fall auch das hohe Ansehen der Mannschaft und ihre durchaus identitätsstiftende Bedeutung für die Universität als eine Art zusätzlicher Verstärker. Mit anderen Worten: Im Zusammenspiel mit den anderen Faktoren wird auch dieses Ansehen zu einer Gewaltressource. Es ist daher nicht so, dass die soziale Position als Spieler in diesem Team oder als Student an der Universität von Missoula *als solche*, ähnlich wie die einer Polizistin, zur Gewaltausübung privilegiert ist. Aber durch Überschneidungen zwischen verschiedenen sozialen Strukturen und den in ihnen geronnenen und tradierten Überzeugungen und Gewohnheiten verdichten sich hier Gewaltressourcen so, dass für männliche Studenten und insbesondere für Spieler im Football-Team ein „Raum der Gewalt" geöffnet wurde, in dem diese lange Zeit weitestgehend ungehindert und ohne Strafen fürchten zu müssen sexualisierte Gewalt gegen Kommilitoninnen ausüben konnten.

(c) Gewaltressourcen und Gewalthandeln
Auch dieses konkrete Beispiel macht noch einmal deutlich, dass die Rahmenbedingungen von den Mitteln der Gewaltausübung unterschieden werden sollten. Anders als die Mittel sind sie eindeutig an soziale Strukturen gebunden, denn es sind durch spezifische soziale Strukturen bereitgestellte und an bestimmte soziale Positionen gebundene Gewaltressourcen. Daher ermöglichen oder fördern diese Rahmenbedingungen entsprechende Gewalthandlungen, weil sie *unabhängig von* den Entscheidungen und dem Verhalten der Täter ihr Gewalthandeln erleichtern: indem sie Sanktionen für diese

---
[43] Ebd., 228-9, 309-10.

Handlungen unwahrscheinlicher machen oder ihre Stärke mindern, indem sie die Möglichkeiten der Opfer, die Täter zur Verantwortung zu ziehen und für ihre Bestrafung zu sorgen, einschränken oder sogar blockieren usw. Hierfür müssen diese Rahmenbedingungen weder explizit auf die entsprechenden Gewalthandlungen zielen noch „Gewalt" zum einzigen Gegenstand haben. Wie im Falle des Rechtssystems oder stereotyper Geschlechterrollen, so gilt auch in anderen Fällen, dass der gewaltfördernde Charakter ein Aspekt dieser sozialen Strukturen ist, der erst im Zusammenspiel mit anderen sozialen oder situativen Bedingungen die Verletzungschancen von Inhabern bestimmter sozialer Status erhöht, d.h. ihnen die Ausübung von Gewalt massiv erleichtert.

Die entscheidende Frage für den Begriff institutionalisierter Gewalt ist, ob eine asymmetrische Verteilung von Gewaltressourcen eine hinreichende Bedingung für ihr Vorliegen ist? Dass vor allem entsprechend Gewalt erlaubende oder maskierende Rahmenbedingungen notwendig sind, dass also die Täter aufgrund ihrer sozialen Position ein Verletzungsvorrecht besitzen müssen, liegt nahe. Hannah Arendt hat wiederholt und überzeugend betont, dass jede Form stabiler sozialer Strukturen, in denen bestimmtes Verhalten berechenbar erfolgt, letztlich auf „Macht" gegründet ist.[44] Das bedeutet, dass die entsprechenden sozialen Strukturen und mit ihnen die sozialen Normen und Vorstellungen, die mit ihnen verbunden sind, grundsätzlich anerkannt und geachtet werden. Und genau diese grundsätzliche Anerkennung macht die entsprechenden Strukturen ja zu Gewaltressourcen. Asymmetrisch verteilte Gewaltressourcen wären dann zumindest als ungleich verteilte Verletzungsvorrechte eine notwendige Bedingung für institutionalisierte Gewalt. Fraglich ist allerdings, ob sie auch eine hinreichende Erklärung sind für institutionalisierte Gewalt, d.h. ob deutlich erhöhte Gewaltchancen auch automatisch zu entsprechend gesteigerter Gewalttätigkeit bei denen führen, die die entsprechenden sozialen Positionen innehaben, wie dies etwa immer wieder mit Blick auf Polizisten behauptet wird.[45]

Dagegen spricht, dass aus dem Umstand, dass jemand in besonderem Maße privilegiert ist, nun einmal nicht zwingend folgt, dass er diese Privilegien auch nutzt. Selbst wenn ein extrem hoher Prozentsatz der „Grizzlies"-Spieler sexualisierte Gewalt gegen Kommi-

---

[44] Vgl. etwa Arendt: *Macht und Gewalt*, 50-7.
[45] Siehe dazu den folgenden Abschnitt, Kapitel 4.3.

litoninnen ausübt oder ausgeübt hat: Trotz der Gewaltressourcen, über die sie aufgrund ihrer sozialen Position verfügen, wäre die Behauptung, die sozialen Strukturen wären eine hinreichende Ursache und die einzelnen Gewalthandlungen folglich Fälle institutionalisierter Gewalt, zwar plausibel, aber nicht hinreichend gerechtfertigt. Man könnte allenfalls davon sprechen, dass die sozialen Strukturen die Gewalthandlungen einer bestimmten Gruppe in besonderem Maße begünstigen. Ähnlich wie für die Techniken gilt auch für die Rechte, dass die Inhaber des entsprechenden sozialen Status sie nutzen *können*, aber nicht nutzen *müssen*. Dass ich über bestimmte Vorteile verfüge, hat ja nicht automatisch zur Folge, dass ich sie auch nutze. Der privilegierte Zugang zu bestimmten Gewaltressourcen *allein* ist daher nicht hinreichend, um die Behauptung zu rechtfertigen, es liege „institutionalisierte Gewalt" vor.

Mit Blick auf die kritischen Überlegungen zum Begriff der strukturellen Gewalt spricht dies für die bereits vorgeschlagene Beschränkung auf *institutionelle* soziale Strukturen, die das Verhalten der von ihnen Betroffenen derart prägen und beeinflussen, dass diese sich in bestimmten Situationen *berechenbar* auf diese-oder-jene Weise verhalten. Wenn aber die asymmetrische Verteilung von Gewaltressourcen und die ungleich verteilten Chancen, Gewalt auszuüben bzw. Opfer von Gewalt zu werden, allein nicht hinreichen, um das entsprechende berechenbare Verhalten der Täter zu erklären – welche Faktoren liefern dann die Erklärung für den Umstand, dass Inhaber eines bestimmten sozialen Status häufiger Täter oder eben Opfer von Gewalt werden? Anders gefragt: Wie sind soziale Strukturen beschaffen, die Gewalthandlungen nicht nur erleichtern, sondern sie aktiv *fördern* oder *produzieren*?

4.3. Des Teufels General: Durch Gewaltausübung definierte soziale Rollen

Die sozialen Strukturen, die im vorigen Abschnitt beschrieben wurden, verteilen zwar Chancen unterschiedlich auf soziale Positionen, aber es ist (bisher) nicht zu sehen, wie sie das Verhalten der Inhaber dieser Positionen hin zu erhöhter Gewaltsamkeit prägen könnten. Wirft man nun einen erneuten Blick auf die diskutierten Beispiele, dann bleibt trotz des Hinweises auf die unterschiedlichen Verletzungschancen offen, warum es zu dem festgestellten massiven Aufkommen von Gewalthandlungen durch Inhaber jener sozialen Position kommt, die mit den deutlich besseren Chancen ausgestattet ist, unbehelligt Gewalt auszuüben.

Eine mögliche Erklärung wäre, dass derartige soziale Positionen aufgrund der mit ihnen verbundenen erhöhten Verletzungschancen in besonderem Maße von Menschen angestrebt und besetzt werden, die auch unabhängig von diesen Positionen zur Gewalt neigen. Anders formuliert: Nicht die Strukturen produzieren Gewalttäter, sondern Gewalttäter nutzen und prägen diese sozialen Strukturen (a). Alternativ lässt sich ein erhöhtes und berechenbares Aufkommen von Gewalthandlungen dadurch erklären, dass mit den sozialen Positionen soziale Rollen verbunden sind, zu denen die entsprechenden Gewalthandlungen als erwartete Gewohnheiten gehören (b).

Von den bisher diskutierten Beispielen sind es vor allem Polizei und Militär, an denen sich eine auf sozialen Rollen basierende institutionalisierte Gewalt illustrieren und belegen lässt (c). Insofern es sich hier allerdings um soziale Strukturen und soziale Rollen handelt, die explizit auf die berechenbare und erwartete Gewaltausübung hin angelegt sind, zeigen diese Beispiele zugleich, dass auch dieser Ansatz in seiner Erklärungskraft begrenzt ist.

(a) Erklärungsmodell 1: Die Attraktivität von Gewaltstrukturen
Es sind genau genommen zwei Fragen, die unbeantwortet bleiben, wenn man institutionalisierte Gewalt auf jene sozialen Strukturen eingrenzt, die Gewaltressourcen stark asymmetrisch verteilen. Die erste Frage lautet: Warum trifft die Gewalt *diese* Opfer und warum trifft sie sie auf *diese Weise*? Im von Krakauer untersuchten Fall bleibt ja die Frage, warum es sich um *sexualisierte* Gewalt handelte. Die Frauen hätten von den Spielern nicht nur unbehelligt bleiben, sie hätten auch in anderer Form von ihnen verletzt werden können. Schließlich wurden in dem Zeitraum allem Anschein nach verschiedene andere Straftaten von Mitgliedern der „Grizzlies" begangen, bis hin zu einer Schießerei.[46] Der Umstand, dass vor allem *Kommilitoninnen* der Spieler (und seltener andere Frauen) Opfer der von ihnen verübten sexualisierten Gewalt wurden, könnte wohl auch damit erklärt werden, dass die Täter zu ihnen schlicht häufiger Kon-

---

[46] Vgl. Trieweiler: „‚Straight Talk' Was Long Overdue" (dt. leicht gekürzt in Krakauer: *Die Schande von Missoula*, 407-9).

takt hatten, sie besser kannten, sie öfter und bei verschiedenen Gelegenheiten, vor allem auf Partys, trafen usw. Nur sollte man sich dennoch fragen, warum vor allem Frauen ihre Opfer wurden und deutlich seltener Anhänger oder Mitglieder anderer Sportvereine, Mitglieder anderer Studentenverbindungen oder eben Menschen, die nicht Mitglied der Universität waren. Ihre Kommilitoninnen waren ja nicht die einzigen, zu deren Ungunsten die Gewaltressourcen verteilt waren. Warum, kurz gefasst, *sexualisierte* Gewalt gegen *Frauen*?

Diese Frage ließe sich unter Umständen noch unter Verweis auf die entsprechenden Überzeugungen, Rollenbilder und Gewohnheiten beantworten. Das gilt aber nicht für die zweite, noch drängendere Frage: Warum wurden die Spieler *überhaupt* gewalttätig? Auch sie stellt sich als Frage nach dem Vorliegen institutionalisierter Gewalt vor allem dann, wenn nicht nur eine hohe Anzahl von Inhabern eines bestimmten sozialen Status bzw. von Mitgliedern einer bestimmten Gruppe Gewalt gegen andere ausübt, sondern wenn zudem vor allem eine bestimmte Gruppe Opfer von Gewalt wird. Aber sie steht generell im Raum, so lange wir nur jene sozialen Strukturen in den Blick nehmen, die den Zugriff auf verschiedene Gewaltressourcen ungleich verteilen. Auch wenn diejenigen „Grizzlies", die gewalttätig wurden, deutlich verschiedene Formen von Gewalt gegen vollkommen unterschiedliche Opfer ausgeübt hätten, müsste man ja erklären, warum sie die Gewaltressourcen überhaupt nutzten.

Sonst müsste man davon ausgehen, dass Menschen *grundsätzlich* zur Gewalt neigen und durch soziale Strukturen bestenfalls „im Zaum gehalten" werden. Denn wenn man eine Art „anthropologisch verankerte Gewaltneigung" unterstellt, *dann* wäre der Hinweis sicherlich ausreichend, dass diese Schranke bei der entsprechenden Gruppe fehlt und ihre Mitglieder eben deshalb gewalttätig werden bzw. sind.[47] Nur ist dies eben eine durchaus problematische

---

[47] Selbst so fragwürdige Theorien wie diejenige Konrad Lorenz' können ja am Ende nicht zeigen, dass Menschen grundsätzlich zur Gewalt neigen, d.h. dass sie Gewalt anwenden, sobald internalisierte oder anderweitig zu erwartende soziale Sanktionen ausbleiben. Es wird allenfalls „gezeigt", dass Aggression und Gewaltbereitschaft auf Überreste einer „Instinktreduktion" (Gehlen: *Der Mensch*, 26, 357) zurückgeführt werden können, die in Reaktion auf unberechenbare oder bedrohliche Situationen aktiviert werden.

Unterstellung,⁴⁸ die zudem allein dann eine hinreichende Erklärung liefert, wenn die von den Tätern ausgehende Gewalt verschiedene Formen annimmt und verschiedene Opfer bzw. Opfergruppen trifft.

Die Unterstellung einer allgemein-menschlichen Gewaltbereitschaft lässt sich allerdings in gewisser Weise so eingrenzen, dass sie lediglich als Eigenschaft derjenigen angenommen wird, für die die entsprechenden sozialen Positionen attraktiv sind. Das hieße, dass die Gewaltbereitschaft der Inhaber einer sozialen Position nicht aus den entsprechenden sozialen Strukturen folgt, sondern dass umgekehrt Menschen mit Neigung zur Gewalttätigkeit die Möglichkeiten, die die soziale Position ihnen bietet, in besonderem Maße suchen und nutzen. Soziale Strukturen, die Verletzungschancen asymmetrisch verteilen, sind nicht allein, aber auch aufgrund der mit ihnen verbundenen Gewaltressourcen besonders attraktiv für Menschen, die ohnehin eine stärkere Neigung zu Gewalthandlungen haben.⁴⁹ Anders formuliert: Nicht alle Menschen sind „von Natur aus" aggressiv, aber für jene, die zu Gewalt neigen, existieren besondere Anreize, in eine entsprechende soziale Position zu wechseln.⁵⁰

Es müsste allerdings gezeigt werden, dass Menschen nicht allein in derartigen Situationen, sondern *generell* zu Gewalt bereit sind, wann immer sich die Chance bietet.

⁴⁸ Siehe Milgram: *Das Milgram-Experiment*, 192-5 sowie Sofsky: *Zeiten des Schreckens*, 22: „Zu den bequemsten Thesen gehört die Annahme einer natürlichen Veranlagung: Gewalt als Erbschaft der Evolution. [...] Selbst wenn so komplexe Eigenschaften wie Intelligenz oder Aggression vererbt würden, so besagt der Besitz einer Fähigkeit oder Neigung noch nichts über deren Manifestation. Ohne Gelegenheit keine Probe aufs Exempel. Die genetische Erklärung verwischt den Unterschied zwischen Ereignissen, Zuständen und Dispositionen. Kurzerhand schließt sie von einer Gewalttat auf eine vorgängige Bereitschaft."

⁴⁹ Diese These vertritt Daniel Loick etwa mit Blick auf die Polizei: „So rekrutiert sich die Polizei auf der einen Seite aus einem gewaltaffinen Milieu" (Loick: „Was ist Polizeikritik?", 25), wofür er als Beleg anführt, dass „Polizisten zwei- bis viermal häufiger zu häuslicher Gewalt neigen als der Durchschnitt der Bevölkerung" (ebd.). Dies könnte allerdings auch umgekehrt seine Ursache in einer erst während der Ausbildung und Ausübung des Berufs erworbenen Gewaltbereitschaft oder -affinität haben.

⁵⁰ Vgl. Kühnel: „Keine etablierte Forschungstradition", 558: „Dass sich Menschen mit einer autoritären Persönlichkeit, mit traditioneller Männlich-

Wolfgang Sofsky hat etwa darauf hingewiesen, dass ein Großteil derjenigen, die als SS-Angehörige ihren Dienst in den Konzentrations- und Vernichtungslagern leisteten, keineswegs hoch ideologisierte Überzeugungstäter und Sadisten waren. Es existierten aber Anreize, die einen Dienst im Todeslager auch für jene attraktiv machten, die weder das eine noch das andere waren, etwa die Möglichkeit sozialen Aufstiegs.[51] Dies erinnert insofern an die von Krakauer untersuchten Fälle, als auch die Mitgliedschaft bei den „Grizzlies" mit einem sozialen Anstieg einher geht: Spieler erlangen Bekanntheit und Ansehen und damit verbunden auch bestimmte Chancen auf Unterstützung und Förderung durch Dritte.

Allerdings ist weder hier noch im Beispiel des Konzentrationslagers der Hinweis auf die mit dem Erlangen der sozialen Position verbundene Möglichkeit sozialen Aufstiegs eine hinreichende Erklärung für das Gewalthandeln. Schließlich macht dies beide Strukturen grundsätzlich für zahlreiche Gruppen attraktiv und nicht nur für Menschen, die eine verstärkte Neigung zur Gewaltausübung haben. Selbst wenn man annähme, dass diese Attraktivität nicht unwesentlich damit zusammenhängt, dass der Eintritt in die entsprechende Institution und die mit ihm gegebene Chance auf sozialen Aufstieg in beiden Fällen an deutlich weniger Voraussetzungen gebunden und damit deutlich leichter ist als dies bei anderen Institutionen der Fall ist – welcher Zusammenhang mit dem Gewalthandeln der Mitglieder sollte hier bestehen? Schließlich gibt es keinen Grund anzunehmen, dass Menschen, die aufgrund geringerer Bildung oder Ähnlichem grundsätzlich schlechtere Chancen zu sozialem Aufstieg ha-

---

keits- und Dominanzorientierung von bestimmten (so genannten geschlossenen) Einheiten der Polizei angezogen fühlen, mag ein Vorurteil sein. Gleichwohl bestätigen Untersuchungen die Assoziation zwischen Persönlichkeitsstruktur, Sozialisation und den Anforderungen der Polizeiarbeit im Bereich der Schutzpolizei."

[51] Sofsky: *Ordnung des Terrors*, 32: „Keiner der Kommandanten hat das Konzentrationslager primär als historische Mission begriffen. Sie waren Karrieristen, Technokraten, korrupte Kriminelle, beflissene Befehlsempfänger. Manche der Schergen mögen kurzzeitig durch eine Hetzrede zu Greueltaten aufgestachelt worden sein. Doch die meisten Aufseher waren weder rassistische Fanatiker noch sadistische Ungeheuer. Sie nutzten die Gelegenheit, einen sicheren Dienstposten zu ergattern, Anerkennung in einer sozialen Gemeinschaft zu finden oder sich vor der Front zu drücken." Vgl. auch ebd., 35-6.

ben, generell eher bereit sind, Gewalt anzuwenden, um sich entsprechende Chancen zu sichern.[52] Im Falle des Konzentrationslagers könnte man immerhin hinzusetzen, dass es sich um eine soziale Struktur handelt, die, anders als die des Universitätssports, *explizit* mit der Ausübung von Gewalt verbunden ist: Es war die Funktion der Konzentrations- und Vernichtungslager, die Häftlinge zu verletzen, sie zu demütigen, zu ermorden und zu vernichten.

Gerade diese Lager sind allerdings nur bedingt aussagekräftige Beispiele, wenn es um die Frage geht, inwiefern soziale Strukturen im Allgemeinen Gewalt gegen eine bestimmte Opfergruppe verursachen können. Anders als andere soziale Strukturen zielt vor allem das Vernichtungslager zwar auf die Ausübung von Gewalt durch das Personal gegen die Häftlinge; aber zugleich ist es, anders als andere soziale Strukturen, räumlich geschlossen und nahezu absolut von anderen sozialen Strukturen abgetrennt, um nicht zu sagen: abgeschottet.[53] Vor allem ist die im Lager gezielt installierte Struktur eine der „absoluten Macht", sie ist also in *radikalstem* Sinne asymmetrisch: Anders als in allen anderen sozialen Strukturen verfügt eine Seite über einen unbegrenzten Handlungsspielraum, während die andere keinerlei Möglichkeiten besitzt, sich zur Wehr zu setzen.[54] Diese „absolute Macht" stiftet daher, wiederum: anders als andere soziale Ordnungen, zwar gewaltsames, aber kein berechenbares Verhalten seitens der Täter, sondern „ein Universum völliger Ungewißheit"[55] für diejenigen, die ihr ausgeliefert sind.[56]

---

[52] Dementsprechend betont Stephan Lehnstaedt die zentrale Rolle des Antijudaismus als zusätzliches Motiv: „Es gab keinen groß angelegten Plan, dem man dabei [bei der Schoah, D.S.] folgte. Zum Massenmord kam es einerseits, weil andere Ideen scheiterten. Andererseits ließ sich der Hass auf die Juden hervorragend mit Karriereambitionen verbinden, denn wer immer einen noch radikaleren Vorschlag machte, konnte mit dessen Annahme und seiner eigenen Machtausdehnung rechnen. Der Holocaust war möglich, weil so viele Deutsche sich davon persönliche Vorteile versprachen, die Ideologie des Rassenhasses pflegten und beträchtliche Eigeninitiative entwickelten." (Lehnstaedt: *Der Kern des Holocaust*, 36-7)
[53] Sofsky: *Ordnung des Terrors*, 68-70.
[54] Zum Lager als „Machtsystem eigener Art", das deshalb nicht paradigmatisch ist für soziale Strukturen und Systeme, vgl. ebd., 27-9.
[55] Ebd., 29.
[56] Siehe ebd., 132: „Bürokratien steuern den Einsatz von Gewalt, sie unterwerfen alle Mitglieder gesetzten Regeln, binden die Macht. Dieses Modell ist

Wichtiger ist aber, dass selbst in diesem sehr besonderen Fall die Rahmenbedingungen in Verbindung mit verschiedenen Anreizen *allein* nicht hinreichend waren, um die von den Konstrukteuren der Vernichtung beabsichtigte Eskalation der Gewalt gegen die Häftlinge *berechenbar* zu erreichen. Damit „die Schergen ihre Rollen tatsächlich übernahmen" und „bereitwillig [...] die Chancen absoluter Tötungsmacht nutzten und erweiterten"[57], wurden vielmehr verschiedene Arten positiver wie negativer Sanktionen installiert: von Anreizen zur Gewaltausübung wie der Belohnung für die Tötung von „Flüchtigen"[58] über die Einübung entsprechender Gewaltroutinen bis hin zu sozialem Druck durch die anderen Mitglieder des Lagerpersonals.[59] Das Verhalten der „Schergen" wurde mit anderen Worten gezielt beeinflusst, damit sie berechenbar die Gewalt und Grausamkeit gegen ihre Opfer eskalierten. Dass die Täter einen wenigstens latenten Judenhass besaßen und durch ihn zu dieser Eskalation motiviert wurden, lässt sich freilich ebenso wenig bestreiten.[60]

Die Lagerorganisation war, mit anderen Worten, auch darauf ausgerichtet, aus den Mitgliedern der Wachmannschaften Menschen zu machen, für die Gewalt gegen die Häftlinge, zumal willkürliche, beliebig eskalierende Gewalt und Grausamkeit nicht nur eine Handlungsoption neben anderen, sondern im Gegenteil vielmehr eine feste, berechenbare Gewohnheit war.[61] Sie stellte folglich nicht nur

---

auf die Lagerorganisation nicht übertragbar. Jeder kleine Blockführer hatte mehr Macht als der Chef einer zivilen Verwaltung oder ein militärischer Regimentskommandeur. Kein Offizier des modernen Militärs kann durch die Unterkünfte seiner Mannschaften gehen und kurzerhand einen Rekruten in der Latrine ersäufen. Die Aufseher im Lager hatten jede Freiheit. Die Organisation war so konstruiert, daß sie Macht nicht begrenzte, sondern freisetzte und so in absoluten Terror verwandelte."

[57] Ebd., 19.
[58] Vgl. ebd., 72-3, 123-5, 132-4.
[59] Vgl. ebd., 130-2, 134-5.
[60] Vgl. nochmals Lehnstaedt: *Der Kern des Holocaust*, 36-7.
[61] Baberowski: *Räume der Gewalt*, 179: „Ist die Gewalt erst einmal institutionalisiert, wird aus Gewohnheit Normalität. Sobald Gewalt zur Routine wird und sich in typischen Situationen wie von selbst einstellt, empfinden die Täter sie nicht mehr als außergewöhnlich. Sie wird zu einem Teil des Habitus und verändert den Täter, der nun ausführt, was die Institution von ihm verlangt. [...]. Die Institutionalisierung und die Routine der Gewalt entlasteten die Täter, nahmen ihnen das schlechte Gewissen und die Schuld, die sie am Anfang noch empfunden haben mochten." Es sollte allerdings hinzugesetzt

Ressourcen und Chancen bereit, sondern sie war so strukturiert, dass sie über Anreize unterschiedlicher Art das Verhalten der Täter aktiv und gezielt prägte.[62]

(b) Erklärungsmodell 2: Abrichtung von Gewaltspezialisten
Diese Anreize in der Form positiver wie negativer Sanktionen deuten auf den zweiten Aspekt sozialer Strukturen hin, der als Ergänzung zu den durch sie bereitgestellten Gewaltressourcen erklären könnte, warum Inhaber einer bestimmten sozialen Position häufiger Gewalt gegen Mitglieder einer bestimmten Gruppe anwenden: Die Neigung zur Gewalt kann das Ergebnis einer Verhaltensprägung *durch* die sozialen Strukturen sein.

Im Grunde handelt es sich hier um einen sozialen Mechanismus der Verhaltensprägung, der aus verschiedenen gesellschaftlichen Institutionen bekannt ist, von Familienstrukturen über bestimmte Posten in mehr oder weniger stark differenzierten sozialen Verbindungen wie Vereinen bis hin zu Bürokratien oder eben dem Militär und der Polizei. In die entsprechende soziale Position zu gelangen ist verbunden mit der Übernahme bestimmter Überzeugungen und Vorstellungen und mit dem Erlernen bestimmter Routinen, die im Falle der Polizei, aber auch der Konzentrations- und Vernichtungslager eine stärkere und vor allem berechenbare Neigung zur Gewalt nicht allein zur Folge, sondern vielmehr zum Ziel haben.

Diese Verhaltensprägung, die über den privilegierten Zugriff auf Gewaltressourcen hinausgeht, findet sich in Jan-Philipp Reemtsmas

---

werden, dass diese sozialen Strukturen zwar das individuelle Gewalthandeln aus den genannten Gründen erheblich erleichtern, dass sie es aber *in keiner Weise* rechtfertigen. Für die Lagermannschaften gab es genauso wenig einen „Befehlsnotstand" wie für jene Soldaten, die an Erschießungen von Juden oder anderen Massakern teilnahmen (siehe Lehnstaedt: *Der Kern des Holocaust*, 163-4). Niemand von ihnen wurde unter Bedrohung des eigenen Lebens gezwungen zu tun, was sie taten (und selbst das würde allenfalls zu einer bedingten Entschuldigung ihres Tuns, nicht aber zu einer umfassenden Rechtfertigung beitragen, siehe Herzberg: *Moral extremer Lagen*, 291-3, 312-4, 324-6). Man sollte also besser sagen, dass die „Institutionalisierung und die Routine" den Tätern nicht „die Schuld", sondern allenfalls das Schuld*gefühl*, d.h. die Scham nahmen.
[62] Man wird wohl aber trotzdem nicht umhinkommen, in diesem Fall die tief sitzenden antijüdischen Ressentiments und den gesamtgesellschaftlich tief verankerten Judenhass als wesentlichen Faktor zu betonen.

bisher nur halbiert zitierter Beschreibung von Polizisten und Soldaten: als Akteure, die nicht nur die bereits zitierte „Gewaltlizenz", sondern zudem auch einen „Gewaltauftrag" besitzen.[63] Es handelt sich, mit anderen Worten, um Menschen, die nicht nur leichter, schneller oder effektiver Gewalt anwenden können, weil sie als Gewaltspezialisten über besondere Gewaltmittel und Verletzungstechniken verfügen und dies als Repräsentanten der staatlichen Ordnung unter rechtlich und sozial günstigeren Rahmenbedingungen tun. Sie sind zudem Akteure, von denen *erwartet* wird, dass sie Gewalt anwenden. Sie können und dürfen nicht nur Gewalt anwenden, sie *sollen* es vielmehr tun.[64] Diese Verhaltenserwartungen, die sich in Form eines Sollens oder Müssens an Polizisten und Soldaten richten, lassen sich mit Hilfe der Unterscheidung zwischen „sozialer Position" und „sozialer Rolle"[65] als eigenständiger Faktor neben den entsprechend zur Verfügung stehenden Gewaltressourcen analysieren.

Im Falle institutionalisierter Gewalt sind die den Tätern zur Verfügung stehenden Gewaltressourcen Bestandteil ihrer sozialen Position. Polizisten und Soldaten verfügen etwa über spezifische Gewaltmittel in Form von Waffen, Techniken und Fertigkeiten. Sie agieren zudem unter Rahmenbedingungen, die ihnen das Ausüben von Gewalt erleichtern, etwa durch die legale Erlaubnis zur Gewaltanwendung, aber auch durch eine mit ihrer sozialen Position verbundene Autorität. John Kultgen hat etwa daran erinnert, dass mit der zunehmenden Professionalisierung dieser Akteure auch einhergeht, dass sie von Anderen *als* Spezialisten, als „Profis" wahrgenommen und anerkannt werden. Dies hat aber nach Kultgen wie bei anderen Spezialisten auch zur Folge, dass ihnen eine gewisse Deutungshoheit in Fragen ihres „Fachgebiets" zugestanden wird (wann und gegen wen ist die Anwendung von Gewalt legal, erlaubt, geboten, sinnvoll, zweckmäßig usw.).[66] Mit dem sozialen Status erwerben die Inhaber also auch aufgrund der Professionalisierung „positionsgebundene Autorität"[67]. Anders formuliert: Die Professionalisie-

---

[63] Reemtsma: „Gewalt", 349 sowie Reemtsma: *Vertrauen und Gewalt*, 172.
[64] Koloma Beck und Schlichte: *Theorien der Gewalt*, 155 sprechen von „der Produktion zuverlässig abrufbarer Gewaltfähigkeit".
[65] Siehe dazu einschlägig Dahrendorf: *Homo sociologicus*, 37.
[66] Kultgen: „Managing Violence", 299-301.
[67] Popitz: *Phänomene der Macht*, 134. Siehe auch Reemtsma: „Gewalt", 352, 356-8.

rung erschließt mit einer spezifischen Autorität des Spezialisten eine weitere Gewaltressource.

Mit dieser sozialen Position ist aber zugleich eine bestimmte soziale Rolle verbunden, grob gesprochen: eine Art Verhaltensschablone, ein Idealtypus „des" Polizisten oder „der" Soldatin, an dem diejenigen, die die entsprechende soziale Position innehaben, ihr Verhalten ausrichten müssen, wenn sie nicht auf die eine oder andere Weise sanktioniert werden wollen.[68]

Wenn jemand etwa Polizistin ist, dann erwarten wir von ihr ein bestimmtes Verhalten aufgrund einer gesellschaftlich verankerten festen Vorstellung davon, was es ausmacht, was es heißt, Polizist zu sein. Das bedeutet, dass in diesem Falle mit der sozialen Position bestimmte Rechte, aber eben auch bestimmte Pflichten, Aufgaben und erwartete Verhaltensweisen verbunden sind. Diese Rechte, Pflichten und Verhaltensweisen sind allgemeiner Natur, sie werden *allen* Inhabern der entsprechenden Position zugestanden bzw. von ihnen erwartet. Sie kommen also nicht Peter oder Klara als Peter oder Klara zu, sondern Peter und Klara haben diese-und-jene Rechte und diese-und-jene Aufgaben, insofern sie diese oder jene Position innerhalb der sozialen Ordnung haben und die mit ihr verbundene soziale Rolle übernehmen. Und das gilt dann eben nicht nur für Peter und Klara, sondern für *alle*, die die entsprechende Position einnehmen, d.h. die dieselbe „soziale Rolle" tragen („spielen").[69] In diesem Sinne sind soziale Rollen ähnlich wie Theaterrollen, die den verschiedenen Schauspielern im teils sprichwörtlichen Sinn dieselbe Maske vorgeben, allgemeiner Natur, zugespitzt könnte man sagen: Sie sind durch soziale Normen mehr oder weniger eng definierte, formell oder informell kodifizierte Stereotypen.[70] Sie legen das Verhalten der Rollenträger zwar nicht vollständig fest –

---

[68] Siehe Popitz: *Soziale Normen*, 124-5 sowie Dahrendorf: *Homo sociologicus*, 50-3.

[69] Ebd., 34, 31: „Für jede Position, die ein Mensch haben kann, [...] kennt ‚die Gesellschaft' Attribute und Verhaltensweisen, denen der Träger solcher Positionen sich gegenübersieht und zu denen er sich stellen muss." Siehe auch Plessner: „Conditio humana", 200: „Rolle als gesellschaftliches Funktionselement [...] steht mitsamt den von ihr ausgehenden und an sie geknüpften Erwartungen einer Leistung dem Individuum objektiv gegenüber."

[70] Es handelt sich hier freilich nur um eine Ähnlichkeit zu den Theaterrollen, die aufgrund der Rede von sozialen *Rollen* die Gefahr birgt, diese nach dem Schema von Theaterrollen analysieren und verstehen zu wollen.

schließlich muss jede Rolle individuell und im Zusammenspiel mit anderen Rollen, die der Träger übernimmt, angeeignet und gelebt werden. Aber jede dieser Rollen gibt dem Träger mit den gesellschaftlichen Erwartungshaltungen einen bestimmten Rahmen vor, in dem diese Aneignung zu geschehen hat.[71]

Indem sie soziale Positionen mit solchen stereotypen Verhaltenserwartungen verbinden, stabilisieren soziale Rollen den Umgang der einzelnen Gesellschaftsmitglieder miteinander. Peter und Klara begegnen sich ja nie nur als Peter und Klara, sondern sie begegnen sich zum Beispiel auch als Kollegen, als Untergebener und Vorgesetzte, als Kunde und Unternehmerin, als Student und Dozentin, Schüler und Lehrerin, oder als Freundinnen, als Geschwister oder Cousins, als Vater und Tochter – oder eben als Zivilist und Polizistin. Je nachdem, in welcher Konstellation sie einander begegnen, haben beide bestimmte Erwartungen aneinander, wie sich der jeweils andere verhalten wird, was sie von ihm verlangen oder fordern dürfen usw. Und zugleich wissen sie, dass der andere nicht nur seinerseits bestimmte Erwartungen an sie hat, sondern dass sie beide um die jeweiligen Verhaltenserwartungen ihres Gegenübers sowie etwaiger Dritter wissen.[72]

Dahrendorf (*Homo sociologicus*, 32) etwa hat hiergegen eingewandt, dass soziale Rollen, anders als Theatermasken, nicht beliebig auf- oder abgesetzt werden können. Schließlich gebe es so etwas wie „den Menschen hinter der Rolle", also das Individuum mit distinkten individuellen Eigenschaften, die weder in der Rolle aufgehen noch auf sie zurückzuführen sind, allenfalls bedingt. Das Problem scheint allerdings eher darin zu liegen, dass wir aufgrund des wechselseitigen Zusammenspiels von sozialen Strukturen und bestimmten Sachverhalten nicht jede Rolle beliebig an- oder ablegen können. Wer „Vater" oder „Mutter" sein will, muss ein Kind zeugen oder adoptieren, d.h. einen bestimmten sozialen Status erwerben, den er oder sie dann allerdings nicht so einfach wieder aufgeben kann, wie die Schauspielerin aufhört, Mrs Smith zu sein, sobald der Vorhang gefallen ist (bzw. im Normalfall: sobald sie die Bühne verlassen hat). Ein Individuum „hinter der Rolle" bleibt ja in jedem Falle, schließlich füllt jeder Träger die entsprechende soziale Rolle anders, eben „individuell" aus (vgl. Popitz: *Soziale Normen*, 145-6).

[71] Popitz: *Soziale Normen*, 129-30, Dahrendorf: *Homo sociologicus*, 87-8. Helmuth Plessner hat dies als „Doppelgängertum" von „Rollenträger" und „Rollenfigur", von privater Existenz und öffentlicher Rolle, zu fassen versucht, siehe Plessner: „Conditio humana", 198-9, 203-5.

[72] Soziale Rollen sind daher auch in nicht-militärischen oder vergleichbar auf Gewaltausübung hin organisierten sozialen Strukturen eine wesentliche

Und auf diese Weise lassen sich auch „Gewaltrollen" kodifizieren und lässt sich das Verhalten von Inhabern der entsprechenden sozialen Positionen hin zu berechenbarem Gewalthandeln prägen. Das naheliegende Beispiel sind aufgrund der gerade nicht auf Entgrenzung und beliebige Eskalation zielenden Berechenbarkeit Polizisten und Soldaten.

(c) Gewaltrollen: Gewaltspezialisten und Gewohnheitstäter
Es ist in jedem Falle unbestreitbar, dass die sozialen Rollen von Polizisten und Soldaten die von ihnen erwartete, berechenbare Anwendung von Gewalt in bestimmten Situationen und gemäß bestimmter Regeln und Routinen einschließen. Das hat erstens wesentlich etwas mit der *Funktion* oder *Aufgabe* zu tun, die Polizei wie Militär im bzw. für den Staat übernehmen: sie verteidigen ihn und die von ihm gesetzte Rechtsordnung nach innen und außen unter Androhung und Ausübung von Gewalt.

Anders als bei den Wachmannschaften der Todeslager gilt für Polizisten und Soldaten ja, dass es *bestimmte* Situationen gibt, in denen Gewalt zu *bestimmten* Zwecken oder gegen *bestimmte* Opfer angewandt werden soll. Die von Polizisten eingesetzte Gewalt soll der Durchsetzung der geltenden Gesetze dienen und sich dementsprechend nur gegen Akteure richten, die die geltenden Gesetze brechen bzw. gebrochen haben und die sich auf nicht-gewaltsame Weise nicht daran hindern lassen. Ähnliches ließe sich über militärische Gewalt sagen, auch wenn die Normen, die militärische Gewalt regulieren, einen anderen Status besitzen und auf andere Weise gerechtfertigt werden müssen. In beiden Fällen wird aber nicht etwa erwartet, dass die Träger der Rollen in irgendeiner Form, d.h. willkürlich oder beliebig Gewalt anwenden, sondern dass sie dies *berechenbar* tun. Wir erwarten, dass sie nur unter bestimmten Bedingungen Gewalt anwenden, was allerdings auch bedeutet, dass wir uns darauf verlassen, *dass* sie Gewalt anwenden, wenn die Bedingungen gegeben sind.[73]

Ursache für die in und mit ihnen erreichte *„Entpersonalisierung"* und *„Formalisierung"* und die damit gelingende „Integrierung" der einzelnen Akteure „in eine übergreifende Ordnung" (Popitz: *Phänomene der Macht*, 233).

[73] Der zweite Aspekt ist durchaus nicht selbstverständlich, denn anders als die Opfer in den Vernichtungslagern müssen Polizisten und Soldaten damit

Wenn es die Aufgabe von Polizisten ist, die geltenden Gesetze durchzusetzen, dann ist es rein funktional schlecht, wenn sie illegal Gewalt anwenden. Denn Gewalthandlungen der Polizei, die die angedrohten und gesetzlich festgelegten Grenzen überschreiten oder eindeutig willkürlich erfolgen, werden von Betroffenen und Beobachtern im Zweifelsfall selbst als Straftaten und als Unrecht oder, wie Hobbes schrieb, als „feindlicher Akt" betrachtet.[74] Die absehbare Folge wäre eine veränderte Wahrnehmung der Polizei, vor allem mit Blick auf die angenommene oder unterstellte Legitimität polizeilicher Gewalt.[75] Und es ist ebenfalls unzweckmäßig, wenn es der spontanen Entscheidung oder Neigung der Polizisten überlassen bleibt, ob sie mit Gewalt auf ungesetzliche Gewalthandlungen reagieren, etwa im Zuge von Unruhen, Pogromen oder Lynchmobs. Denn es ist ja die berechenbare, d.h. die aus Sicht der Bürger erwartbare und zuverlässige Anwendung von Gewalt zur Durchsetzung geltenden Rechts, die den exklusiven Zugriff auf umfangreiche Gewaltressourcen und die entsprechende Autorität der Polizisten rechtfertigt.[76]

---

rechnen, dass ihre Opfer willens und in der Lage sind, selbst Gewalt anzuwenden. Sie *dürfen* die Gewaltanwendung also nicht nur nicht willkürlich eskalieren, sie *können* es im Zweifelsfall gar nicht tun (oder sollten es zumindest unterlassen, wenn sie nicht selbst Opfer werden wollen).

[74] Hobbes: *Leviathan*, 238-9.

[75] Diese Aussage ist allerdings zumindest dahingehend zu qualifizieren, dass derartige illegale Polizeigewalt in erster Linie bei den von ihr betroffenen Gruppen die Autorität und Anerkennung der Polizei untergräbt. Das kann durchaus mit bleibender, womöglich sogar steigender Anerkennung in anderen Gruppen einhergehen. Die im Dritten Reich von Beginn an gegen Juden und Sinti und Roma ausgeübte Gewalt von Polizei und SA hatte ja keine nennenswerten negativen Folgen für die positive Haltung der Mehrheitsgesellschaft des Dritten Reiches zu diesen Institutionen.

[76] Feltes: „Legitime und illegitime Gewaltanwendung", 539. Hierbei handelt es sich natürlich nicht um ein spezifisch modernes Problem. David Johnson („Ethical Education in the Military", 317) und Sheldon Wolin („Violence and the Western Political Tradition", 37) haben daran erinnert, dass dieses Problem bereits von Sokrates formuliert wird: In einer wohl geordneten Stadt müssten die „Wächter" in Analogie zu guten Wachhunden sowohl tapfer als auch weise sein, um einerseits zu erkennen, wann und gegen wen sie Gewalt anwenden müssten, und dies dann andererseits auch ebenso berechenbar wie kompromisslos zu tun (Platon: *Rep.* 415d – 417b).

Daher werden, zweitens, die *sozialen Strukturen und Rollen* militärischer und polizeilicher Institutionen entsprechend dieser Aufgabe festgelegt und strukturiert. Ein zentraler Aspekt *gerade* für die Ausbildung berechenbarer Verhaltensgewohnheiten sind die stark hierarchisierten, auf Befehl und Gehorsam hin organisierten Strukturen, in denen sich die Akteure bewegen.[77] Sie tragen unter anderem dazu bei, dass die Verantwortung des Einzelnen für das, was er tut, in der Selbstwahrnehmung verringert wird in dem Maße, in dem er „auf Befehl" oder „auf Anweisung" hin handelt. Das erleichtert ihm das Gewalthandeln psychologisch, provoziert aber natürlich zugleich die Frage nach der tatsächlichen Verantwortung und moralischen Beurteilung polizeilicher und militärischer Gewalt.[78]

Die meisten Armeen und Polizeistrukturen sind zudem institutionell so aufgebaut, dass sie die Polizisten und Soldaten zu entsprechend berechenbar agierenden Gewaltspezialisten ausbilden. Nicht nur im Zuge der Ausbildung, sondern auch durch Aufbau und Organisation dieser Institutionen soll sichergestellt werden, dass Soldaten und Polizisten spezifische Rollen übernehmen. Sie sollen also ein bestimmtes Selbstbild, eine bestimmte Identität und damit verbunden bestimmte Verhaltensdispositionen entwickeln.[79] Aspekte dieser Identitätsbildung sind etwa die Vermittlung einer „continuing professional *Weltanschauung*"[80] einschließlich entsprechender Werte und Tugenden.[81] Dies geschieht durch entsprechende Unterrichtseinheiten, aber auch durch gezielte Herausbildung von Grup-

---

[77] Vgl. Perry: „Violence", Johnson: „Ethical Education in the Military" sowie Kultgen: „Managing Violence", 287-8. Elias Canetti (*Masse und Macht*, 459-69) hat darauf hingewiesen, dass in diesen wie auch in anderen Kontexten Hierarchien bereits durch vorgeschriebene Verhaltensregeln wie formale Regeln des Grüßens, der Anrede, der Körperhaltung, Positionierung usw. sowohl öffentlich gemacht als auch stabilisiert werden. Canetti selbst illustriert dies gänzlich unmartialisch an der in vielfacher Hinsicht hervorgehobenen Position des Dirigenten gegenüber dem Orchester (vgl. Canetti: *Masse und Macht*, 468-9).
[78] Felṭes: „Legitime und Illegitime Gewaltanwendung", 543. Siehe dazu die (immer noch) einschlägige Arbeit von Stanley Milgram (*Das Milgram-Experiment*). Zur Kritik ihrer Aussagekraft siehe allerdings Perry: *Behind the Shock Machine*.
[79] Keane: *Violence and Democracy*, 36-7.
[80] Kultgen: „Managing Violence", 293.
[81] Ebd., 291-2, 295-8.

penidentitäten, die dann entsprechend, als Geschichte der jeweiligen Einheit und durch Einbindung von „Veteranen" und „Ehemaligen", vermittelt und tradiert wird. Naheliegende Beispiele solcher soldatischen Tugenden sind etwa Tapferkeit und Loyalität, die als „Tugenden der Affektkontrolle"[82] allerdings nicht allein durch sozusagen „theoretische" Vermittlung geprägt werden, sondern auch durch Wiederholung und Einübung bestimmter Gewaltroutinen.[83]

Die bereits erwähnte Professionalisierung dieser Akteure als Gewaltspezialisten hat dabei vor allem zwei Seiten: Einerseits den bereits erwähnten Autoritätsvorschuss vonseiten Dritter, andererseits eine technisch-professionelle Haltung zu den Gewaltroutinen. Während Außenstehende militärisches Handeln tendenziell stärker unter normativen Gesichtspunkten betrachten (War es notwendig? War es erlaubt oder geboten? Verstößt es gegen moralische Grundrechte? usw.), betrachten Soldaten und Polizisten es sicher nicht ausschließlich, aber in vielen Fällen doch deutlich stärker unter letztlich technischen Gesichtspunkten: Hat der Schuss sauber getroffen? Sind Kameraden verletzt worden oder wurde der Auftrag ohne eigene Verletzte erfolgreich ausgeführt? usw. Die Binnenperspektive von Polizei und Militär ist, anders gesagt, eher der Perspektive von Handwerkern vergleichbar, die vor allem auf die Einhaltung professioneller oder objektiv-sachlicher technischer Standards achten.[84]

Zumindest im Falle von Polizei und Militär lässt sich dabei die von Foucault beschriebene „Disziplinierung"[85] als Kernbestandteil und Zweck dieser sozialen Strukturen benennen. Der berühmt-berüchtigte militärische „Drill" dient ja gerade dem Zweck, die Soldaten einsatzfähig zu machen, d.h. sie so auszubilden, dass sie in bestimmten Situationen eben „routinemäßig", d.h. ohne größere Überlegung diese-oder-jene Aktion ausführen – in Deckung gehen,

---

[82] Stümke: „Ethische Normen für Soldaten", 256-8.
[83] Gerade einschlägige Kriegstugenden wie Tapferkeit werden allerdings prekär, wenn die klassischen militärischen „Heldenbilder" gesamtgesellschaftlich mehr und mehr hinterfragt und kritisch betrachtet werden. Das fördert wiederum die auf Professionalisierung angelegten Rollenmodelle, siehe dazu Vasilache: „Feigheit und Sicherheit", 149-52.
[84] Siehe Tomforde: „Good Shot'", 235-6.
[85] Siehe Foucault: *Überwachen und Strafen*, 169-77. Das gilt auch für den von Foucault (ebd., 274-83, 310) betonten Zusammenhang von „Disziplinierung" und Gewalt. Zumindest ist die Möglichkeit gegeben, dass die Ausbildung zum Gewaltspezialisten selbst durch Gewaltanwendung geschieht.

Stellung beziehen, das Feuer eröffnen, das Feuer einstellen, angreifen, vorrücken, sich zurückziehen usw. Die Vermittlung derartiger, auf Befehl abrufbarer Routinen ist eine notwendige Bedingung, um das Funktionieren von militärischen und Polizeieinheiten zu gewährleisten.[86] Insbesondere die US-amerikanischen Streitkräfte haben im zweiten Weltkrieg wie auch in Vietnam die Erfahrung gemacht, dass vor allem Wehrpflichtige in Gefechtssituationen häufig nicht berechenbar und verlässlich die Befehle zum Angriff usw. befolgt haben, mit teils drastischen Konsequenzen für den Erfolg bzw. Misserfolg der entsprechenden Operationen. Zwar ließ sich situativ auf diesen Mangel reagieren, indem Vorgesetzte die im fünften Kapitel diskutierte affektive Eigendynamik von Massengewalt genutzt haben (in Form von verhältnismäßig ungeordneten, „wilden" Sturmangriffen). Aber die eindeutige Konsequenz aus der Feststellung dieses Mangels war die Umstellung von einer Wehrpflichtarmee auf eine aus professionell ausgebildeten Gewaltspezialisten bestehende Berufsarmee.[87]

Die essentielle Bedeutung der hier aufgezählten Strukturmomente ergibt sich aus dem Umstand, dass Soldaten und Polizisten im viel zitierten Ernstfall auch in solchen Situationen berechenbar agieren müssen, in denen ihr Leben akut bedroht ist. Niemand kann von einer Zivilistin erwarten, was wir nach Michael Walzer von Soldaten durchaus erwarten dürfen: Dass sie bestimmte Handlungen auch dann berechenbar ausführen, wenn sie sich dadurch notwendig der Gefahr aussetzen, getötet zu werden.[88]

Diese Strukturen haben allerdings, drittens, *Folgen* für das Selbstbild und auch das Agieren der Rollenträger, d.h. der Polizisten und Soldaten, die über das hinausgehen, was „funktional notwendig"[89] mit Blick auf zu erfüllende Aufgaben ist. Die Einübung berechenbar abrufbarer Gewaltroutinen ergänzt die Vermittlung von Tugenden wie Loyalität oder Kameradschaft. Eine Folge dieser Art Ausbil-

---

[86] Es ist trotzdem fraglich, ob die von Baberowski (*Räume der Gewalt*, 185) gewählte Formulierung vom Militär als „Abrichtungsmaschine" wirklich weiterführend ist. Schließlich macht Disziplinierung durch Drill bei weitem nicht das Ganze militärischer Ausbildung und Praxis aus.
[87] Siehe dazu King: „Der Massenangriff", bes. 309-10.
[88] Walzer: *Arguing about War*, 41-2.
[89] Behr: „Die Polizei muss ...'", 175-6.

dung ist allerdings eine Gewalt nicht grundsätzlich ablehnende, sondern stärker gewalt*affine* Haltung der Akteure:

> Zusammenfassend lässt sich feststellen, dass einerseits polizeiliche Gewalt ein relativ selten vorkommendes Ereignis zu sein scheint; andererseits ist jedoch offensichtlich ein nicht unerheblicher Prozentsatz der Polizisten bereit, mehr Gewalt als erlaubt anzuwenden, um eine Situation oder Person zu kontrollieren. Gleichzeitig sind nur wenig Polizisten bereit, solches Fehlverhalten anzuzeigen. Kommt es zu einer Anzeige, werden Verfahren gegen Polizeibeamte in der Regel eingestellt.[90]

Sicherlich greifen hier verschiedene Aspekte der Institution Polizei, unter anderem die erwähnten Tugenden der Loyalität und Kameradschaft, die es anderen Mitgliedern einer Einheit schwerer machen, Fehlverhalten von Kollegen bzw. Kameraden anzuzeigen. Dieser persönliche Druck wird zudem ergänzt durch einen entsprechenden Gruppendruck, der maßgeblich durch dieselben Tugenden und Verhaltenserwartungen geprägt ist. Aber es ist nicht zu leugnen, dass das nicht allein routinierte, sondern zudem professionalisierte Gewalthandeln auch von einer veränderten Haltung zu Gewalthandlungen begleitet wird, die bei Angehörigen anderer, nicht auf Gewaltausübung zielender Berufe in dieser Form nicht anzutreffen ist (zumindest nicht aufgrund des Berufs). Damit verbunden ist das Agieren der Polizei nicht allein als ausführendes Organ des Staates, sondern als eigenständiger politischer Akteur mit eigenen Interessen und einer eigenen Agenda, die unter anderem auf die Ausweitung der eigenen Kompetenzen zielt.[91] Und *diese* Haltung ist allenfalls bedingt „funktional notwendig": Es muss gewährleistet sein, dass das

---

[90] Vgl. Feltes: „Legitime und Illegitime Gewaltanwendung", 541-4, hier: 544. Siehe dazu auch Franke: „Zivile und demokratische Kontrolle", 65-6, Keane: *Violence and Democracy*, 36-7, Kultgen: „Managing Violence", 293 sowie Tilly: *The Politics of Collective Violence*, 40.

[91] Vgl. Loick: „Was ist Polizeikritik?", 11, 18 und Pichl: „Polizei und Rechtsstaat", 115-6. In dem Maße, wie Polizei und Militär auch von anderen Akteuren vor allem unter dem Gesichtspunkt der Professionalisierung betrachtet werden, können derartige Vorstöße sich dann natürlich darauf berufen, dass Polizisten als Profis ja auch viel besser beurteilen können, welche Mittel und Rahmenbedingungen effektiv seien usw. Das darf freilich nicht darüber hinwegtäuschen, dass es sich hierbei, wie Loick und Pichl betonen, um politische und damit normative Fragen und Entscheidungen handelt, die

Gewaltstrukturen 191

Verhalten der einzelnen Mitglieder in bestimmten Situationen *berechenbar* ist – vor allem für jene, die sich darauf verlassen können *müssen*, dass ihre Kameraden auch wirklich das tun, was ihnen befohlen wurde. Das setzt aber nicht voraus, dass man als politischer Akteur die eigenen Rechte und Kompetenzen so weit wie möglich ausweitet.

Mit der Aufgabe verbunden ist allerdings ein gemeinsames Agieren in akut lebensbedrohlichen Situationen, das wiederum zusätzliche Möglichkeiten der Integration der Gruppe oder Einheit bereitstellt in Form gemeinsamer, in Narrativen tradierbarer und anderen, die nicht zur Gruppe gehören, nur bedingt kommunizierbarer Erfahrungen.[92] Die Kameraden wissen, was es heißt, angegriffen zu werden, wie es sich anfühlt, unter Beschuss zu stehen – und sie haben eine ähnliche Haltung zu der tödlichen Gewalt, die Soldaten in solchen Situationen anwenden. Die meisten Zivilisten hingegen kennen derartige Situationen nicht, und daher teilen sie häufig auch nicht die teils affirmative, teils technisch-professionelle Perspektive der Soldaten auf entsprechende Gewalthandlungen. Vor allem aber sind ihnen die entsprechende soziale Rolle und das damit verbundene Selbstbild fremd.

Das betrifft vor allem ein Rollenmodell, das Raphael Behr als „Kriegermännlichkeit" charakterisiert: ein durch ebenso professionell wie rücksichtslos ausgeübte Gewalt und vor allem traditionell „männlich" charakterisierte Verhaltensweisen und Tugenden bestimmtes Selbstbild.[93] Dieses Rollenmodell wird bereits strukturintern zum Problem in dem Moment, wo auch Frauen die entsprechenden Aufgaben in den jeweiligen Militär- und Polizeieinheiten übernehmen: Es wirkt im schlimmsten Fall wie ein Katalysator für den ohnehin vorhandenen Sexismus und führt im Extremfall zu einem höheren Aufkommen sexualisierter Gewalt.[94]

Diese „Kriegermännlichkeit" ist selbst wiederum nur ein Element einer Polizei- oder Militärkultur, die mit den genannten Struk-

---

eben nicht rein technisch unter Gesichtspunkten der Machbarkeit und Effektivität diskutiert werden sollten.
[92] Siehe dazu Behr: *Cop Culture*, 30-1 sowie Tomforde: „„Good shot"", 232-6 et passim und Feltes: „Legitime und Illegitime Gewaltanwendung", 551.
[93] Vgl. Behr: *Cop Culture*, 91-2 und Behr: „Die Polizei muss ...", 170-3.
[94] Siehe dazu Behr: *Cop Culture*, 147, 183-92 sowie Behr: *Polizeikultur*, 105-21.

turmerkmalen einhergeht und auf diese selbst wieder zurückwirkt, etwa bei Reformen. Deren Werte und Ideale können durchaus im Widerspruch zu denen stehen, die den normativen Kern desjenigen Staates bilden, den das infrage stehende Militär schützen und verteidigen soll, wie auch zu denen, die den Kern des in der Ausbildung vermittelten Berufsethos samt der entsprechenden Habitus bilden.[95] Sie sind allerdings auch intern der Kritik ausgesetzt, denn mit den komplexen institutionellen Strukturen geht nicht nur eine Professionalisierung, sondern auch eine entsprechende Bürokratisierung einher. Und das hat zur Folge, dass neben „Kriegern" auch Verwalter, Organisatoren usw. Bestandteil der jeweiligen Institution sind, die selbst ein nicht weniger professionelles, aber partiell an anderen Werten und Aufgaben ausgerichtetes Rollenbild entwickeln und durchsetzen.[96]

Mit Blick auf die Beispiele des Militärs und der Polizei liegt es nahe, institutionalisierte Gewalt nicht als aufgrund der sozialen Position, sondern *als aufgrund der sozialen Rolle der Täter ausgeübte Gewalt* zu definieren.

Allerdings sind Militär und Polizei zwar, anders als die Konzentrations- und Vernichtungslager, durchaus „normale" soziale Strukturen: sie stiften soziale Ordnung im Sinne stabiler Verhaltenserwartungen und berechenbarer Sanktionen für abweichendes Verhalten.[97] Aber Militär und Polizei sind als Paradigmata institutionalisierter Gewalt in einer entscheidenden Hinsicht problematisch: Es handelt sich in beiden Fällen nicht nur um Institutionen, die *explizit* und *gezielt* den Zweck haben, ihre Vertreter zum (berechenbaren) Gewalthandeln zu motivieren. Es sind zudem Institutionen, deren Angehörige sich als Mitglieder eines Kollektivs wahrnehmen, d.h. die sozialen Strukturen sind verbunden mit einer kollektiven Identität „der

---

[95] Franke: „Zivile und demokratische Kontrolle", 65-6. Für einige Vorschläge, wie dieser Eigendynamik militärischer Institutionen durch „democratic civilian control" (Tilly: *The Politics of Collective Violence*, 40) begegnet werden kann, ohne es bei der doch recht offenen Forderung nach öffentlicher „debate and criticism" (Walzer: *Arguing about war*, 91) zu belassen, siehe Franke: „Zivile und demokratische Kontrolle", 77-85. Vgl. auch Reemtsma: *Vertrauen und Gewalt*, 167, 173-4, 258-9.
[96] Siehe dazu mit Blick auf die Polizeikultur bzw. die Polizeikulture*n* Behr: *Cop Culture*, 20-2, 62-4.
[97] Popitz: *Phänomene der Macht*, 234-45.

Truppe". Entscheidend ist, dass die verschiedenen, für die Rollenerwartungen relevanten „Bezugsgruppen"[98], nämlich sowohl Zivilisten als auch die Mitglieder der eigenen Polizei- oder Militäreinheit, die Erwartung an die Rollenträger haben, dass sie Gewalt ausüben.

Definiert man nun institutionalisierte Gewalt als Gewaltausübung aufgrund der sozialen Rolle der Täter, die wesentlich durch berechenbares Gewalthandeln geprägt ist, dann hieße das im Umkehrschluss, dass die eingangs diskutierten Fälle etwa rassistischer oder sexistischer Gewalt *keine* Fälle institutionalisierter Gewalt sind. Selbst wenn mit der Mitgliedschaft bei den „Grizzlies" eine soziale Rolle im diskutierten Sinne verbunden sein sollte – sie ist nicht auf die Ausübung von (sexualisierter) Gewalt gegen Kommilitoninnen angelegt oder gar durch diese definiert.

Das bedeutet aber, dass institutionalisierte Gewalt entweder nur bei Institutionen wie Polizei oder Militär zu konstatieren ist oder dass die Gewaltausübung aufgrund der sozialen Rolle der Täter nur eine Variante institutionalisierter Gewalt darstellt. Dann aber stellt sich die Frage: Welche sozialen Strukturen können diese sozialen Rollen funktional derart ersetzen, dass die Inhaber bestimmter sozialer Positionen zwar nicht in gleichem Maße, aber ähnlich berechenbar Gewalt ausüben wie Soldaten und Polizisten?

4.4. Verletzungssysteme: Institutionalisierung von Gewalthandeln ohne Gewaltrollen

Diese Frage nach einer alternativen Erklärung stellt sich allerdings nur, wenn sich soziale Strukturen aufzeigen lassen, bei denen ein hohes Aufkommen an Gewalt durch Inhaber einer bestimmten sozialen Position gegen Inhaber anderer Positionen nachweisbar ist, die aber weder auf die Ausübung von Gewalt hin strukturiert sind noch soziale Rollen aufweisen, für die Gewalthandeln essentiell ist.

Es gibt allerdings größere wie kleinere soziale „Räume der Gewalt", die ein strukturell erschreckend ähnliches Gewaltaufkommen zeigen, obwohl sie weder als Ganze auf Gewaltausübung hin strukturiert sind noch über Gewalt definierte soziale Rollen aufweisen (a). Hier wird deutlich, dass die im zweiten Abschnitt[99] gelieferte Be-

---

[98] Dahrendorf: *Homo sociologicus*, 49-50.
[99] Siehe oben Kapitel 4.2.

schreibung sozialer Strukturen einseitig war: Denn die Überzeugungen, die in diese Strukturen eingelassen sind und durch sie vermittelt und stabilisiert werden, finden ihren Ausdruck in einem entsprechenden Handeln. Auf diese Weise können selbst explizit auf Gewaltfreiheit angelegte Rollen mit gewaltaffinen Überzeugungen verbunden werden und zu Gewalthandlungen führen (b). Derartige Interdependenzen und ihre Komplexität lassen sich an der Gewalt im Zuge des Vernichtungskrieges gegen die Herero und Nama unter deutscher Kolonialherrschaft illustrieren (c).

So wird deutlich, dass institutionalisierte Gewalt auch jenseits von Polizei und Militär vorliegen kann. Die Behauptung, dass dies bei dieser-oder-jener sozialen Struktur der Fall sei, trägt allerdings eine nicht geringe Beweislast (d).

(a) Gewalt als strukturelle, aber unbeabsichtigte Nebenfolge?
Naheliegende Beispiele für soziale „Räume der Gewalt", in denen Inhaber privilegierter Positionen die mit ihnen verbundenen Ressourcen zur Gewaltanwendung gegen Inhaber weniger oder unterprivilegierter Positionen nutzten, sind der Missbrauch sowohl an der Odenwaldschule Ober-Hambach als auch am Berliner Canisius-Kolleg. Beide lösten deutschlandweit beachtete Skandale aus, weil in beiden Fällen Erziehungs- und Lehrpersonal ihre Machtpositionen gegenüber ihren Schülern zum mehrfachen, teils schweren sexuellen Missbrauch ausnutzten. In beiden Fällen, so zumindest die Ansicht der Mehrheit der Betrachter und Kritiker, war das Aufkommen dieser Fälle jeweils viel zu hoch, um die Behauptung auch nur ansatzweise plausibel erscheinen zu lassen, dass es sich um Einzelfälle handele, die mit der Struktur dieser beiden Schulen und ihrem spezifischen Verhältnis von Lehrpersonal und Schülern letztlich nichts zu tun hatten. Dasselbe gilt für die auch nach mehreren Jahren der Recherche und Untersuchung immer noch schwer überschaubare Anzahl an Missbrauchsfällen, in denen vor allem in der katholischen Kirche Geistliche sexualisierte und andere Gewalt gegen andere Gläubige ausübten, die weniger Macht besaßen, wie etwa Nonnen, Ministranten, Priesteranwärter usw. Weitere Beispiele wären Fälle regelmäßiger Gewalt durch Angehörige des Personals in Kinder- und Pflegeheimen gegen ihre Patienten oder Bewohner.[100]

---

[100] Zum Problemfeld Gewalt in der Pflege vgl. Görgen und Greve: „Alter ist kein Risikofaktor", bes. 157-9, 167.

Hier findet man eine ähnliche Struktur vor wie im Falle polizeilicher oder militärischer Gewalt: Es sind vor allem Inhaber einer bestimmten Position, die Gewalt ausüben, und umgekehrt lassen sich die Opfer einer oder mehreren anderen sozialen Positionen zuordnen; zwischen diesen Positionen besteht eine Asymmetrie hinsichtlich der Macht- und vor allem der Gewaltressourcen: die Täter haben den Vorteil, dass die sozialen Räume so strukturiert sind, dass sie als Rahmenbedingungen ihr Gewalthandeln erleichtern; und die Gewalthandlungen ähneln sich zumeist, d.h. die Täter greifen auf ähnliche Mittel oder Gewalttypen zurück. Hinzu kommt in diesen Fällen, dass zwischen Tätern und Opfern sowohl in den Internaten als auch in den verschiedenen kirchlichen Kontexten ein besonders enges, teils intimes Vertrauensverhältnis besteht. Das kann Tätern die Gewaltausübung insofern erleichtern, als es Gewalt begünstigende Situationen schafft und zugleich häufig dazu führt, dass Dritte dem Opfer eine Teilschuld geben oder schneller bereit sind, das Geschehene als „Missverständnis" zu bagatellisieren. Dies legt ähnlich wie bei dem im zweiten Abschnitt diskutierten Fall Missoula nahe, dass die Strukturen den Tätern das Gewalthandeln nicht nur ermöglichen und erleichtern, sondern sie sogar dazu motivieren.

Das Problem ist gerade in diesen Fällen, dass die sozialen Positionen nicht nur nicht gewaltaffin sind, wie dies bei den Positionen der Studenten oder auch der Spieler des Football-Teams der Fall ist. Die sozialen Rollen des Lehrpersonals ebenso wie die des Priesters, Pfarrers oder Beichtvaters sind tendenziell sogar als gewaltfrei oder explizit über Ablehnung von Gewalt definiert, zumindest wird die in diesen Fällen häufig vorgeworfene sexualisierte Gewalt abgelehnt. Gewalthandeln ist folglich nicht allein kein Bestandteil der sozialen Rolle – es widerspricht den kommunizierten und tradierten Rollenerwartungen sogar. Die Rollenerwartung schließt im Zweifelsfall nicht nur gewalt*freies* Verhalten, sondern vielmehr eine Haltung ein, die auf Verhinderung oder Unterbindung des gewalttätigen Verhaltens Dritter zielt. Pfleger sollen ähnlich wie Vertrauenslehrer und Mentoren die Bewohner, Patienten oder Schüler, die ja nicht ohne Grund als ihre „Schutzbefohlenen" bezeichnet werden, vor Gewalt *schützen*.

Hier trifft man folglich auf den scheinbar paradoxen Umstand, dass institutionalisierte Gewalt in Kirchen, Internaten oder Pflegeeinrichtungen durch Akteure ausgeübt wird, die letztlich das Gegenteil von dem tun, was die relevanten Bezugsgruppen wie Angehörige und Schutzbefohlene aufgrund ihrer sozialen Rolle von ihnen erwarten. Aber auch hier ist es so, dass Täter und Opfer innerhalb der jeweiligen Institution bzw. sozialen Ordnung sich erstens auf verschiedene Positionen verteilen, die dann zweitens in ungleicher und die Täter bevorzugender Weise mit Gewaltressourcen ausgestattet sind.

Aber das allein erklärt nicht, warum die Täter die Gewaltressourcen auch nutzen, d.h. es führt (wieder) zu der Frage: Auf welche sozialen Strukturen oder auf welche Aspekte bestimmter sozialer Strukturen referiert der Begriff der „institutionalisierten Gewalt", wenn er nicht allein die strukturell asymmetrische Verteilung von Gewaltressourcen bezeichnet?

(b) Soziale Rollen als Verbindung von Routinen und Überzeugungen
Über Gewalthandeln definierte soziale Rollen sind allerdings nur *eine* mögliche Antwort auf diese Frage, die aber in gewissem Sinne einen Hinweis gibt auf das, worauf die Frage zielt. Entscheidend ist hier, dass neben erwarteten Verhaltensmustern und Handlungsroutinen auch Überzeugungen Bestandteil dieser sozialen Rollen sind, die mit diesen Verhaltensweisen einhergehen, die etwa durch sie internalisiert werden oder sie rechtfertigen, ihnen Sinn und Bedeutung verleihen usw.[101] Umgekehrt sind soziale Rollen mit verschiedenen, in anderen sozialen Strukturen vermittelten und tradierten Überzeugungen und Vorstellungen verbunden. Schließlich gehen die Rollenträger nicht vollständig in einer sozialen Rolle auf, sondern sie tragen zugleich weitere soziale Rollen und befinden sich immer zugleich in verschiedenen sozialen Positionen.

In der bisherigen Darstellung sind die Überzeugungen, Ideale und Werte allerdings lediglich so etwas wie Begleiterscheinungen der Verhaltensweisen und Handlungsroutinen, d.h. die Rollenträger erlernen diese Routinen und erwerben in Abhängigkeit hiervon die jeweiligen Überzeugungen. Schon mit Blick auf die Disziplinierung der Gewaltspezialisten in Militär und Polizei wird aber deutlich, dass diese Darstellung einseitig ist. Denn der Besitz, wenigstens aber die Vermittlung bestimmter Überzeugungen, Ideale und Werte im Zuge der Ausbildung ist umgekehrt ein essentieller Bestandteil der

---

[101] Dahrendorf (*Homo sociologicus*, 37) spricht hier von „Rollenattributen" und dem erwarteten „‚Charakter'" des Rollenträgers.

Disziplinierung, d.h. die Routinen werden erlernt, weil sie den Überzeugungen konform gehen oder ihr praktischer Ausdruck sind. In Abwandlung einer Formulierung von William James könnte man sagen, dass der „cash-value" von Überzeugungen und Vorstellungen die Dispositionen, Gewohnheiten und Handlungen sind, die mit ihnen einhergehen.[102] Dass es einen Unterschied macht, dass jemand diese-oder-jene Überzeugung hat und nicht eine andere, wird daran deutlich, dass dies einen *praktischen* Unterschied macht – sprich: dass er in einer bestimmten Situation anders handelt, sich anders verhält, als er es ohne diese oder mit einer anderen Überzeugung täte.[103] Und dieser „cash-value" von Überzeugungen wird umso bedeutsamer, wenn man sich vor Augen hält, dass die meisten Menschen verschiedene soziale Rollen tragen.

Die Polizistin ist beispielsweise auch Ehefrau, Partnerin, Mutter, sie wohnt in diesem-oder-jenem Stadtviertel, ist Anhängerin eines Fußballvereins oder Fan einer bestimmten Musikart usw. Sie lebt aber auch in einer Gesellschaft, in der bestimmte Rollenmodelle mit entsprechenden Erwartungshaltungen nicht nur für Mitglieder dieser Gruppen, sondern auch für weiße und nicht-weiße Menschen, für Männer und Frauen allgemein, für Heterosexuelle, Homosexuelle und Transsexuelle usw. existieren und auf vielfältige Weise tradiert werden. Es kommt daher notwendig zu Überschneidungen verschiedener Art. An dieser Stelle wird etwa der im dritten Abschnitt dieses Kapitels bemerkte Umstand relevant, dass Strukturen oder Systeme jeweils für Menschen mit bestimmten Überzeugungen, Interessen oder Bedürfnissen in besonderem Maße attraktiv oder eben unattraktiv sein können.

Die Konzentrations- und Vernichtungslager der Nationalsozialisten waren sicherlich allgemein attraktiv für Menschen, die in anderen Institutionen deutlich geringere Chancen auf beruflichen und sozialen Aufstieg hatten. Aber zugleich waren sie um so attraktiver, je stärker antijüdische oder pro-nationalsozialistische Überzeugungen bei den Betroffenen ausgeprägt waren. Es ist ja kein Zufall, dass sich etwa Zeugen Jehovas ebenso wie Kommunisten eigentlich nur auf der Seite der Häftlinge und Opfer, nicht aber auf der der Täter finden. „Der Holocaust war möglich", um nochmals Stephan

---

[102] James: *Pragmatism*, 25.
[103] Vgl. Peirce: „Die Festlegung einer Überzeugung", 300-1.

Lehnstaedt zu zitieren, „weil so viele Deutsche sich davon persönliche Vorteile versprachen". Aber diese „persönlichen Vorteile" allein hätten wohl kaum ausgereicht, um die fatale Dynamik des industrialisierten Massenmordes zu entfesseln. Denn diese Aussicht auf persönlichen Gewinn wurde ergänzt durch den Umstand, dass die Täter „die Ideologie des Rassenhasses pflegten"[104].

Was ist denn aber der „praktische Unterschied", den die beschriebenen Überzeugungen machen? Entscheidend sind hier sicherlich Überzeugungen, die menschliches Verhalten und durch entsprechendes Verhalten definierte Rollen oder Identitäten *bewerten*. Die von Dahrendorf erwähnten „Rollenattribute" und der von den Trägern allgemein erwartete bzw. ihnen allgemein zugeschriebene „‚Charakter'"[105] sind ja nicht zwingend neutral. Sie sind häufig als „gut" oder „schlecht" kodiert, so dass eine durch entsprechend erwartetes Verhalten definierte Rolle ebenfalls grundsätzlich oder tendenziell „gut" oder „schlecht" ist, was dann wiederum Einfluss auf die Bewertung des Rollenträgers und seines Verhaltens hat und auch eine grundsätzliche Haltung zu ihm prägen kann.

Rollenmodelle können, anders formuliert, inhärent auf- oder abwertend sein. Dies trifft ja, je nach Milieu, auf die Wahrnehmung von Polizisten oder Soldaten, aber auch von Lehrern, Priestern, Ärzten usw. zu. In diesen Fällen sind die mit dem Rollenmodell als „typisch" oder „normal" für seine Träger verbundenen Verhaltensweisen und Überzeugungen als „schlecht", „verwerflich", „minderwertig", „pervers" oder, umgekehrt, als „gut", „vorbildlich", „anerkennenswert" usw. kodiert. Und das gilt wohlgemerkt erst einmal unabhängig von dem *tatsächlichen* Verhalten der Rollenträger bzw. der Inhaber einer bestimmten sozialen Position. Wie sich Soldaten oder Priester *tatsächlich* verhalten, kann durchaus in scharfem Kontrast stehen zu dem Verhalten, mit dem ihre Rolle bzw. Position in Verbindung gebracht und das ihnen zugeschrieben, oder besser: unterstellt wird. Dass Polizisten etwa in einem Milieu grundsätzlich als „Freund und Helfer" positiv angesehen und vielleicht sogar als Autoritätspersonen anerkannt werden, von denen man entsprechend „gutes", „legales" o.ä. Verhalten erwartet, hat ja nicht zur Folge, dass sie sich nicht illegalen Verhaltens bis hin zur Bildung anti-staatlicher und terroristischer Netzwerke schuldig machen.

---

[104] Lehnstaedt: *Der Kern des Holocaust*, 37.
[105] Dahrendorf: *Homo sociologicus*, 37.

Es hat aber sehr wohl einen Einfluss auf die in diesem Milieu zu findende Bereitschaft, entsprechenden Berichten und Vorwürfen Glauben zu schenken und hierin tendenziell mehr als „bloße Einzelfälle" zu sehen. Diese Bewertungen machen daher durchaus einen praktischen Unterschied, da sie Gründe und Motive zu entsprechendem Verhalten gegenüber den Inhabern der entsprechenden Position liefern und damit Verhaltensweisen bis hin zu Gewalthandlungen rechtfertigen und motivieren, die dann im Grunde als Reaktion auf bzw. Prävention gegen das zu erwartende Verhalten anderer gedeutet werden.

Eines der häufigsten Mittel, mit denen der Täter sein Gewissen rein zu halten sucht, besteht darin, seinem Opfer den Makel des Bösen anzuheften, es als etwas darzustellen, das vernichtet werden muß. [...] Welchen Ursprung und Zweck sie auch immer haben mögen, die Funktion dieser Stereotypen ist stets die gleiche. Sie dienen der Rechtfertigung destruktiven Denkens und der Entschuldigung destruktiven Handelns.[106]

Wenn etwa rassistische Stereotype eine bestimmte Gruppe von Menschen als „natürliche Gewalttäter" beschreiben oder als Menschen, die „grundsätzlich kriminell" sind, „weil das in ihrer Natur" liegt, dann rechtfertigen diese Stereotype nicht nur ein vorgreifendes Gewalthandeln gegen die Mitglieder der so konstruierten Gruppe. Sie fordern es geradezu, d.h. sie *motivieren* jene, die von der Wahrheit dieser Stereotype überzeugt sind und sich an ihnen orientieren, zum Gewalthandeln. Befinden sich dann beide Gruppen innerhalb einer sozialen Struktur an Positionen, die Gewaltressourcen ungleich zu Gunsten der Träger des Stereotyps verteilt, dann ist zu erwarten, dass sie diese Gewaltressourcen nutzen werden, um diejenigen schwer zu verletzen, die aus ihrer Sicht legitime oder sogar notwendige Ziele von Gewalt sind.

Hinlänglich bekannte, wenn auch immer wieder relativierte oder gar geleugnete Beispiele für die motivierende Wirkung gruppenbezogener, vor allem rassistischer Ressentiments sind die Verfolgung und Vernichtung der Sinti und Roma sowie der Juden im Dritten Reich.[107] Ein weiteres Beispiel ist die von deutschen Kolonisatoren

---

[106] Hilberg: *Die Vernichtung der europäischen Juden* (Bd. 1), 21.
[107] Zur Verfolgung und Vernichtung der Sinti und Roma siehe nochmals Bogdal: *Europa erfindet die Zigeuner*, 317-30, 336-47 und umfassend Zimmermann: *Rassenutopie und Genozid*. In beiden Fällen verschränkten sich

gegen Angehörige der Herero und Nama im heutigen Namibia zu der Zeit ausgeübte Gewalt, als es unter dem Namen „Deutsch-Südwestafrika" Kolonie des deutschen Reichs war.

(c) Illustration am Beispiel der Verfolgung und Vernichtung der Nama und Herero

Mit dem primär ökonomischen und daher im Grunde zweckrationalen Ziel der Unterdrückung und Ausbeutung des Landes und seiner einheimischen Bevölkerung waren in der damaligen Kolonie des deutschen Reiches (von 1884 bis 1915) starke rassistische Ressentiments verbunden, die bei weißen Militärs wie weißen Zivilisten gleichermaßen weit verbreitet waren. Dieser Rassismus führte zu Gewalthandlungen gegen die einheimische Bevölkerung schon vor dem Krieg, der von den Kolonialherren als „Rassenkampf" geführt wurde, „der nur mit der Vernichtung der feindlichen Bevölkerung – begriffen als gegnerisches ,Volk' samt Frauen und Kindern – enden könne."[108] Bereits vor Ausbruch des Aufstands kam es regelmäßig zu Gewalt gegen die als Sklaven und Privateigentum der Weißen behandelten Afrikaner,[109] vor allem aber zu regelmäßigen Vergewaltigungen afrikanischer Frauen und Mädchen durch weiße Männer.[110] Diese sexualisierte Gewalt wurde durch das extrem einseitig zu-

---

die je spezifischen Ressentiments gegenüber „Zigeunern" und gegenüber „Juden" mit anderen rassistischen und eugenischen Überzeugungen, die eine Vernichtung, wenigstens aber eine strikte Segregation *verschiedener* Formen „minderwertigen", d.h. nicht „reinrassigen" oder „kranken" Lebens rechtfertigten (siehe dazu Klee: *„Euthanasie" im NS-Staat*, 15-34 et passim und für die Schoah Hilberg: *Die Vernichtung der europäischen Juden* (Bd. 1), 11-28). Diese Überschneidung in den Vernichtungsplänen und Mordabsichten wird auch an dem Umstand deutlich, dass sowohl die Methoden als auch das Personal der „Aktion Reinhard" (die sich vor allem auf die Vernichtung in den Lagern Bełżec, Sobibór und Treblinka erstreckte) aus der „Aktion T4" zur Vernichtung „unwerten Lebens" hervorgingen, siehe Lehnstaedt: *Der Kern des Holocaust*, 32-4.

[108] Krüger: „Bestien und Opfer", 148. Zur Frage, ob der Krieg gegen die Herero nicht nur als Vernichtungskrieg, sondern als Völkermord angemessen zu klassifizieren ist, siehe Zimmerer: „Krieg, KZ und Völkermord in Südwestafrika", 52-3, 58 (der dies für geboten hält) sowie abwägend, aber in der Schlussfolgerung skeptisch Barth: *Genozid*, 128-32.

[109] Vgl. Zimmerer: „Der koloniale Musterstaat", 38.

[110] Vgl. Zimmerer: „Krieg, KZ und Völkermord in Südwestafrika", 46.

gunsten der Weißen und ihrer Privilegien und Interessen organisierte Rechtssystem nicht negativ sanktioniert, geschweige denn unterbunden,[111] was unter anderem die Täter zur Wiederholung ihrer Taten motivierte.[112]

Für die These, dass diese Gewalthandlungen Ausdruck eines strukturellen Rassismus und nicht „bedauerliche Einzelfälle" waren, spricht allerdings nicht nur die Art und Weise, in der das Rechtssystem gezielt das Gewalthandeln von Weißen gegen Einheimische ermöglichte.[113] Dessen Häufigkeit nahm nämlich selbst dann nicht ab, als man es gezielt zu unterbinden suchte – freilich nicht aus Gründen der Menschenfreundlichkeit oder gar des Antirassismus, sondern aufgrund der rein ökonomisch-politischen Erwägung, dass man auf diese Weise einerseits die dringend benötigte Ressource der natürlichen Arbeitskraft unnötig vermindern und andererseits Stimmungen und Vorbehalte gegen die Kolonialherren aufseiten der Einheimischen fördern oder erzeugen könnte.[114] Beides, so räsonierte man aufseiten der Kolonialherren, sei nicht im Sinne der Etablierung einer effektiven Kolonialherrschaft.

Zudem lassen sich andere Elemente eines strukturellen Rassismus ausmachen, etwa die aggressive Politik gegen „Mischehen" zwischen weißen Kolonisatoren und einheimischen Frauen aus Angst vor einer „Verunreinigung" und „Schwächung" der weißen „Rasse" (für die sich bezeichnenderweise die Rede von einer drohenden „Verkafferung" einbürgerte)[115] oder die wie selbstverständliche Schändung der Toten, indem man die Gebeine, vor allem aber die Schädel getöteter Herero für „rassenbiologische" Untersuchungen aufbereitete und ins Deutsche Reich sandte.[116] Zuletzt macht ein

---

[111] Siehe Zeller: „Ombere i koza'", 70.
[112] Zum Zusammenhang von ausbleibender Sanktionierung und Wiederholungstaten siehe nochmals Krakauer: *Die Schande von Missoula*, 169-71 und die dort zitierten Studien.
[113] Etwa dadurch, dass „die Polizeigewalt" durch die „,Eingeborenenverordnungen'" von 1907 in Teilen effektiv „jedem Weißen'" übertragen wurde (Zeller: „Ombere i koza'", 70).
[114] Vgl. Zimmerer: „Der koloniale Musterstaat", 35-8.
[115] Siehe ebd., 29-31. Vgl. auch Schaper: „Deutsche Kolonialgeschichte", 13-4.
[116] Vgl. Zeller: „Ombere i koza'", 70 und die ebd., 77 abgedruckte retuschierte Fotografie, auf der laut der ursprünglichen Bildunterschrift Soldaten

Blick in vor dem ersten Weltkrieg im deutschen Reich erschienene Romane, die den Krieg in „Deutsch-Südwestafrika" zum Gegenstand oder Hintergrund der Erzählung hatten, deutlich, in welchem Maße das Bild von den Afrikanern als Angehörigen einer unterentwickelten und minderwertigen Rasse ausgeprägt war.[117]

Die Wirkungen derartiger, weit verbreitete Überzeugungen aufgreifender Darstellungen der afrikanischen Bevölkerung als einer Gruppe minderwertiger, allenfalls unter der deutschen Knute zu einem vollwertigen menschlichen Leben fähiger tierisch-gefährlicher Menschen kann nur unterschätzen, wer sie nicht als Ausdruck eines strukturellen Rassismus wahrnehmen will oder generell die Wirkung der Sprache auf die Wahrnehmung der Welt und das daraus abgeleitete Handeln unterschätzt oder übersieht.[118]

Es war dieser strukturelle Rassismus, der sich im Zuge des Krieges noch einmal steigerte und verschärfte und zum fruchtbaren Nährboden für allerlei Hetzpropaganda gegen die Aufständischen wurde. Dass diese Propaganda vor allem mit der Furcht der Kolonialherren vor der Vergewaltigung weißer Frauen durch die Aufständischen arbeitete, macht deutlich, in welchem Maße sich hier Rassismus und Sexismus verschränkten – zumal alles darauf hindeutet, dass vor allem afrikanische Frauen Opfer der Vergewaltigung durch die „weißen Herren" wurden und nicht umgekehrt, wie die Propaganda behauptete.[119]

---

der deutschen Schutztruppe zu sehen sind, die „[e]ine Kiste mit Hereroschädeln [...] verpackt und an das Pathologische Institut zu Berlin gesandt" haben. Über die Herkunft dieser Schädel lässt die Karte den Betrachter übrigens nicht im Unklaren: „Die Schädel, die von Hererofrauen mittels Glasscherben vom Fleisch befreit und versandfähig gemacht wurden, stammen von gehängten oder gefallenen Hereros."

[117] Siehe dazu Brehl: „'Das Drama'". Das gilt freilich auch für die nach dem ersten Weltkrieg erschienene Literatur, vgl. Authaler: „Das völkerrechtliche Ende", 6-7.

[118] „Aber Sprache dichtet und denkt nicht nur für mich, sie lenkt auch meine Gefühle, sie steuert mein ganzes seelisches Wesen, je selbstverständlicher, je unbewußter ich mich ihr überlasse. Und wenn nun die gebildete Sprache aus giftigen Elementen gebildet oder zur Trägerin von Giftstoffen gemacht worden ist? Worte können sein wie winzige Arsendosen: sie werden unbemerkt verschluckt, sie scheinen keine Wirkung zu tun, und nach einiger Zeit ist die Giftwirkung doch da." (Klemperer: LTI, 23).

[119] Vgl. dazu Krüger: „Bestien und Opfer", bes. 149: „Koloniale (Angst-)Phantasien von der besonderen Potenz und Wildheit afrikanischer

Die Gewalthandlungen der weißen Kolonialherren gegen die einheimische schwarze Bevölkerung sind daher schon vor dem Beginn des Völkermordes gegen sie als institutionalisierte Gewalt zu klassifizieren. Dabei lassen sich hier im Zweifelsfall noch verschiedene Formen institutionalisierter Gewalt ausmachen, die sich („intersektionalistisch") überschneiden, etwa die rassistische Gewalt gegen die einheimische Bevölkerung im Allgemeinen und die zugleich sexistische wie rassistische sexualisierte Gewalt gegen die weiblichen Nama und Herero unterschiedlicher Altersgruppen.[120]

(d) Überzeugungen als Ursache institutionalisierter Gewalt
Prinzipiell könnte dieses Beispiel verhältnismäßig mühelos durch andere Beispiele wie die Fälle von Kindesmissbrauch und sexualisierter Gewalt durch Priester der katholischen Kirche ersetzt werden. Jedes dieser Beispiele macht deutlich, in welcher Weise soziale Strukturen Inhabern bestimmter sozialer Status das Gewalthandeln nicht nur in besonderer Weise erlauben oder ermöglichen, sondern es auch fördern können, indem sie Gewaltaffinität und Gewalthandeln als Element sozialer Rollen oder als Merkmal einer sozialen Position institutionalisieren.

Dieser Zusammenhang ist im Falle der deutschen Kolonialherrschaft in Namibia allerdings auch verhältnismäßig leicht feststellbar, da die gewaltmotivierenden Stereotype und Ressentiments durch die Rechtsordnung nicht nur zugelassen, sondern in Form bestimmter Verbote, Rechte und Pflichten verstärkt und zementiert wurden. Es griffen also soziale Strukturen, die die *gesamte* betroffene Gesellschaft ordneten und diese Ordnung, diese Einteilung in Täter und Opfer zudem offen und explizit vornahmen. Man ist versucht zu sagen, dass ein Blick auf die jeweilige Rechtslage ausreichend ist, um einzusehen (oder zu belegen), dass es sich bei der Vergewaltigung

---

Männer überschnitten sich im Krieg mit einem Verschweigen und Leugnen der eigenen Taten. Denn es waren gefangene afrikanische Frauen, die deutsche Soldaten und Kolonialisten als Kriegsbeute betrachteten."
[120] Und es dürfte deutlich werden, dass beide einen wesentlichen Aspekt bilden, wenn der Völkermord-Charakter des Vernichtungskrieges gegen die Nama und Herero diskutiert wird; zugleich sind diese Aspekte aber unabhängig von dieser Frage thematisierbar. Es handelte sich nicht um einen Völkermord, weil diese Formen institutionalisierter Gewalt vorlagen, aber es spräche auch in keiner Weise gegen ihr Vorliegen, sollte man dem Vernichtungskrieg den Charakter eines Genozids absprechen wollen.

und Ermordung von Herero ebenso wie bei der Sterilisierung und Ermordung von Sinti, Roma und Juden im Dritten Reich um institutionalisierte Gewalt handelte. Grundsätzlich lässt sich dieses Erklärungsmodell allerdings auch auf andere soziale Strukturen oder Systeme übertragen.

In soziale Strukturen eingelassene, sie zugleich tragende und von ihnen auf verschiedene Weise stabilisierte und tradierte stereotype Rollenmodelle prägen das Verhalten auf ähnliche, wenn auch nicht auf genauso berechenbare Weise wie die mit einer sozialen Rolle verbundenen Verhaltenserwartungen und Verhaltensroutinen. Anders als jene Rahmenbedingungen, die es als Gewaltressourcen einer Gruppe drastisch leichter machen, Gewalt anzuwenden, ohne mit negativen Sanktionen rechnen zu müssen, *motivieren* durch soziale Strukturen vermittelte gruppenbezogene Vorurteile und Ressentiments die Täter zur Gewalt. Während der privilegierte Zugriff auf bestimmte Gewaltressourcen es den Tätern also in besonderer Weise *erlaubt*, Mitglieder bestimmter Gruppen zu Opfern ihrer Gewalt zu machen, *fördern* Ressentiments und Stereotype diese Gewalt, sie liefern Gründe für Gewalthandlungen gegen die Opfer.

Die ungleiche Verteilung von Gewaltressourcen wird, anders gesagt, begleitet von Überzeugungen und Vorstellungen, die das Gewalthandeln der privilegierten Besitzer dieser Gewaltressourcen gegen jene erlauben, anregen oder sogar fordern, denen die sozialen Strukturen nur begrenzten oder gar keinen Zugriff auf die Gewaltressourcen gewähren. *Hier* ist die Behauptung gerechtfertigt, dass die sozialen Strukturen das Gewalthandeln der Mitglieder einer Gruppe gegen die Mitglieder einer anderen institutionalisieren, dass sie die einen zu Tätern und die anderen zu ihren Opfern „machen".

4.5. *Klarer Begriff, unklare Realitäten: Zur Umstrittenheit institutionalisierter Gewalt*

Der Begriff der institutionalisierten Gewalt ist als solcher hinreichend klar bestimmt, sofern man institutionalisierte Gewalt definiert als *schwere absichtliche Verletzung eines oder mehrerer Lebewesen aufgrund der sozialen Positionen der Täter wie der Opfer*. Umstritten dürfte er allenfalls insofern sein, als der ihm zugrunde liegende Begriff der Gewalt selbst notwendig umstritten ist. Trotzdem ist er in gewissem Sinne problematisch.

Das betrifft nicht so sehr die Merkmale dieses Begriffs (auch wenn die Definition natürlich angreifbar ist), als vielmehr seine Anwendung auf gegebene Handlungen und reale Strukturen, d.h. problematisch und angreifbar ist die Behauptung, dass in diesem-oder-jenem Fall institutionalisierte Gewalt vorliegt. Das bedeutet, dass die hier gewählten Beispiele nicht zu dem Schluss verleiten sollten, dass die Analyse institutionalisierter Gewalt unproblematisch ist oder notwendig zu klaren und unkontroversen Ergebnissen führt, auch wenn das Beispiel der deutschen Kolonialherrschaft in Namibia genau dies suggerieren könnte. Die Verrechtlichung sowohl der ungleichen Verteilung der Gewaltressourcen als auch der Stereotype und Ressentiments in diesem Beispiel droht, diese Schwierigkeit zu verdecken. Die von Jon Krakauer untersuchten Fälle sexualisierter Gewalt in Missoula zeigen hingegen deutlich, welchen Schwierigkeiten eine solche Analyse ausgesetzt ist – und wie begrenzt ihre Reichweite bzw. ihre Aussagekraft unter Umständen ist.

Zwei Kernprobleme hatte ich bereits kurz erwähnt: Zum einen reicht es im Zweifelsfall nicht zu zeigen, dass bestimmte unter Umständen gewaltfördernde Überzeugungen auf zur Gewaltausübung privilegiert ausgestattete soziale Positionen treffen bzw. sich mit ihnen überschneiden. Natürlich ist es plausibel, dass ein allgemeiner struktureller Sexismus jene zu sexualisierter Gewalt motiviert, die aufgrund ihrer sozialen Positionen unter entsprechend günstigen Rahmenbedingungen agieren. Aber das schließt nicht aus, dass in anderen Fällen, in denen dieselbe oder eine hinreichend ähnliche Strukturüberschneidung vorliegt, entsprechende Gewalthandlungen ausbleiben. Dann wäre die Analyse wenigstens unvollständig und die Feststellung institutionalisierter Gewalt zu schwach begründet.

Zum anderen darf nicht unterschätzt werden, in welchem Maße das „framing", d.h. die Betrachtung und Einordnung bestimmter Handlungen als Gewalt oder eben als Nicht-Gewalt durch soziale Strukturen nicht allein auf Seiten der Täter, sondern auch aufseiten der Opfer zu finden sein kann. Es sind, um noch einmal auf die Fälle in Missoula zurückzukommen, ja nicht allein die Täter gewesen, die die von ihnen verübte sexualisierte Gewalt nicht als Gewalt wahrgenommen und beurteilt haben. Ein vergleichbares „framing" fand sich auch bei Dritten, vor allem bei Vertretern der Sicherheitsbehörden, und in Teilen auch bei den Opfern. Das bedeutet nicht, dass keine Gewalt vorlag, weil sowohl Täter und Opfer als auch Beobachter die absichtlichen schweren Verletzungen nicht als Gewalt wahrgenommen bzw. erfahren haben. Es hat aber zur Folge, dass der Erklärungsbedarf und damit auch die Beweislast aufseiten derjenigen massiv erhöht werden, die dies als Fälle (institutionalisierter) Gewalt be- und verurteilen.

Aber selbst wenn unter Verweis auf strukturelle Faktoren etwa der Selbstbeschreibung und Selbstwahrnehmung der Täter und des Selbstbildes und Verhaltens der Opfer, aber auch der Überzeugungen von Tätern, Opfern, Anwälten, Richtern, Polizisten und Beobachtern der Nachweis gelingt, dass durch die sozialen Strukturen bestimmte Geschlechterrollen verankert wurden (vor allem die vermeintlich typische Sexualität von Frauen und Männern betreffend); und selbst wenn man dies empirisch stichhaltig einbettet in eine Analyse eines allgemeineren, d.h. nicht auf die Universität von Missoula beschränkten strukturellen Sexismus – man wird einerseits untersuchen müssen, inwieweit etwa bestimmte Sportarten unter Umständen Aggressivität fördern und die Affektkontrolle beeinträchtigen.

Andererseits wird eine solche Analyse nicht ohne weiteres auf vergleichbare Fälle an anderen Universitäten oder anderen sozialen Strukturen (Militär, Schule, Sportvereine, Kirchen, Familie usw.) übertragbar sein. Denn diese sind auf andere Weise strukturiert und organisiert und die Geschlechterstereotypen, obwohl sie allein bereits sexualisierte Gewalt von Männern gegen Frauen fördern und motivieren, sind hier mit anderen Überzeugungen, Haltungen und Rollen verbunden. Und sie werden durch diese spezifischen Verbindungen konkretisiert und verändert, so dass sie unter Umständen auch anderes Verhalten zur Folge haben. Die Analyse des Zusammenhangs von sozialen Strukturen und dem Verhalten der Täter wird daher deutlich erschwert durch den Umstand, dass derartige soziale Faktoren selbst innerhalb einer Gruppe auf verschiedene Weise ausgeprägt, gewichtet usw. sein können (etwa in Abhängigkeit von anderen sozialen Faktoren wie dem Herkunftsmilieu der Gruppenmitglieder, ihrer Zugehörigkeit zu anderen Gruppen usw.).

Das bedeutet: Der Begriff der institutionalisierten Gewalt lässt sich zwar recht klar bestimmen. Aber seine Anwendung auf die Realität, d.h. die *Diagnose* institutionalisierter Gewalt in diesem-oder-jenem konkreten Fall, bleibt dennoch problematisch. Problematisch ist eine solche Diagnose nicht allein, weil auch „institutionalisierte Gewalt", wie „Gewalt" generell, ein essentiell umstrittener Begriff ist. Sie ist vor allem deshalb problematisch, weil die Komplexität sozialer Strukturen und sozialer Systeme den Nachweis kausaler oder systemischer Zusammenhänge deutlich schwerer macht, als dieser Abschnitt vielleicht nahelegt.[121]

Mit Blick auf diese Schwierigkeit lassen sich allerdings Minimalbedingungen einer solchen Diagnose skizzieren: Sie muss nicht nur den Nachweis einer relativen Häufigkeit von Gewalthandlungen bei den Inhabern eines bestimmten sozialen Status, sondern auch eine detaillierte Analyse der entsprechenden sozialen Faktoren liefern, die diese Gewalthandlungen sowohl prägen als auch fördern. Misshandelt ein Mann seine Partnerin, dann handelt es sich (vorerst) um einen Fall personaler Gewalt. Misshandeln statistisch von 100 Männern zehn bis zwanzig ihre Partnerin, dann ist dies wenigstens ein Indiz dafür, dass hier institutionalisierte Gewalt vorliegt. Es ist erst einmal nicht mehr als ein Indiz, das um den Nachweis sozialer Strukturen ergänzt werden muss, die diese Handlungen motivieren und formen, wenn die Behauptung gerechtfertigt sein soll, es liege institutionalisierte Gewalt vor.

4.6. Was ist „institutionalisierte Gewalt"?

Mit Blick auf die Definitionen personaler und kollektiver Gewalt fällt erstens auf, dass dasjenige Merkmal, das institutionalisierte Gewalt von ihnen unterscheidet, das sie zu einem spezifischen Gewalttypus macht, die Prägung und Motivation des Gewalthandelns durch soziale Strukturen ist, die nicht an die Person, sondern an die soziale Position der Täter gebunden sind. So wenig eine einzelne Gewalthandlung ohne Verweis auf ihre konkreten Umstände und die individuellen Motive und Gründe des Täters erklärt werden kann, so deutlich ist doch in einigen Fällen, dass die untersuchte Gewalthandlung geformt und motiviert wurde durch Faktoren, die in ähnlichen Situationen auch andere Menschen zu Gewalthandlungen

---

[121] Jörg Baberowski (*Räume der Gewalt*, 137-8, 141, 184) hat daher unter Verweis auf Überlegungen von Wolfgang Sofsky und Trutz von Trotha dafür votiert, dass vorschnelle kausale Erklärungen durch gehaltvolle „dichte Beschreibungen" der entsprechenden Gewalträume zu ersetzen seien, die dann eben als Erklärung allenfalls für den konkreten Fall dienen können.

anleiten, die sich auf derselben oder einer hinreichend vergleichbaren sozialen Position befinden.

Nicht allein Paul schlägt und misshandelt seine Frau, wenn sie seinen Erwartungen nicht entspricht, wenn sie nicht tut, was sie seiner Ansicht nach tun sollte; dasselbe tun auch Peter, Thomas und Karl, genauso wie zahlreiche andere Männer. Diese Täter haben mit Blick auf die Taten als Lebenspartner (Freund, Lebensabschnittsgefährte, Ehemann) eine hinreichend ähnliche soziale Position inne und verfügen über dieselben oder hinreichend ähnliche Gewaltressourcen (hier vor allem durch entsprechende Rollenbilder von Geschlechterrollen bestimmt). Entsprechende Gewalt gegen Partnerinnen *fördernde* soziale Strukturen in Form etwa des strukturellen Sexismus vorausgesetzt, handelt es sich hier *eindeutig* um Fälle institutionalisierter Gewalt. Daran ändert auch der Umstand nichts, dass die konkreten Anlässe und Umstände sich unterscheiden, dass die frustrierten Erwartungen je andere sind und dass die Täter ihre Partnerinnen unter Umständen auf je unterschiedliche Weise misshandeln. Und es ist auch irrelevant, dass die Täter sich im Regelfall nicht persönlich kennen, geschweige denn sich durch sozialen Druck wechselseitig direkt zur Gewalt motivieren, auch wenn dies durchaus vorkommen kann.

Daran wird deutlich, dass die Unterscheidung institutionalisierter Gewalt von personaler und kollektiver Gewalt zweitens in einer entscheidenden Hinsicht anders gelagert ist als die von personaler und kollektiver Gewalt. Während eine Handlung *entweder* ein Fall personaler *oder* kollektiver Gewalt ist, so sind beide zwar nicht notwendig, aber doch möglicherweise Fälle institutionalisierter Gewalt. Institutionalisierte Gewalt kann, anders formuliert, *sowohl* als personale *als auch* als kollektive Gewalt vorkommen: Wenn Paul seine Frau misshandelt, liegt personale Gewalt vor. Ist er nicht der einzige Mann, der seine Partnerin misshandelt, sondern Teil einer großen Anzahl von Männern, die dies tun, dann handelt es sich unter Umständen *zugleich* um institutionalisierte Gewalt. Wenn Peter, Klara und Marie Thomas zu Tode prügeln, dann handelt es sich um kollektive Gewalt, genauso wie beim Lynchmord an Franz. Sind Thomas und Franz Angehörige einer diskriminierten Minderheit, deren Mitglieder regelmäßig Gewalt von Angehörigen anderer gesellschaftlicher Gruppen erfahren, zu denen auch ihre Mörder gehören, dann handelt es sich höchstwahrscheinlich *zugleich* um Fälle institutionalisierter Gewalt.

Entscheidend ist folglich die soziale Position in Verbindung mit den sozialen Strukturen, die Gewaltressourcen verteilen und entsprechende Gewalthandlungen der Inhaber der sozialen Position fördern: „Institutionalisierte Gewalt" ist die *schwere absichtliche Verletzung eines oder mehrerer Lebewesen aufgrund der sozialen Positionen der Täter wie der Opfer.*

Eindeutige Fälle (1) sind dann Polizei und Militär als Institutionen, deren Angehörige sowohl von ihren Kollegen als auch von Außenstehenden *als* Gewalttäter betrachtet werden und an deren soziale Position daher eine *durch Gewalthandeln definierte* soziale Rolle gebunden ist, einschließlich entsprechender Strukturen der Ausbildung usw. Weniger eindeutige, genau genommen sogar problematische Fälle (2) sind soziale Strukturen, in denen ein hohes Aufkommen von Gewalthandlungen durch Inhaber einer sozialen Position gegen Inhaber einer anderen sozialen Position festgestellt werden kann, *ohne* dass diese Positionen explizit durch Gewalthandeln definiert wären.

Für diese Fälle (2) sind daher notwendige Bedingungen für die Diagnose institutionalisierter Gewalt erforderlich: Ähnliche Gewalthandlungen müssen mit relativer Häufigkeit (a) von Inhabern einer bestimmten sozialen Position gegen (b) eine bestimmte Gruppe von Opfern nachweisbar sein und es müssen zudem (c) soziale Strukturen aufgezeigt werden, die diese Handlungen nicht nur ermöglichen, sondern motivieren und fördern.

5. Gewaltverdammung
Überlegungen zur intrinsischen Verwerflichkeit der Gewalt

Die letzten drei Kapitel haben deutlich gemacht, dass sich zwar hinreichend klare Begriffe der personalen, kollektiven und institutionalisierten Gewalt bestimmen lassen; es hat sich aber zugleich gezeigt, dass diese Begriffe aus jeweils unterschiedlichen Gründen angreifbar und kritisierbar sind, wenn es um die Einordnung konkreter Gewaltphänomene geht. Das scheint die im ersten Kapitel formulierte Vermutung zu bestätigen, dass es sich bei „Gewalt" um einen essentiell umstrittenen Begriff im Sinne Gallies handelt.[1] Allerdings ist eine Unschärfe des Begriffs allein kein hinreichender Grund für die Vermutung, dass es sich um einen essentiell umstrittenen Begriff handelt. Dieser Begriff muss zudem wertend sein, d.h. er muss das, was er bezeichnet, zugleich in irgendeiner Form bewerten. Denn es ist dieser wertende Gebrauch, so zumindest die These Gallies, der wesentlich verantwortlich ist für die Umstrittenheit, weil er einen entscheidenden Einfluss darauf hat, wie wir die Merkmale jeweils konkretisieren und gewichten.

Das Problem ist, dass die im ersten Kapitel aufgestellte Behauptung, „Gewalt" werde eben immer auch wertend, und zwar: negativ wertend, gebraucht, hinterfragt werden muss. Zum einen lassen sich Beispiele für einen neutralen oder sogar positiv wertenden Gebrauch von „Gewalt" finden. Und diese lassen sich zum anderen durch kritische Überlegungen zum Ursprung dieser vorgeblichen Schlechtigkeit von Gewalthandlungen dahingehend zuspitzen, dass „Gewalt" nicht als solche, sondern immer nur als je von einer konkreten Gesellschaft abgelehnte Form der Gewaltausübung als „schlecht" bewertet wird (5.1).

Wenn aber Gewalthandlungen als solche moralisch schlecht sein sollen, wie lässt sich dies begründen? Und was genau bedeutet es, dass „Gewalt" als solche schlecht ist, wenn wir doch leicht Gewalthandlungen benennen können, die wir für erlaubt oder sogar für gut halten? Handelt es sich um bloße Irrtümer oder lassen sich Gewalthandlungen als „moralisch schlecht, aber dennoch erlaubt" denken?

---

[1] Siehe oben Kapitel 1.3.

Unter Rückgriff auf Argumente aus neoaristotelischen Ansätzen der Moralphilosophie lässt sich folgende Begründung entwickeln: Es ist für menschliche Lebewesen objektiv schlecht, schwer verletzt zu werden, denn es hindert sie daran, so zu leben und zu existieren, wie es ihrer Natur entspricht. Und insofern Gewalthandlungen ihre Opfer notwendig und absichtlich schwer verletzen, sind sie in diesem Sinne objektiv moralisch schlecht (5.2).

5.1. Gute Gewalt? Zur Kritik der angeblich intrinsischen Verwerflichkeit aller Gewalt

Ist „Gewalt" wirklich intrinsisch, d.h. als solche moralisch schlecht? Nicht wenige Autoren haben das als Selbstverständlichkeit hingestellt, ähnlich wie das hier im ersten Kapitel geschehen ist.[2] Diese Annahme verliert allerdings ihre vermeintliche Selbstverständlichkeit, wenn man sich einmal Rechenschaft darüber ablegt, wie insbesondere in politischen Debatten tatsächlich von „Gewalt" geredet wird (a).

Diese tatsächliche Heterogenität nicht allein des beschreibenden, sondern auch des wertenden Gebrauchs von „Gewalt" lässt sich zudem gegen einen vorschnellen Ideologievorwurf verteidigen. Es spricht viel dafür, dass jede soziale Ordnung auf einem Gewaltverhältnis zwischen Anhängern und Gegnern dieser Ordnung gründet. Und das legt nahe, dass „Gewalt" objektiv moralisch neutral und nur von einer konkreten sozialen Ordnung aus als „schlecht" und „gut" beurteilt werden kann (b).

Das spricht allerdings nicht dagegen, dass Gewalt als solche schlecht ist (c). Es zeigt lediglich, dass dies weder durch die Zwecke, die mit den Gewalthandlungen verfolgt werden, noch unter Verweis auf legale oder andere soziale Normen hinreichend begründet werden kann (d).

---

[2] Vgl. beispielsweise Bäck: „Thinking clearly about violence", 223-5, Bufacchi: *Violence and Social Justice*, 107, Burgess-Jackson: „Gewalt in der zeitgenössischen analytischen Philosophie", 1247 (Gewalt ist „prima facie", aber nicht „ultima facie" falsch) sowie Holmes: „Violence and the Perspective of Morality", 380 und Neidhardt: „Gewalt", 124.

(a) Gute Gewalt?

Ich hatte im ersten Kapitel die These aufgestellt, dass „Gewalt" im Gegensatz zu „Tisch" oder „Baum" nicht allein zur Feststellung, dass das-und-das der Fall ist, gebraucht, sondern im Regelfall zugleich wertend verwendet wird. Zu sagen, dieses-oder-jenes sei „Gewalt", hat auch die Funktion, eine ablehnende Haltung zu artikulieren, gegebenenfalls soll sie auf diese Weise auch eingefordert oder hervorgerufen werden. Dies spielt ja neben anderen Erwägungen eine Rolle unter anderem bei Galtungs Entscheidung, statt von „sozialer Ungerechtigkeit" von „struktureller *Gewalt*" zu reden. Ähnlich gelagert sind jene Fälle, in denen ungleich verteilte soziale oder politische Macht oder gesellschaftliche Zwangsmechanismen auf geradezu inflationäre Weise zu immer neuen Gewalttypen erklärt werden – von „kultureller" und „ökonomischer" Gewalt über „symbolische" bis hin zu „definitorischer" Gewalt. Auch hier ist ein Grund der Bezeichnung als „Gewalt" die Annahme, dass auf diese Weise die Schlechtigkeit oder Verwerflichkeit des so Bezeichneten in besonderem Maße kenntlich gemacht und wohl auch als unbezweifelbar konstatiert wird.

Derartige Begriffsstrategien zeigen nicht allein, dass „der Gewaltbegriff strategische und taktische Funktionen" besitzt.[3] Sie scheinen zudem für die These zu sprechen, dass „Gewalt" allgemein als moralisch schlecht bewertet wird. Allerdings lassen sich recht mühelos Beispiele anführen, in denen „Gewalt" moralisch neutral verwendet oder sogar als lobende, positive Bezeichnung gebraucht wird. Es handelt sich dabei vor allem um Fälle, in denen Gewalthandlungen je nach Standpunkt und unabhängig von geltenden Rechtsordnungen o.ä. unterschiedlich, d.h. sowohl negativ als auch positiv bewertet werden. Das gilt etwa für Gewalthandlungen in politischen Kontexten, die je nach Standpunkt nicht nur der Täter, sondern auch der Betrachter wahlweise als „schlecht", „verwerflich" o.ä., aber eben auch als „erlaubt" und sogar als „gut" oder „geboten" bzw. „notwendig" beurteilt werden.[4] Das bedeutet, dass deskriptiv weitestgehend identische Handlungen, vom Faustschlag über zivilen Unge-

---

[3] Neidhardt: „Gewalt", 122.
[4] Siehe dazu Enzmann: „Gewalt – Repression – Widerstand". Speziell zum Rechtsextremismus siehe auch den Abschnitt „Rechtsextreme Gewalt" in Heitmeyer und Schröttle (Hg.): *Gewalt*, 435-83.

horsam bei Demonstrationen bis hin zu Tötungshandlungen, *zugleich* als „schlecht" und als „gut" beurteilt werden, je nach Standpunkt der Urteilenden.

Nun sind diese Urteile in politischen Kontexten meist gebunden an bestimmte Zwecke, die mittels Einsatz von Gewalt erreicht werden sollen, wie etwa die „Durchsetzung geltenden Rechts", die „Herstellung von Ruhe und Ordnung" usw. Es lassen sich aber auch recht mühelos Kontexte benennen, in denen die Anwendung von Gewalt in bestimmten Situationen oder gegen bestimmte Opfer *als solche* neutral beurteilt, gutgeheißen, gelobt oder gefordert wird. Dies kann, es muss aber nicht politisch oder weltanschaulich motiviert oder gerechtfertigt sein, wie nicht nur zahlreiche aktive wie ehemalige Hooligans, sondern auch Mitglieder von Gyms bestätigen werden, in denen Vollkontaktsportarten auf Wettkampfniveau trainiert werden. Sicherlich werden diese verschiedenen Gruppen bis auf wenige Ausnahmen nicht *jede* Gewalt gutheißen und akzeptieren. Wer Gewalt gegen „Zecken" oder gegen „Nazis" bejubelt und fordert, wird (meist im selben Atemzug) Gewalt *von* diesen Gruppen kritisieren, und zahlreiche derart gewaltaffine Gruppen verdammen jene Gewalt, die von Gruppenmitgliedern gegen andere Gruppenmitglieder ausgeübt wird. Andererseits umfasst die „gute Gewalt" häufig nicht beliebige Gewalthandlungen, da sich hier verschiedene normative Ordnungen überlagern. Einige Gewalthandlungen gelten auch dann als schlecht (etwa als „unehrenhaft", „unmännlich" oder „abstoßend"), wenn sie Opfer treffen, die es nach einhelliger Meinung grundsätzlich „verdienen", Gewalt zu erfahren. Dies kann sich auf einzelne Gruppen beschränken,[5] es kann aber auch ganze Gesellschaften betreffen wie im Falle der Folter, die in den meisten westlichen Gesellschaften von großen Teilen der Bevölkerung grundsätzlich verurteilt wird.[6]

Tatsächlich scheint es also so zu sein, dass nicht Gewalt als solche als moralisch schlecht beurteilt wird, sondern dass jeweils nur bestimmte Typen von Gewalthandlungen als schlecht, andere aber als moralisch neutral oder sogar als gut beurteilt werden, etwa in Abhängigkeit von den mit ihnen verfolgten Zwecken oder von der sozialen Position der Täter.

---

[5] Vgl. Reemtsma: *Vertrauen und Gewalt*, 189-205.
[6] Siehe ebd., 259-69, 527-31.

Hierfür spricht auch, dass sich der Umgang mit Gewalthandlungen in unserer Rechtspraxis gut auf diese Weise charakterisieren lässt. Polizisten und Soldaten etwa steht nicht nur das Recht zu, in bestimmten Situationen Gewalt anzuwenden. Es *verpflichtet* sie sogar dazu, wenn bestimmte Voraussetzungen erfüllt sind. In diesen Fällen wäre die angewendete Gewalt im Zweifelsfall also „gut".

Außerdem lassen sich mühelos Gewalthandlungen benennen, die nach geltendem Recht erlaubt sind, wenn auch unter Auflagen. Dazu zählt das Recht, Straftaten einschließlich Gewalthandlungen in „Notwehr" bzw. in der Situation des „Notstands" zu begehen.[7] Das trifft aber auch auf die unter Auflagen erlaubten und geregelten Box- oder MMA-Kämpfe zu. Hinzu kommt der Umstand, dass bestimmte Gewalthandlungen nach geltendem Recht lange Zeit nicht nur erlaubt, sondern gar nicht als Gewalthandlungen klassifiziert wurden. Das galt über viel zu lange Zeit für die Misshandlung von Kindern nicht weniger als für sexualisierte Gewalt in der Ehe.[8] Ein für unsere vermeintlich aufgeklärte Gesellschaft besonders beschämendes Beispiel ist der bereits erwähnte Straftatbestand der Vergewaltigung in der Ehe.[9]

(b) „Gewalt" als illegale schwere Verletzung?
Dies ist nicht zuletzt deshalb ein Problem, weil wir als „Gewalt" im Regelfall vor allem jene Handlungen und Ereignisse wahrnehmen und einordnen, die die von uns als „normal" betrachteten und aner-

---

[7] StGB §§ 32-35.
[8] Müller und Schröttle: „Gewalt gegen Frauen in Deutschland", 77: „Gewalt und körperliche Übergriffe gegen Frauen und Kinder galten bis ins 20. Jahrhundert hinein insbesondere in Familien- und Paarbeziehungen durchaus als ‚normal'. Sie wurden auf breiterer gesellschaftlicher Ebene erst in Frage gestellt, als Frauenbewegung und Kinderschutzbewegung sich Ende der 1960er/Anfang der 1970er Jahre dazu aufmachten, die bislang teils geleugnete, teils tabuisierte Problematik in ihren Ausmaßen und Folgen zu beschreiben und machtkritisch zu hinterfragen." Siehe auch Sanyal: *Vergewaltigung*, 16-7.
[9] Zur Erinnerung: Erst seit der Gesetzesänderung 1997 umfassen die Paragraphen 177 („Sexuelle Nötigung; Vergewaltigung") und 178 („Sexuelle Nötigung und Vergewaltigung mit Todesfolge") des deutschen Strafrechts auch Vergewaltigungen und sexuelle Nötigungen eines Ehepartners durch einen anderen. Zuvor handelte es sich hierbei lediglich um das – erlaubte – Durchsetzen ehelicher Rechte.

kannten Verhaltensregeln verletzen.[10] Jene absichtlichen schweren Verletzungen, die ein fester, womöglich sogar integraler Bestandteil der von uns akzeptierten und befürworteten „sittlichen Verhältnisse" sind, werden von uns dann nicht als „Gewalt" wahrgenommen, schlimmstenfalls erscheint uns ein entsprechendes Urteil als absurd.[11] Einige Autoren haben daher vorgeschlagen, „Gewalt" so zu definieren, dass allein die Verletzung einer positiv-rechtlichen Norm, also *illegales* schädigendes, verletzendes oder zerstörerisches Tun eine Gewalthandlung darstellt.[12] Damit wäre freilich, was „Gewalt" ist, immer nur relativ zu einer geltenden Rechtsordnung zu bestimmen. Oder es müsste alternativ der wertende Charakter des Gewaltbegriffs abgelehnt und „Gewalt" moralisch *neutral* als Bezeichnung absichtlich schwer verletzender Handlungen gebraucht werden.[13]

Gegen die erste Alternative sprechen meines Erachtens die Analysen und Überlegungen der letzten drei Kapitel. Sie haben recht deutlich gezeigt, dass sich hinreichend klare Merkmale personaler, kollektiver und institutionalisierter Gewalt bestimmen lassen, die dann umgekehrt kritisch gegen bestehende rechtliche Regelungen

---

[10] Lindenberger und Lüdtke: „Einleitung", 16-7.
[11] Liell: „Der Doppelcharakter von Gewalt", 35, 40-2.
[12] Vgl. Honderich: *Violence for Equality*, 23: „An act of violence, we may briefly say, is a use of considerable or destroying force against people or things, a use of force that offends against a norm. […] Let us simply substitute ‚law', in the sense of criminal law, for ‚norm'." Honderich übernimmt diesen Begriff von Wolff („On Violence", 606) und legt ihn auch seiner Abhandlung zum Terrorismus zugrunde, vgl. Honderich: *Nach dem Terror*, 142-3. Ein ähnlicher Gewaltbegriff findet sich bei Spaemann: „Moral und Gewalt", 152: „Ob mein Sitzen [auf einem Platz, wo jemand anderes sitzen möchte] Gewalt genannt wird, hängt vor allem davon ab, ob der andere einen Rechtsanspruch auf diesen Platz hat oder nicht. […] Es scheint also, als ob der Begriff der Gewalt überhaupt nur scharf zu fassen ist in bezug auf eine bereits geltende Rechtsordnung, d.h. als unrechtmäßige Gewalt." Davon zu unterscheiden ist allerdings nach Spaemann die „latente Gewalt", die ihrerseits eine Unterklasse der „Macht" ist, d.h. der Möglichkeit, „auf die Lebensumstände einzuwirken, die das Verhalten von Menschen motivieren" (ebd. 153).
[13] Dies ist bisweilen explizit gefordert worden, siehe Lawrence: „Violence", 33, Miller: „Violence, Force and Coercion", 23-5, Nunner-Winkler: „Überlegungen zum Gewaltbegriff", 26, 28 und Runkle: „Is Violence Always Wrong?", 367-8, 372.

und Festsetzungen geltend gemacht werden können. Was aber spricht dagegen, „Gewalt" moralisch neutral zu gebrauchen? Tatsächlich scheinen wir Gewalthandlungen ja nicht einheitlich als schlecht zu beurteilen. Es ist vielmehr so, dass wir, wie Walter Benjamin festgehalten hat, Gewalt nur dann als „schlecht" beurteilen und ablehnen, wenn sie entweder geltende soziale oder moralische Normen verletzt oder aus unserer Sicht illegitimen Zwecken dient.[14]

(c) Legalität und intrinsische Verwerflichkeit

Dass Gewalthandlungen in der einen oder anderen Form in bestimmten Milieus und Gruppen gutgeheißen oder gefordert werden, spricht freilich nicht gegen ihre intrinsische Verwerflichkeit.

Dass die Legalität bestimmter Handlungen keinen zwingenden Rückschluss auf ihre moralische Neutralität oder gar ihr Gutsein zulässt, lässt sich mit zwei Überlegungen deutlich machen. Zum einen kann ein Verbot bestimmter Gewalthandlungen unter Umständen höherwertige gesetzlich garantierte Rechte verletzen, wie etwa das im Grundgesetz verbriefte Recht jedes Menschen „auf die freie Entfaltung seiner Persönlichkeit, soweit er nicht die Rechte anderer verletzt und gegen die verfassungsmäßige Ordnung oder das Sittengesetz verstößt"[15]. Insofern dem legalen *Recht* auf „Leben und körperliche Unversehrtheit"[16] keine legale *Pflicht* korrespondiert, sein eigenes Leben und die eigene körperliche Unversehrtheit zu erhalten, ist ein rechtliches Verbot etwa bestimmter Vollkontakt-Kampfsportarten rechtlich problematisch – solange sichergestellt ist, dass nur jene Opfer dieser Gewalthandlungen werden, die sich freiwillig

---

[14] Vgl. Benjamin: *Zur Kritik der Gewalt*, 29: „[Z]ur Gewalt im prägnanten Sinne des Wortes wird es wie immer wirkende Ursache erst dann, wenn sie in sittliche Verhältnisse eingreift. Die Sphäre dieser Verhältnisse wird durch die Begriffe Recht und Gerechtigkeit bezeichnet.", sowie ebd., 29-33 zur Beurteilung von Gewalt als angemessenem oder nicht angemessenem Mittel zu einem gegebenen Zweck. Dies wäre unter Umständen ein Argument für den von Hannah Arendt (*Macht und Gewalt*, 47) betonten „instrumentalen Charakter" der Gewalt. Allerdings scheint gerade Arendt bestreiten zu wollen, dass Gewalt ausschließlich zweckrational beurteilt werden sollte: „Gewalt kann gerechtfertigt, aber sie kann niemals legitim sein. Ihre Rechtfertigung wird um so einleuchtender sein, je näher das zu erreichende Ziel ist" (ebd., 53).
[15] Art. 2, Abs. 1 GG.
[16] Art. 2, Abs. 2 GG.

und im Wissen um die möglichen Folgen für ihre Gesundheit in die entsprechenden Kampfsituationen begeben. Die jeweiligen „Räume der Gewalt" sollten, mit anderen Worten, nur freiwillig und mit hinreichendem Wissen über die entsprechenden Verhaltensregeln und die möglichen Folgen betreten werden. Das bedeutet allerdings nicht, dass es nicht eine *moralische* Pflicht geben mag, „über den Menschen in meiner Person nicht [zu] disponiren, ihn zu verstümmeln, zu verderben oder zu tödten"[17].

Zum anderen bewegen sich rechtliche Vorgaben und Verbote sinnvollerweise stets in den Grenzen dessen, was gegenüber Menschen als Adressaten dieser Vorgaben und Verbote mit Sanktionen durchgesetzt werden kann. Ein Verbot gewaltsamer Notwehrhandlungen ist zwar möglich, aber in gewissem Sinne unsinnig und vor allem nutzlos: Es wäre der Versuch, allenfalls in geringen Maßen kontrollierbares, letztlich natürliches Abwehrverhalten durch ein Verbot zu unterbinden. Nur, mit welcher angedrohten Sanktion könnte ich jemanden davon abhalten, dass er sein Leben (gewaltsam) rettet – mit der Androhung der Todesstrafe? Dass man ein bestimmtes Verhalten durch Verbote nicht wirksam unterbinden kann, genauer: dass man auf diese Weise kaum verhindern kann, dass Menschen, deren Leben bedroht wird, dieses Leben gewaltsam verteidigen, ist allerdings ebenfalls kein gutes Argument gegen die These, dass es verwerflich ist.[18]

Diese Überlegungen lassen sich analog auf andere Fälle übertragen, in denen Gewalthandlungen aufgrund sozialer Normen oder in einer Gruppe geteilter Überzeugungen eben nicht als verwerflich, sondern als erlaubt, geboten oder lobenswert gelten und behandelt oder gefordert werden. Die tatsächliche Relativität der zahlreichen, in sozialen Kontexten vermittelten Haltungen zum vielgesichtigen Phänomen Gewalt ist zwar ein Grund, die Annahme zu hinterfragen, dass „wir" uns ja einig seien, dass Gewalt als solche verwerflich

---

[17] Kant: *Grundlegung zur Metaphysik der Sitten*, AA IV, 429, 24-5. Vgl. Kant: *Metaphysik der Sitten*, AA VI, 421, 9-424, 8 (Tugendlehre §§ 5-6).
[18] Vgl. Bittner: „Ist Notwehr erlaubt?", 271: „Der Umstand [dass P mich angreift] erscheint vielmehr irrelevant. Dafür, dass es nicht angeht, einen anderen statt meiner in den Tod zu schicken, spielt es keine Rolle, ob er es ist, von dem mein Leben bedroht wird, sei es auch schuldhaft." Siehe auch Kant: *Metaphysik der Sitten*, AA VI, 235, 24-236, 4 (Anhang zur Einleitung in die Rechtslehre, II).

ist. Es bleibt allerdings immer die Möglichkeit offen, dass sich die intrinsische Verwerflichkeit der Gewalt objektiv rechtfertigen lässt, so dass man sagen könnte: Es gibt womöglich keine tatsächliche Übereinstimmung in dieser Hinsicht, aber wir alle haben gute Gründe, Gewalt als intrinsisch verwerflich anzuerkennen und zu behandeln; dass wir dies nicht tun, hat ebenfalls Gründe, aber diese sind schwächer als jene, die für die intrinsische Verwerflichkeit sprechen.

Schlimmstenfalls handelt es sich um bloße Vorurteile oder Ressentiments, die ihren Ausdruck in der Überzeugung finden, gegen Mitglieder dieser-oder-jener Gruppe sei Gewalt wahlweise generell oder unter bestimmten Bedingungen erlaubt oder geboten.

(d) Intrinsische Verwerflichkeit vs. absolute Verbotenheit
Anders als der Hinweis auf die tatsächliche Relativität der Haltungen zur Gewalt zielt der zweite oben unter Bezug auf Benjamins *Kritik der Gewalt* formulierte Kritikpunkt allerdings unmittelbar auf ihre unterstellte *intrinsische* Verwerflichkeit. Das Fehlen einer allgemeinen Anerkennung einer Aussage erhöht lediglich den Rechtfertigungsdruck auf diejenigen, die ihre Wahrheit behaupten. Aber der Hinweis, dass die moralische Beurteilung konkreter Gewalthandlungen immer nur in Abhängigkeit von je vorausgesetzten Zwecken geschieht, stellt unmittelbar in Frage, dass Gewalt als solche *irgendeinen* evaluativen (positiven oder negativen) Index besitzt. Sie ist eben gut oder schlecht je nachdem, wie die Zwecke beurteilt werden, die mit ihr erreicht werden (sollen).

Dieser Einwand unterstellt allerdings, dass die Frage, ob eine Handlung moralisch gut oder schlecht ist, allein auf ihre abschließende Bewertung zielt.

Das kann man sich deutlich machen, wenn man sich noch einmal die weit verbreitete Position vor Augen führt, Gewalt sei allenfalls als *ultima ratio* erlaubt.[19] Die Aussage ist ja gerade *nicht*, dass Gewalt

---

[19] Diese Position liegt etwa den zahlreichen Varianten der Rechtfertigung von Gewalthandlungen in der Tradition des Gerechten Krieges zugrunde: Gewalt ist aufgrund ihrer intrinsischen Verwerflichkeit kein Mittel unter anderen, sondern eines, das nur dann zu verwenden ist, wenn andere Mittel ausgeschöpft sind (siehe Coady: *Morality and Political Violence*, 62-9, Bufacchi: *Violence and Social Justice*, 179-82 sowie einschlägig Walzer: *Just and*

niemals erlaubt ist. Sie scheint vielmehr Folgendes zu behaupten: Es spricht immer gegen eine Handlung, dass sie eine Gewalthandlung ist. Und deswegen ist sie allein unter bestimmten Bedingungen oder allein in bestimmten Situationen erlaubt, eben dann, wenn es kein anderes Mittel gibt, bestimmte Gefahren abzuwehren, bestimmte Rechte durchzusetzen, die Verletzung bestimmter Normen zu verhindern o.ä.

Das bedeutet, dass „intrinsisch verwerflich" zwar gleichbedeutend ist mit „moralisch ist es immer schlecht, Gewalt anzuwenden". Dies muss allerdings insofern eingeschränkt werden, als „es ist immer moralisch schlecht" zwar bedeutet, dass es immer gegen die Ausführung einer Handlung spricht, dass sie eine *Gewalt*handlung ist.[20] Aber dies lässt zugleich die Möglichkeit offen, dass andere Gründe, die für ihre Ausführung sprechen, stärker zu gewichten sind – etwa der Umstand, dass ein bestimmter, höher gewichteter Zweck allein auf diese Weise erreicht werden kann o.ä. Diese Gründe müssen dann unter Umständen auch nicht ausnahmslos moralische Gründe sein.[21] Dann aber sind weder erlaubte noch gebotene Gewalthandlungen ein Argument gegen die moralische Verwerflichkeit der Gewalt, selbst wenn die infrage stehende Erlaubnis bzw. das infrage stehende Gebotensein nicht situativ, sondern generell gelten sollte.

Unjust Wars und McMahan: *Kann Töten gerecht sein?*). Für eine ebenso ausführliche wie kritische Diskussion des hier meist als selbstverständlich vorausgesetzten Rechts, in Notsituationen Gewalt anzuwenden (oder allgemeiner: moralische Normen zu verletzen), siehe Herzberg: *Moral extremer Lagen*.

[20] Ich bin mir nicht sicher, ob es sich hier nicht in der Tat, wie Johannes Müller-Salo in einer Diskussion vorgeschlagen hat, letztlich um eine metaethische Grundsatzfrage handelt: Zielt das moralische Urteil allein auf die abschließende moralische Bewertung einer konkreten Handlung? Oder sind derartige moralische Urteile als komplexe Urteile zu rekonstruieren, die im Zweifelsfall die moralische Bewertung eines Handlungstyps mit der Bewertung der konkreten Handlungssituation (Motivation und Wissensstand der Betroffenen usw.) verbinden?

[21] Dass in den meisten Fällen zahlreiche, übrigens nicht allein als „moralisch" zu qualifizierende Gründe für und gegen eine konkrete Handlung vorhanden sind, ist meines Erachtens kaum zu bestreiten (vgl. Stemmer: *Normativität*, 97-9).

Ausschlaggebend ist dann allerdings nicht die abschließende Bewertung von Gewalthandlungen, sondern die Frage, ob es moralische Gründe gibt, die *immer* gegen die Ausübung von Gewalt, d.h. gegen die Ausführung einer Gewalthandlung sprechen, eben weil sie eine *Gewalt*handlung ist.[22]

5.2. Das Leiden der Kreatur: Skizze einer neoaristotelischen Kritik der Gewalt

Man könnte vielleicht versucht sein, es sich einfach zu machen und darauf hinzuweisen, dass Gewalthandlungen das Recht auf körperliche und seelische Unversehrtheit verletzen und dass es sich hierbei um ein für uns nicht sinnvoll zu hinterfragendes universelles Grundrecht aller Menschen handelt. Wir müssten nicht einmal behaupten, dass dieses Grundrecht sich zweifelsfrei mit zwingenden Gründen jedem beliebigen Dritten gegenüber rechtfertigen lässt. Aber wir könnten uns auf den Standpunkt zurückziehen, dass diese moralische Überzeugung derart zentral für unsere nach-aufklärerische Identität und das damit verbundene Weltbild ist, dass wir sie schlicht nicht infrage stellen können, ohne unsere Identität grundlegend zur Disposition zu stellen. Eine Lebensform, die dieses Grundrecht negiert, ist für uns zwar vorstellbar, aber als von uns bewohnte Lebensform ist sie allenfalls eine theoretische Möglichkeit, eine „dead option", wie William James sagen würde.[23] Das bedeutet allerdings nicht, dass wir unsere Haltung gar nicht verständlich machen oder begründen könnten. Es heißt nur zuzugestehen, dass diese Begründung kein absolut zwingendes, sozusagen unangreifbares Argument für die Richtigkeit dieser Haltung zu liefern vermag.[24]

---

[22] Das „Es spricht immer gegen eine Handlung, dass sie eine *Gewalt*handlung ist" verweist dann auf das, was Jonathan Dancy (*Ethics without Principles*, 15-7) als „contributary reasons" bezeichnet. Eine alternative Bezeichnung wäre die als „prima facie-Grund" (im Anschluss an William David Ross' „prima facie duties", von deren Geltung wir (präsumptiv) grundsätzlich ausgehen sollten, obwohl sie unter Umständen durch bestimmte Gründe oder infolge einer Pflichtenkollision aufgehoben sein können).

[23] James: *The Will to Believe*, 14.

[24] Dies ist keine Stellungnahme gegen jede Möglichkeit einer Letztbegründung, sondern lediglich das Eingeständnis, dass die folgenden Argumente nicht mehr leisten können, aber auch nicht leisten sollen, als eine solche

Es spricht vieles dafür, dass die moralische Verwerflichkeit von Gewalthandlungen eng verbunden ist mit dem Merkmal der schweren Verletzung, die sie ihrem Opfer zufügen (a). Schwer verletzt zu werden, ist objektiv schlecht für Lebewesen, und dies allein ist, unter bestimmten Voraussetzungen, ein hinreichender Grund für den Täter, es zu unterlassen. „Gewalt" ist also intrinsisch schlecht, weil sie das Opfer notwendig schwer verletzt oder tötet (b). Diese Überlegung greift allerdings auf Argumente und Annahmen neoaristotelischer Ansätze der Moralphilosophie zurück, die alles andere als unumstritten sind, weshalb ich wenigstens zwei grundsätzliche Einwände kurz diskutieren möchte (c).

Diese Einwände lassen sich wenigstens schwächen. Sie machen allerdings deutlich, dass eine neoaristotelische Rechtfertigung der intrinsischen Verwerflichkeit der Gewalt den essentiell umstrittenen Charakter des Gewaltbegriffs noch einmal herausstreicht (d).

(a) Verwerflich ist, was schwer verletzt

Die Definition von „Gewalt" als absichtlicher schwerer Verletzung eines Lebewesens gegen seinen Willen liefert drei mögliche Merkmale von Gewalthandlungen als Gründe für ihre intrinsische Verwerflichkeit: die Absichtlichkeit, die Ungewolltheit und den Verletzungscharakter. Die Absichtlichkeit ist insofern nicht unproblematisch, als die Diskussion der Grenzfälle der Tötung auf Verlangen und der Autoaggression deutlich gemacht hat, dass die Zuschreibung einer Absicht, *Gewalt* auszuüben, nicht ganz eindeutig ist. Das gilt auch für jene Gewalthandlungen, die von den Tätern aus verschiedenen Gründen nicht als Gewalthandlungen wahrgenommen werden, auf die ich im vorigen Abschnitt und im vierten Kapitel hingewiesen hatte. Was in diesen Fällen bleibt, ist allenfalls die Verletzungsabsicht, d.h. die Absicht, ein Lebewesen schwer zu verletzen oder zu töten, die wir allerdings weniger mit Blick auf den Täter, als vielmehr mit Blick auf den Charakter der Handlungen konstatieren, die nun einmal eindeutig verletzende Handlungen sind.

„schwache" Rechtfertigung. Sie sollen Gründe für die These liefern, ohne zu behaupten, dass diese Gründe absolut zwingend seien. Im Rahmen dieser Abhandlung und mit Blick auf die hier verhandelte Frage nach Gründen für die These, „Gewalt" sei per se moralisch schlecht, wäre eine umfassende, Fragen der Letztbegründung einschließende Untersuchung an dieser Stelle meines Erachtens auch deplatziert.

Dies legt den Fokus auf den Charakter von Gewalthandlungen als *Verletzungs*handlungen. Alternativ könnte man auch bei der Verletzung *gegen den Willen* des Opfers ansetzen. Allerdings deuten die Grenzfälle der willentlichen Selbstverletzung und der gewollten Verletzung durch Dritte darauf hin, dass die Schlechtigkeit von Gewalthandlungen zumindest nicht *allein* daraus resultiert, dass das Opfer sie nicht wollte. Denn die genannten Handlungen sind ja, *insofern* sie Gewalthandlungen sind, schlecht, *obwohl* das Opfer sie erbeten oder sogar erzwungen hat. Das deutlichste Beispiel hierfür dürfte die Tötung auf Verlangen sein: Sie ist ja nach Ansicht vieler moralisch verwerflich, obwohl die Betroffene sie explizit *wünscht*.[25]

Dafür, bei dem Verletzungscharakter von Gewalthandlungen anzusetzen, spricht zudem, dass dieser als (starke) Verletzung oder Zerstörung der Integrität eines Lebewesens verantwortlich ist für den universellen Charakter von Gewalthandlungen, den ich bereits im zweiten Kapitel thematisiert hatte.[26] Ein wesentlicher Aspekt ist hierbei die nicht an kulturelle, sondern an natürliche Bedingungen gebundene Erfahrung und Artikulation von Schmerz – durch Schreie, Tränen, Verkrampfungen usw. Wir erkennen Handlungen als schwere Verletzungshandlungen, weil wir erkennen, dass eine Person eine andere schwer verletzt oder verletzen will – und weil wir keine Übersetzung brauchen, um die Bedeutung von Schmerzensschreien richtig zu deuten, um zu verstehen, dass das Opfer verletzt wird, dass es leidet oder stirbt. Hier handelt es sich um „natürliche Zeichen" für das Erleiden einer Verletzung, weil wir Lebewesen sind, die auf diese Weise auf Verletzungen reagieren; und aus diesem Grund lassen sie sich auch unabhängig von kulturellen oder sozialen Vorgaben oder Rahmenbedingungen als Zeichen für Verletzungen deuten.[27]

---

[25] Das ist nicht zu verwechseln mit der Position, die die Tötung auf Verlangen zwar prinzipiell für erlaubt, sie aber für verboten hält, wenn ihre Erlaubnis mir ihrer Legalisierung einherginge – aufgrund möglicher verwerflicher oder anderweitig schlechter Folgen, die diese Legalisierung nach sich zöge oder ziehen könnte.

[26] Siehe dazu oben Kapitel 2.3.

[27] Zur Deutung von Ereignissen als Zeichen vgl. Eco: *Semiotik*, 28, 43-4, zum Begriff des „natürlichen Zeichens" siehe auch Eco: *Zeichen*, 38-40, 44. Zu den jeweils verschiedenen Codes, auf die wir zurückgreifen, wenn wir Schreie usw. als Zeichen für Verletzungen deuten, siehe Eco: *Zeichen*, 40,

Dies spricht dafür, bei der Analyse des angenommenen intrinsisch wertenden Charakters das Hauptaugenmerk auf die Eigenschaft von Gewalthandlungen zu legen, ein Lebewesen schwer zu verletzen. Sind also Gewalthandlungen intrinsisch verwerflich, weil sie notwendig auf die schwere Verletzung eines Lebewesens zielen? Diese natürlichen Reaktionen auf die Erfahrung von Gewalt lassen sich, wie jeder weiß, leicht erklären. Schmerzen sind unangenehm und, grundsätzlich, ungewollt, weil sie eine negative Beeinträchtigung unseres Organismus anzeigen und mit seiner Verletzung oder Beschädigung einhergehen. Sie sind als natürliche Reaktionen nicht nur für andere, sondern auch für uns selbst, wenn wir sie erfahren, natürliche Zeichen für Verletzungen, etwa dafür, dass der Blinddarm entzündet ist, dass Muskelfasern gerissen oder Knochen gebrochen sind. Und insofern sind Schmerzen schon in einem rein zweckrationalen Sinne schlecht: Sie sind etwas, das zu vermeiden oder zu beenden ist, insofern sie die Folge einer Beeinträchtigung, Beschädigung oder Verletzung sind, die wir mit guten Gründen vermeiden wollen.

(b) Unverletzt-sein als notwendiges Gut aller Lebewesen
Damit ist freilich nur gesagt, dass Gewalt für diejenige, die sie erleidet, für den, der Opfer von Gewalt wird, schlecht ist. Sie ist, anders formuliert, im zweckrationalen Sinne schlecht: Wenn ich leben, wenn ich Ziele anstreben, Interessen verfolgen, Schmerzen vermeiden usw. möchte, dann sind Gewalt*erfahrungen* schlecht. (Vorausgesetzt ist dabei freilich, dass es sich bei der Selbsterhaltung, die ja die Bedingung für das Anstreben-können von Zielen usw. ist, um einen Zweck handelt, den wir alle, als Lebewesen, notwendigerweise anstreben.[28])

170-1 und Eco: *Semiotik*, 40-1. Die damit verbundene Einsicht, dass wir Gewalt nur erkennen, indem wir eine bestimmte Handlung *als* Gewalt deuten oder interpretieren, formuliert auch Bernhard Waldenfels („Aporien der Gewalt", 11-2). Daraus folgt freilich nicht, dass wir ohne entsprechende Codes nicht in der Lage wären, schwere Verletzungen als solche zu erkennen.

[28] Das wäre etwa die These moralischer Kontraktualisten wie David Gauthier (*Morals by agreement*, 102-3) und Peter Stemmer (*Handeln zugunsten anderer*, 34-6, 195-6). Thomas Hobbes hat allerdings auf einen Grenzfall hingewiesen, der wiederum den prudentiellen Charakter der kontraktualistischen Vorstellung von Moral herausstreicht: „Auf der anderen Seite steht unter allen Übeln an erster Stelle der Tod, besonders der Tod unter Qualen;

Dies sagt über eine etwaige moralische Schlechtigkeit von Gewalt*handlungen* allerdings noch nichts aus. Diese Überlegungen haben ja lediglich zum Ergebnis, dass es schlecht ist, Opfer von Gewalt zu werden. Das kann aber zugleich bedeuten, dass es moralisch neutral, womöglich sogar: dass es gut ist, Gewalttäter zu sein. Die These lautet aber, dass Gewalthandeln intrinsisch schlecht, dass es also immer prima facie verwerflich ist, jemanden absichtlich schwer zu verletzen. Aus der Schlechtigkeit von Gewalterfahrungen folgt dies nicht ohne weiteres.

Wir müssten folglich zeigen können, dass Gewalthandlungen nicht allein aus der Opferperspektive, sondern auch aus der Perspektive an der Gewalthandlung beteiligter oder unbeteiligter Dritter schlecht sind. Das bedeutet, dass wir Gewalthandlungen aus denselben Gründen unterlassen und unterbinden sollten, aus denen wir vermeiden sollten, ihnen zum Opfer zu fallen.

Es ist dennoch sinnvoll, die Gründe, die gegen die Ausübung von Gewalt sprechen, aus den Gründen abzuleiten, die gegen die Erfahrung von Gewalt sprechen. Der Ausgangspunkt ist dann das Interesse, Gewalterfahrungen zu vermeiden, nicht als tatsächlich verfolgter Zweck, sondern als universelles Grundbedürfnis menschlicher Lebewesen. Körperliche und seelische Unversehrtheit ist, um einen Begriff Elizabeth Anscombes zu übernehmen, eine „aristotelische Notwendigkeit"[29]: etwas, das objektiv gegeben sein muss, damit Lebewesen einer bestimmten Art als Art existieren, und als Individuen sich normal entfalten können.[30]

Menschen können ohne Sauerstoff und ohne Nahrungsmittel nicht leben, und wenn sie körperlich und seelisch nicht unversehrt sind, dann können sie womöglich leben, aber dieses Leben ist defizitär, wenn man es an dem misst, was für Lebewesen der Art Mensch gewöhnlich gilt. Es ist nicht allein in dem Sinne defizitär, dass ein Leben ohne diese körperlichen und seelischen Einschränkungen angenehmer, erfreulicher oder lustvoller wäre. Das ist sicherlich der Fall, aber so betrachtet wäre nur ein Leben, das die maximal möglichen Lusterfahrungen einschließt, nicht defizitär. Ein Leben ohne

---

denn die Leiden des Lebens können so groß werden, daß sie, wenn nicht ihr nahes Ende abzusehen ist, uns den Tod als ein Gut erscheinen lassen." (Hobbes: *Vom Menschen*, 24 [xi.6])
[29] Anscombe: „On Promising and its Justice", 15, 18-9.
[30] Vgl. Foot: *Natural Goodness*, 15-7.

körperliche und seelische Unversehrtheit ist ebenfalls nicht defizitär, insofern man, wenn man körperlich und seelisch unversehrt ist, wahrscheinlich in weniger Angelegenheiten auf Hilfe oder Hilfsmittel angewiesen ist. Schließlich brauchen wir Menschen so oder so eine Vielzahl von Hilfsmitteln.

Entscheidend ist, dass körperlich oder seelisch Versehrte Hilfe oder Hilfsmittel benötigen in Angelegenheiten, die wir Menschen als die Lebewesen, die wir sind, grundsätzlich *selbständig* regeln oder erledigen können – und können *sollten*, da wir ohne sie als selbständige Menschen unser Leben zu meistern nicht in der Lage sind.[31] „Versehrt" ist in diesem Sinne jemand, der nicht in vollem Maße oder gar nicht mehr über alle essentiellen Fähigkeiten oder „Vermögen" verfügt, die Menschen als Ergebnis einer Anpassung an die Bedingungen und Erfordernisse ihrer Umwelt entwickelt haben, um als Gattung und als Individuen dieser Gattung überleben zu können.[32]

Gewalthandlungen beschädigen kurzfristig, langfristig oder dauerhaft die körperliche und seelische Unversehrtheit des Opfers. Mehr noch, sie beschädigen die uns Menschen eigene und für ein gelingendes menschliches Leben *notwendige* Form des Weltbezugs, im schlimmsten Fall ist dieser Weltbezug aufgrund einer Gewalterfahrung ganz oder in Teilen zerstört. Gewalthandlungen sind aus dieser Sicht schlecht, weil und insofern das, was sie bewirken, *objektiv* schlecht für das Opfer, da gegen seine Natur und seine natürlichen Bedürfnisse gerichtet ist. Dies zeigt sich zwar im Regelfall im Leiden der Opfer, aber es ist eben nicht das verursachte empfundene

---

[31] Martha Nussbaum hat diese „Grundintuition" des Aristotelismus wie folgt ausbuchstabiert: „Menschliche Wesen sind Geschöpfe, die zur Ausübung der menschlichen Hauptfunktionen befähigt werden können, wenn sie die richtige materielle und erzieherische Unterstützung erhalten. Wird ihren Grundfähigkeiten die Nahrung entzogen, die sie in die auf meiner Liste aufgeführten höherstufigen Fähigkeiten verwandeln würde, dann sind sie in gewisser Weise nur noch ein Schatten ihrer selbst." (Nussbaum: „Menschliches Tun und soziale Gerechtigkeit", 220-1)

[32] Zur Notwendigkeit einer Beschreibung dieser Fähigkeiten unter Rückgriff auf ihre jeweilige „Naturgeschichte" vgl. Foot: *Natural Goodness*, 28-9. Die Konzentration auf Fähigkeiten oder Vermögen anstelle von Eigenschaften als dem, was als „Aristotelian necessity" für (menschliche) Lebewesen „essentiell" ist, folgt den Überlegungen Martha Nussbaums (vgl. etwa Nussbaum: *Frontiers of Justice*, 74-81).

Leid,[33] sondern die Beeinträchtigung oder Zerstörung der Fähigkeiten und Vermögen des Opfers, die verantwortlich ist dafür, dass Gewalthandlungen *objektiv* schlecht sind.[34] Menschen schwer zu verletzen ist in diesem Sinne objektiv genauso schlecht wie sie ohne emotionalen und sozialen Kontakt zu anderen Menschen aufwachsen zu lassen: Selbst wenn das Opfer kein schweres Leid empfinden sollte, werden Vermögen und Fähigkeiten, die essentiell für ein Exemplar dieser Art sind, beeinträchtigt, beschädigt oder zerstört.[35]

Aristotelische Ansätze liefern im Zweifelsfall eine längere Liste von Bedürfnissen, die über das Interesse an körperlicher und seelischer Unversehrtheit deutlich hinausgeht.[36] Sie justieren aber vor allem das Verhältnis moralischer und prudentieller Gründe auf eine bestimmte Weise. Zwar gilt nach dem eben Gesagten auch aus aristotelischer Sicht, dass es für die einzelnen Akteure *klug* ist, ein all-

---

[33] So aber Bäck: „Thinking clearly about violence", 223-5.

[34] Das unterscheidet diesen aristotelischen Ansatz meines Erachtens insofern von utilitaristischen Ansätzen, als diese den moralischen Wert einer Handlung ja gezielt an die subjektiven Empfindungen binden, die sie bei den Betroffenen verursacht (siehe beispielhaft Mill: *Utilitarianism*, 22-5). Nach Bernward Gesangs Unterscheidung verschiedener Glücksbegriffe (Gesang: *Verteidigung des Utilitarismus*, 27-8) würde der hier aufgegriffene aristotelische Ansatz dem entgegen eine „objektive Glückstheorie" vertreten: Eine Förderung der essentiellen Fähigkeiten ist auch dann gut (und ihre Beschädigung entsprechend schlecht), wenn die Betroffene subjektiv keinen Unterschied empfindet.

[35] Zumindest meinem Eindruck nach folgt Derridas Ansatz, *alle* Handlungen und Urteile als „Gewalt" zu kategorisieren, einer ähnlichen Überlegung: Urteile zwingen den Anderen (das Andere) in ein Korsett ihm fremder Begriffe und Kategorien und verletzen ihn dadurch, indem sie seine radikale Alterität missachten, ihn also zwingen, etwas zu sein und als etwas zu agieren, was er nicht ist (vgl. Derrida: „Gewalt und Metaphysik", 188-90, 194-5).

[36] Siehe etwa die Liste der „Central Human Capabilities" in Nussbaum: *Frontiers of Justice*, 76-8, zu denen auch das Vermögen zu spielen gehört. Inwiefern dies in gleichem Maße notwendig ist wie körperliche und seelische Gesundheit, ist freilich eine offene Frage, die allerdings an dieser Stelle offen bleiben kann. Denn hinsichtlich der körperlichen und seelischen Unversehrtheit ist der aristotelische Ansatz meines Erachtens deutlich weniger angreifbar als mit Blick auf das, was Mill als die „höheren Fähigkeiten" menschlicher Lebewesen bezeichnet hat, die wertzuschätzen und auszubilden wesentlich unsere spezifische „Würde" ausmache (vgl. Mill: *Utilitarianism*, 30-1).

gemeines Recht auf körperliche und seelische Unversehrtheit anzuerkennen. Denn ihre eigene Unversehrtheit ist latent gefährdet, wenn sie es nicht tun. Man könnte diese Überlegungen also mit einer Art „kontraktualistischem back-up" versehen, indem man sagt: Körperliche und seelische Unversehrtheit sind nicht nur Güter für uns, insofern wir eben Lebewesen sind, die darauf angewiesen sind, körperlich und seelisch unversehrt zu sein; sie sind auch deshalb Güter für uns, weil wir viele andere Dinge nicht tun oder erreichen können, wenn wir nicht körperlich und seelisch unversehrt sind. Dies gilt natürlich in gleichem Maße auch für die anderen Menschen, mit denen ich zusammenlebe. Insofern ist es rational *zwingend*, ein allgemeines Verbot der Verletzung der körperlichen und seelischen Unversehrtheit Dritter anzuerkennen – freilich nur, sofern alle Betroffenen dieses Verbot anerkennen. Schließlich würde ich mir sonst eine wertvolle Handlungsoption nehmen, auf die Gewalt Dritter zu reagieren, was selbst unklug wäre.[37]

Aber die Tatsache, dass Gewalthandlungen objektiv schlecht sind, spricht aus aristotelischer Sicht eben auch dann gegen ihre Ausführung, wenn diese nicht unklug oder im Gegenteil womöglich sogar zweckrational wäre. Aus Sicht des Kontraktualismus spricht etwa nichts grundsätzlich dagegen, Gewalt gegen Kinder, schwer Kranke oder Menschen mit Behinderungen anzuwenden oder derartige Gewalthandlungen generell zuzulassen.[38] Angehörige dieser Gruppen „befinden sich niemals auch nur annähernd in einer Position, in der wir darauf angewiesen sind, auf sie Rücksicht zu nehmen"[39]. Folglich sind wir nicht in gleichem Maße zweckrational gezwungen, ihnen dieselben Rechte zuzuerkennen wie jenen, die uns entsprechend schaden können.

Das ist aus aristotelischer Sicht anders: Dass Gewalthandlungen schlecht sind, weil und insofern sie essentielle Fähigkeiten beschädigen oder zerstören, *ist* bereits ein hinreichender Grund, sie zu unterlassen. Und dies gilt unabhängig von der Frage, welche Folgen das Gewalthandeln für den Täter hat oder welche Gründe dennoch *für* die Gewaltanwendung sprechen mögen. Es spricht *immer* gegen eine Handlung, dass sie eine Gewalthandlung ist – und es braucht

---

[37] Siehe hierzu Schotte: „Minimale Moral", 28-9.
[38] Siehe Stemmer: *Handeln zugunsten anderer*, 246 und Gauthier: *Morals by agreement*, 268.
[39] Mackie: *Ethik*, 248.

entsprechend starke Gründe, um zu zeigen, dass es *trotzdem* erlaubt ist, sie auszuführen. Das bedeutet, dass Gewalt in der Tat intrinsisch verwerflich ist, eben weil Gewalthandlungen *essentiell* dem Zweck dienen, das Opfer schwer zu verletzen, anders ausgedrückt: ihm etwas zuzufügen, das objektiv schlecht für es ist.

(c) Moral als Bedingung der Arterhaltung?

Dass der aristotelische Ansatz die Intuition, dass Gewalthandlungen intrinsisch schlecht sind, mit einer geradezu passgenauen moralphilosophischen Rechtfertigung versieht, sollte die Skeptiker auf den Plan rufen. In der Tat gibt es zwei grundlegende Probleme, denen eine aristotelische Moralphilosophie begegnet und die wenigstens kurz angesprochen werden sollten.

Erstens koppelt der Aristotelismus sowohl die Begründung als auch die Rechtfertigung der moralischen Kriterien an die vorgefundenen, d.h. an die tatsächlich gegebenen Lebensbedingungen und Bedürfnisse der Adressaten der Moral. Dass bestimmte Handlungen und die entsprechenden Haltungen gut und andere schlecht sind, leitet sich eben nicht von dem Willen eines transzendenten Wesens oder weltlichen Herrschers her und auch nicht aus einem intellektuellen Vermögen, das von allem „empirischen Beiwerk" wie Bedürfnissen, Wünschen und Affekten möglichst vollständig befreit wurde. Sie sind gut, weil wir ohne sie als Menschen, als Art wie als Individuen, nicht gedeihen, d.h. nur schlecht und prekär leben könnten. Andere sind dementsprechend schlecht, insofern sie die notwendigen natürlichen wie sozialen Grundlagen menschlichen Lebens mittelbar oder unmittelbar beschädigen oder zerstören.

Diese direkte Bezugnahme auf die menschlichen Bedürfnisse setzt allerdings voraus, dass diese sich, als empirisch gegebene, problemlos erfassen und korrekt beschreiben lassen. Dagegen lässt sich einerseits einwenden, dass eine solche Beschreibung nicht möglich ist: Jede Beschreibung, jede Theorie, ist immer auch Ausdruck der Werte und Überzeugungen (marxistisch gesprochen: der ökonomischen Position) derjenigen, von denen sie formuliert wird. Eine wirklich objektive Beschreibung „des" Menschen, so könnte man sagen, gibt es nicht.

Selbst wenn man dieses Problem mit Verweis darauf löst, dass zumindest *natur*wissenschaftliche Theorien in der Tat durch die Empirie falsifiziert werden und entsprechendes Wissen über die tatsächlichen Bedürfnisse menschlicher Lebewesen durchaus möglich ist, ließe sich andererseits einwenden, dass ja diese Bedürfnisse selbst nicht losgelöst von notwendig konkreten und ebenso notwendig variablen sozialen Rahmenbedingungen beschrieben werden können:

> Hunger ist Hunger, aber Hunger, der sich durch gekochtes, mit Gabel und Messer gegeßnes Fleisch befriedigt, ist ein andrer Hunger, als der rohes Fleisch mit Hilfe von Hand, Nagel und Zahn verschlingt.[40]

Es gibt nicht „das" Bedürfnis nach Nahrung, sondern nur das je konkrete Bedürfnis danach, über so viel Nahrungsmittel verfügen zu können, wie in der entsprechenden Gesellschaft üblicherweise als angemessen („wohlhabend", „auskömmlich", „ausreichend", „nicht arm" usw.) gilt. Zugespitzt lautet der Vorwurf an aristotelische Theorien, dass sie nicht zuletzt deshalb so plausibel und intuitiv einsichtig für uns sind, weil sie im Grunde nichts tun, als unsere kontingenten (und höchstwahrscheinlich ungerechtfertigten) Wertvorstellungen als vermeintliche „menschliche Grundbedürfnisse" auf die Natur zu projizieren. Das gilt dann *mutatis mutandis* auch für die Intuition, dass Gewalthandlungen intrinsisch schlecht sind.

Zum einen hat Martha Nussbaum wiederholt darauf hingewiesen, dass die von ihr benannten menschlichen Fähigkeiten bewusst „vage" formuliert sind, eben weil sie unter unterschiedlichen Bedingungen auf unterschiedliche Weise erfüllt werden können oder gar müssen.[41] Dass unterschiedliche Lebensstile und damit unterschiedliche Mengen an bestimmten, lebensnotwendigen Gütern als „wohlhabend" oder „notwendig" gelten, je nach Gesellschaft, in der man sich befindet, spricht eben nicht gegen die aristotelische Einsicht, dass menschliche Lebewesen bestimmte Güter in einer angebbaren Menge zum Leben notwendig haben. Und dass man den sozialen Nahbereich, vor allem die Familienstrukturen, auf unterschiedliche Weise organisieren kann, spricht gleichfalls nicht gegen die aristotelische These, dass Menschen auf persönliche, auf Vertrauen und die Bereitschaft zur Sorge gegründete soziale Beziehungen angewiesen

---

[40] Marx: „Einleitung zur Kritik der politischen Ökonomie", 624. Siehe zu diesem Problem insgesamt Jaeggie: *Kritik von Lebensformen*, 203-5, die immerhin einräumt, dass es bestimmte basale Bedürfnisse gibt, die Menschen *als* Menschen haben, aber einwendet, dass auch diese immer je konkret ausdifferenziert würden.

[41] Siehe Nussbaum: „Menschliches Tun und soziale Gerechtigkeit", bes. 208-9.

sind, um leben und aufwachsen und sich körperlich, emotional und intellektuell voll entwickeln zu können. Es ist, wie auch Angelika Krebs herausgestellt hat, umgekehrt sogar so, dass die je konkreten sozialen Strukturen als einseitig oder mangelhaft kritisiert werden können, eben weil sie die Ausbildung der entsprechenden Fähigkeiten bei einigen oder möglicherweise sogar bei allen von ihnen betroffenen Menschen behindern oder schlimmstenfalls unmöglich machen.[42]

Zum anderen sind die für diese Untersuchung und das Problem des wertenden Aspekts des Gewaltbegriffs relevanten Bedürfnisse jene, die sich – als Teil der „ersten" Natur des Menschen – in der Tat objektiv bestimmen lassen.[43] Relevant sind hier in erster Linie die körperlichen und seelischen Grundbedürfnisse menschlicher Lebewesen, die von Naturwissenschaften, vor allem aber von der Medizin durchaus objektiv bestimmt werden können. Das meint etwa Wissen darüber, was ein Mensch mit einer bestimmten Größe und einem bestimmten Gewicht an Wasser usw. braucht, um überleben und um gut leben zu können. Oder welche Handlungen bei Menschen massiven Stress hervorrufen, welche sie seelisch „brechen" usw. Der Erfolg medizinischer Verfahren hängt ja wesentlich davon ab, dass dieses Wissen – als Wissen über den Menschen, nicht als Wissen über den Mitteleuropäer zwischen 1965 und 2015 – möglich und belastbar ist. Und das betrifft nicht allein die moderne Medizin: Die Effektivität und Berechenbarkeit der zahlreichen, seit Jahrtausenden erprobten, tradierten und beständig weiterentwickelten Methoden körperlicher und seelischer Folter verdeutlicht dies auf ebenso plastische wie drastische Weise. Und es ließe sich ergänzen, dass die zeitlich begrenzte oder dauerhafte Beschädigung oder Zerstörung des normalen Weltbezugs des Opfers, auf die Elaine Scarry und Susan Brison hingewiesen haben, ebenfalls eine „aristotelische Notwendigkeit" menschlicher Lebewesen ist.[44]

Das zweite Problem aristotelischer Ansätze ist freilich nicht derart leicht zu lösen (oder zu umgehen), und es ist eine wesentliche Grundlage der hier vorausgesetzten gehaltvollen, notwendige Bedürfnisse liefernden Beschreibung der menschlichen Natur. Denn

---

[42] Krebs: „Werden Menschen schwanger?", 239-40.
[43] Vgl. ebd., 236-7.
[44] Siehe Scarry: *The body in pain*, 29-30, 34-5 und Brison: *Aftermath*, 39-40.

die partielle Entkoppelung prudentieller und moralischer Gründe hängt auch damit zusammen, dass die Bedürfnisse, die „aristotelischen Notwendigkeiten", von denen der Aristotelismus ausgeht, in erster Linie Bedürfnisse *der Art* und nur in zweiter Linie Bedürfnisse der Individuen sind.

Sicherlich, ohne eine Verpflichtung, gegebene Versprechen zu halten (um Anscombes Beispiel aufzugreifen[45]), wären soziale Bindungen und ein Vertrauen in andere nur schwer zu erreichen und der von allgemeinem wechselseitigem Misstrauen geprägte Hobbessche Naturzustand kaum zu überwinden – und in diesem ist das menschliche Leben nun einmal „ekelhaft, tierisch und kurz"[46]. Und das gefährdet das Überleben der Art wie auch der Individuen. Aber es gibt zugleich Situationen, in denen ein Versprechen zu halten aus verschiedenen Gründen *nicht* im (durchaus rationalen) Interesse des Individuums ist. In manchen Situationen hat etwa moralische Integrität eine Illoyalität gegenüber Angehörigen oder Freunden oder unmittelbaren Schaden für die Akteure selbst zur Folge. Letzteres sind ja die Fälle, auf die moralische Skeptiker seit Callicles und Thrasymachus verweisen: Fälle, in denen es nicht im eigenen Interesse und damit unklug ist, sich moralischen Geboten zu unterwerfen. Diese Fälle werfen die Frage auf, warum man denn überhaupt moralisch handeln solle, was denn dafür sprechen solle, der Moral zum eigenen Schaden zu folgen.[47]

Aristoteliker müssen letzten Endes eingestehen, dass sich prudentielle und moralische Gründe zwar in den meisten, aber eben nicht in allen Fällen miteinander zur Deckung bringen lassen. Philippa Foot hat allerdings darauf hingewiesen, dass der Einwand des Skeptikers unterstellt, dass sich praktische Rationalität, also das Vermögen zu beurteilen, was in einer gegebenen Situation zu tun richtig bzw. angemessen ist, letztlich in Zweckrationalität („Was muss ich tun, damit ich erreiche, was ich will?") erschöpft. Gesteht man dies

---

[45] Anscombe: „On Promising and its Justice".
[46] Hobbes: *Leviathan*, 76.
[47] Die Identifikation prudentieller mit moralischen Gründen, wie sie der moralische Kontraktualismus protegiert, folgt ja gerade aus der Entscheidung seiner Vertreter, dass nur diejenige Moral Anspruch auf universelle Gültigkeit erheben kann, die diesen Einwand des Skeptikers entkräften und zeigen kann, dass selbst ein Gyges (Platon: *Rep.*, 359b-360d) sie befolgen muss (diesen wird allerdings selbst der Kontraktualist kaum überzeugen können, siehe Mackie: *Ethik*, 243-7).

aber nicht zu, etwa weil Urteile über das, was für ein Lebewesen gut oder schlecht ist, wahrheitsfähig, d.h. objektiv wahr oder falsch sind, ohne in irgend einer Form auf die Interessen oder Wünsche des Urteilenden Bezug nehmen zu müssen,[48] dann wird die Position des Skeptikers selbst fraglich.

Man müsste seinen Einwand dann reformulieren, insofern er nicht nach Gründen fragt, sondern nach Motiven. Es ist allerdings durchaus möglich, dass die Motivation, unmoralisch zu handeln, stärker ist als die Motivation, moralisch zu handeln. Aber das allein erlaubt keinen Verstoß gegen die Moral: Dass das-und-das objektiv schlecht für Menschen ist, *ist* ein hinreichender Grund, es zu unterlassen, auch wenn man es trotzdem gerne tun möchte. So, wie 2 + 2 = 4 auch ein hinreichender Grund ist, dem Verkäufer vier Euro zu geben, wenn man zwei Bananen zu je zwei Euro bekommen hat – auch wenn man (verständlicherweise) gerne weniger Geld dafür ausgeben würde.

(d) Gewalt: Umstritten, intrinsisch schlecht und dennoch erlaubt? Was folgt hieraus für den in den vorangegangenen Kapiteln entwickelten Gewaltbegriff? Kurz gesagt: dass Gewalt objektiv moralisch schlecht ist und dass der wertende Gebrauch von „Gewalt" daher gerechtfertigt ist.

Gewalthandlungen *sind* intrinsisch schlecht. Dass eine Handlung eine Gewalthandlung ist, spricht daher immer erst einmal gegen sie, d.h. gegen ihre Ausführung, dagegen, dass sie erlaubt oder sogar geboten ist. Sicherlich, Gewalthandlungen können aus bestimmten Gründen in manchen Fällen dennoch erlaubt, vielleicht sogar geboten sein. Aber wir tragen der ethischen Komplexität und Ambiguität unseres Alltags auch dort, wo Gewalthandlungen in Frage stehen, nur dann angemessen Rechnung, wenn wir hieraus nicht den falschen Schluss ziehen, dass „Gewalt" moralisch neutral verwendet werden sollte. Denn *als solche* ist Gewalt moralisch schlecht, und daher sollte „Gewalt" auch negativ wertend gebraucht werden.

Diese Feststellung ändert allerdings nichts an dem essentiell umstrittenen Charakter des Gewaltbegriffs. Vor allem aber liefert die hier skizzierte neoaristotelische Begründung der intrinsischen Verwerflichkeit von Gewalthandlungen keine Kriterien, anhand derer

---

[48] Siehe aber Stemmer: „Was es heißt, ein gutes Leben zu leben", 54-8, der dies bestreitet.

die Probleme der Gewichtung und Konkretisierung der einzelnen Merkmale der Absichtlichkeit, schweren Verletzung und Ungewolltheit gelöst werden könnten. Diese Merkmale bleiben partiell offen, zumal die Fähigkeiten und Vermögen, die durch Gewalthandlungen beschädigt, verletzt oder zerstört werden, ja selbst „vage" formuliert sind, d.h. als Merkmale sind sie selbst auf ähnliche Weise „partiell offen".

Das mag unbefriedigend sein, aber es entspricht dem, was Gallie für essentiell umstrittene Begriffe diagnostiziert hat: dass die Frage, ob diese-oder-jene Handlung eine Gewalthandlung war, in einigen Fällen umstritten ist und bleibt, auch aufgrund der unterschiedlichen Wertüberzeugungen der Urteilenden. Aber dies ist ebenso wenig wie sein wertender Charakter ein hinreichender Grund, den Gewaltbegriff als unklar oder jenseits der Polemik unbrauchbar zu verabschieden.

Plädoyer gegen die begriffliche Entgrenzung

Wägt man die verschiedenen Vorschläge zur Definition von „Gewalt" und die entsprechenden Gründe und Einwände gegeneinander ab, dann spricht vieles dafür, „Gewalt" als *absichtliche schwere Verletzungen von Lebewesen gegen ihren Willen* zu bestimmen. „Gewalt" in diesem Sinne kann von Einzeltätern oder von mehreren Tätern gemeinsam verübt werden, und in beiden Fällen kann es sich um Gewalthandlungen handeln, die ohne entsprechende institutionelle Strukturen nicht zu verstehen sind, die den Tätern „Räume der Gewalt" öffnen.

Auch wenn der Umstand, dass wir „Gewalt" wertend und häufig genug auch polemisch oder strategisch, anklagend oder skandalisierend gebrauchen, Zweifel an der Tauglichkeit dieses Begriffs für wissenschaftliche oder anderweitig differenzierte Analysen wecken mag: Der Gewaltbegriff, das ist das wesentliche Ergebnis dieser Untersuchung, lässt sich dennoch hinreichend klar definieren, um „Gewalt" deutlich zu bestimmen und Gewalthandlungen von anderen, ähnlichen Phänomenen zu unterscheiden.

Das bedeutet nicht, dass nun alle Fragen erschöpfend geklärt wären. Selbst wenn die hier vorgeschlagenen Begriffe der kollektiven und der institutionalisierten Gewalt auf den ersten Blick über die Angabe eindeutiger Merkmale bestimmt wurden – wenigstens die entsprechende Einordnung konkreter Gewaltphänomene bleibt bestreitbar und kritisierbar. Diese Begriffe dürfen keinesfalls mit einem vollständigen Schema, gewissermaßen mit einer Blaupause für die Erklärung entsprechender Phänomene verwechselt werden, auch wenn zur Abgrenzung und Bestimmung der Begriffe auf entsprechende Ansätze und Überlegungen zurückgegriffen wurde. Klare begriffliche Einordnungen sind unverzichtbar, ersetzen aber keine gehaltvollen Erklärungen, die ohnehin nicht ohne Bezug auf konkrete Umstände und Kontexte gelingen können.

Natürlich dürften nicht allein die wissenschaftlichen, sondern auch die öffentlichen, mit Blick auf politisch oder gesellschaftlich relevante oder drängende Probleme geführten Debatten von einer klaren und kritisch reflektierten Begrifflichkeit profitieren. Allerdings erscheint es vermessen, wenigstens aber „sehr optimistisch", sich davon einen mäßigenden Einfluss auf die Rede von „Gewalt" in öffentlichen Debatten zu versprechen, ganz gleich, wie überzeugt man von den eigenen Argumenten sein mag.

Solange allerdings die verschiedenen Wissenschaften auch in öffentlichen Debatten noch die Autorität der objektiven und unvoreingenommenen Beschreibung der Welt „so wie sie ist" besitzen und wissenschaftliche Studien und Theorien dementsprechend häufig als Argumente herangezogen werden, sollten zumindest wissenschaftliche Untersuchungen und Debatten mit klaren, kritisch reflektierten Begriffen geführt werden. Alles andere hieße, den ohnehin schon verbreiteten Hang zur begrifflichen Entgrenzung nicht zu korrigieren, sondern ihn zu unterstützen oder sogar, wie ein Katalysator, die politisch-polemische Verzerrung der Wirklichkeit zu verschlimmern. Dass das nicht der Anspruch wissenschaftlicher Arbeit sein kann, sollte außer Frage stehen.

Dementsprechend bliebe zu hoffen, dass die in dieser Untersuchung entwickelten und verteidigten Begriffe für die Debatten in den verschiedenen philosophischen, sozialwissenschaftlichen oder anderweitig empirischen Wissenschaften fruchtbar und erkenntnisfördernd sind und für die Analyse öffentlicher Debatten als kritisches Korrektiv taugen, vielleicht sogar als eine Art Beruhigungsmittel gegen die wechselseitige Erregungssteigerung.

Die Überlegungen, die ihnen zugrunde liegen, sollten zumindest die mannigfaltigen Fallstricke und Probleme offengelegt haben, mit denen sich auseinanderzusetzen hat, wer „Gewalt" erforscht und untersucht, sie kritisiert oder verdammt, lobt oder entschuldigt. Bereits das wäre, wie eingangs erwähnt, sicherlich kein allzu gering zu veranschlagender Beitrag.

Literaturverzeichnis

Aly, Götz: *Europa gegen die Juden. 1880–1945*, Frankfurt (Main): S. Fischer, 2017
Anscombe, G.E.M: „On Promising and its Justice", in: *Collected Philosophical Papers*, Minneapolis: University of Minnesota Press, 1981, Bd. iii, 10-21
Arendt, Hannah: *Macht und Gewalt*, München: Piper, 2000
Audi, Robert: „On the Meaning and Justification of Violence", in: Jerome A. Shaffer (Hg.): *Violence. Award-Winning Essays in the Council for Philosophical Studies Competitions*, New York: McKay, 1971, 45-101
Austin, John L.: *Zur Theorie der Sprechakte (How to do things with words)*, hrsg. von Eike von Savigny, Stuttgart: Reclam, 1979
- „Are There *A Priori* Concepts?", in: John L. Austin: *Philosophical Papers*, hrsg. von J.O. Urmson und G.J. Warnock, Oxford: Clarendon Press, 1961, 1-23
- „The Meaning of a Word", in: John L. Austin: *Philosophical Papers*, hrsg. von J.O. Urmson und G.J. Warnock, Oxford: Clarendon Press, 1961, 23-44
- „Truth", in: John L. Austin: *Philosophical Papers*, hrsg. von J.O. Urmson und G.J. Warnock, Oxford: Clarendon Press, 1961, 85-102
- „A Plea for Excuses", in: John L. Austin: *Philosophical Papers*, hrsg. von J.O. Urmson und G.J. Warnock, Oxford: Clarendon Press, 1961, 123-153
Authaler, Caroline: „Das völkerrechtliche Ende des deutschen Kolonialreiches", in: *Aus Parlament und Zeitgeschichte* 69:40-42 (2019), 4-10

Baberowski, Jörg: *Räume der Gewalt*, Frankfurt (Main): S. Fischer, 2015
Bäck, Allan: „Thinking clearly about violence", in: *Philosophical Studies* 117 (2004), 219-230
Barth, Boris: *Genozid. Völkermord im 20. Jahrhundert – Geschichte, Theorien, Kontroversen*, München: Beck, 2006

Baz, Avner: *When Words Are Called For. A Defense of Ordinary Language Philosophy*, Cambridge und London: Harvard University Press, 2012

Behr, Rafael: *Polizeikultur. Routinen – Rituale – Reflexionen. Bausteine zu einer Theorie der Praxis der Polizei*, Wiesbaden: Verlag für Sozialwissenschaften, 2006

– *Cop Culture – Der Alltag des Gewaltmonopols. Männlichkeit, Handlungsmuster und Kultur in der Polizei*, Wiesbaden: Verlag für Sozialwissenschaften, 2008

– „‚Die Polizei muss … an Robustheit deutlich zulegen‘: Zur Renaissance aggressiver Maskulinität in der Polizei", in: Daniel Loick (Hg.): *Kritik der Polizei*, Frankfurt (Main) und New York: Campus, 2018, 165-181

Benjamin, Walter: *Zur Kritik der Gewalt*, in: Walter Benjamin: *Zur Kritik der Gewalt und andere Aufsätze*, Frankfurt (Main): Suhrkamp, 1965

Berger, Peter L. und Thomas Luckmann: *The Social Construction of Reality. A Treatise in the Sociology of Knowledge*, New York: Anchor Books, 1967

Bittner, Rüdiger: „Ist Notwehr erlaubt?", in: Barbara Bleisch und Jean-Daniel Strub (Hg.): *Pazifismus. Ideengeschichte, Theorie und Praxis*, Bern u.a.: Haupt Verlag 2006, 265-276

Blackburn, Simon: *Ruling Passions. A Theory of Practical Reasoning*, Oxford: Clarendon Press, 1998

Boeckmann, Otto: „Was ist Gewalt?", in: *Juristenzeitung* 22 (1986), 1050-1052

Bogdal, Klaus-Michael: *Europa erfindet die Zigeuner. Eine Geschichte von Faszination und Verachtung*, Berlin: Suhrkamp, 2011

Bon, Gustave Le: *Psychologie der Massen*, Stuttgart: Kröner, 1982

Bonacker, Thorsten und Peter Imbusch: „Zentrale Begriffe der Friedens- und Konfliktforschung. Konflikt, Gewalt, Krieg, Frieden", in: Peter Imbusch und Ralf Zoll (Hg.): *Friedens- und Konfliktforschung. Eine Einführung*, Wiesbaden: Verlag für Sozialwissenschaften, 2005, 69-145

Bratman, Michael E.: *Shared Agency. Planning Theory of Acting Together*, Oxford: Oxford University Press, 2014

Brehl, Medardus: „‚Das Drama spielte sich auf der dunklen Bühne des Sandfeldes ab‘. Die Vernichtung der Herero und Nama in der deutschen (Populär-)Literatur", in: Jürgen Zimmerer und

Joachim Zeller (Hg.): *Völkermord in Deutsch-Südwestafrika. Der Kolonialkrieg (1904–1908) in Namibia und seine Folgen*, Berlin: Links Verlag, 2016, 86-97

Brison, Susan J.: *Aftermath. Violence and the Remaking of a Self*, Princeton: Princeton University Press, 2003

Bufacchi, Vittorio: „Two Concepts of Violence", in: *Political Studies Review* 3 (2005), 193-204

– *Violence and Social Justice*, New York: Palgrave Macmillan, 2009

Burgess-Jackson, Keith: „Gewalt in der zeitgenössischen analytischen Philosophie", in: Wilhelm Heitmeyer und John Hagen (Hg.): *Internationales Handbuch Gewaltforschung*, Wiesbaden: Westdeutscher Verlag, 2002, 1233-1255

Busse, Dietrich: „Der Bedeutungswandel des Begriffs ‚Gewalt' im Strafrecht", in: Dietrich Busse (Hg.): *Diachrone Semantik und Pragmatik*, Tübingen: Niemeyer, 1991, 259-277

Butterweck, Hellmut: *Verurteilt und begnadigt. Österreich und seine NS-Straftäter*, Wien: Czernin, 2003

Canetti, Elias: *Masse und Macht*, Frankfurt (Main): S. Fischer, 1980

Cavell, Stanley: „Müssen wir meinen, was wir sagen", in: Stanley Cavell: *Nach der Philosophie. Essays*, hrsg. von Ludwig Nagl und Kurt R. Fischer, Berlin: Akademie Verlag 2001, 37-75

– „Wittgenstein als Philosoph. Alltäglichkeit als Heimat", in: Stanley Cavell: *Nach der Philosophie. Essays*, hrsg. von Ludwig Nagl und Kurt R. Fischer, Berlin: Akademie Verlag 2001, 97-129

Christ, Michaela: „Soziologie", in: Christian Gudehus und Michaela Christ (Hg.): *Gewalt. Ein Interdisziplinäres Handbuch*, Stuttgart: Metzler 2013, 371-379

Coady, C.A.J.: *Morality and Political Violence*, Cambridge: Cambridge University Press, 2008

Conteh-Morgan, Earl: *Collective Political Violence. An Introduction to the Theories and Cases of Violent Conflicts*, New York und London: Routledge, 2004

Dahrendorf, Ralf: *Homo sociologicus. Ein Versuch zur Geschichte, Bedeutung und Kritik der Kategorie der sozialen Rolle*, Wiesbaden: Verlag für Sozialwissenschaften, 2006

Dancy, Jonathan: *Ethics without principles*, Oxford: Clarendon Press, 2006.

Deegner, Günther: „Erscheinungsformen und Ausmaße von Kindesmisshandlung", in: Wilhelm Heitmeyer und Monika Schröttle (Hg.): *Gewalt. Beschreibungen, Analysen, Prävention*, Bonn: bpb, 2006, 26-45

Deines, Stefan: „Verletzende Anerkennung. Über das Verhältnis von Anerkennung, Subjektkonstitution und ‚sozialer Gewalt'", in: Steffen K. Hermann u.a. (Hg.): *Verletzende Worte. Die Grammatik sprachlicher Missachtung*, Bielefeld: transcript, 2007, 275-294

Derrida, Jacques: „Gewalt und Metaphysik. Essay über das Denken Emmanuel Levinas", in: Jacques Derrida: *Die Schrift und die Differenz*, Frankfurt (Main): Suhrkamp, 1976, 121-236

Dewey, John: „Force, Violence and Law", in: *The Middle Works of John Dewey 1899-1924*, Vol. 10: *Essays in Philosophy and Education 1916-1917*, Carbondale und Edwardsville: Southern Illinois University Press 1985, 211-216

Döring, Julia: *Gewalt und Kommunikation*, Aachen: Shaker, 2009

Eco, Umberto: *Zeichen. Eine Einführung in einen Begriff und seine Geschichte*, Frankfurt (Main): Suhrkamp, 1977
– *Semiotik. Entwurf einer Theorie der Zeichen*, München: Fink, 1987

Eglau, Victoria: „Die Toten von Treuenbrietzen. Zum Schicksal der italienischen Militärangehörigen in Deutschland", Deutschlandfunk Kultur, 27.04.2005, http://www.deutschlandfunkkultur.de/die-toten-von-treuenbrietzen.1134.de.html?dram:article_id=177121 (letzter Zugriff: 27.11.2018)

Elstein, Daniel Y. und Thomas Hurka: „From Thick to Thin. Two Moral Reduction Plans", in: *Canadian Journal of Philosophy* 39:4 (2009), 515-536

Enzmann, Birgit: „Gewalt – Repression – Widerstand", in: Gereon Flümann (Hg.): *Umkämpfte Begriffe. Deutungen zwischen Demokratie und Extremismus*, Bonn: bpb, 2017

Faber, Karl-Georg und Karl-Heinz Ilting: „Macht, Gewalt", in: *Geschichtliche Grundbegriffe*, Bd. 3: *H – Me*, hrsg. von Otto Brunner u.a., Stuttgart: Klett-Cotta, 1982, 817-935

Feltes, Thomas: „Legitime und illegitime Gewaltanwendung durch die Polizei", in: Wilhelm Heitmeyer und Monika Schröttle

(Hg.): *Gewalt. Beschreibungen, Analysen, Prävention*, Bonn: bpb, 2006, 539-557

Foot, Philippa: „Moral Arguments", in: Philippa Foot: *Virtues and Vices. And other Essays in Moral Philosophy*, Berkeley und Los Angeles: University of California Press, 1989, 96-110

- *Natural Goodness*, Oxford: Clarendon Press, 2001

Forschner, Maximilian: „Gewalt und Politische Gesellschaft", in: Alfred Schöpf (Hg.): *Aggression und Gewalt. Anthropologisch-sozialwissenschaftliche Beiträge*, Würzburg: Königshausen & Neumann, 1985, 13-37

Fotion, Nicholas, Boris Kashnikov und Joanna K. Lekea: *Terrorism. The New World Disorder*, London: Continuum, 2007

Foucault, Michel: *Überwachen und Strafen. Die Geburt des Gefängnisses*, Frankfurt (Main): Suhrkamp, 1994

Franke, Jürgen: „Zivile und demokratische Kontrolle militärischer Gewalt. Begriffliche und theoretische Annäherungen an einen komplexen Gegenstand", in: Nina Leonhard und Jürgen Franke (Hg.): *Militär und Gewalt. Sozialwissenschaftliche und ethische Perspektiven*, Berlin: Duncker & Humblot, 2015, 59-93

Frege, Gottlob: „Über Sinn und Bedeutung", in: Gottlob Frege: *Funktion, Begriff, Bedeutung*, hrsg. von Günther Patzig, Göttingen: Vandenhoeck & Ruprecht, 1994, 40-66

Freud, Sigmund: *Massenpsychologie und Ich-Analyse*, in: Sigmund Freud: *Massenpsychologie und Ich-Analyse. Die Zukunft einer Illusion*, Frankfurt (Main): S. Fischer, 1993, 31-107

Friedländer, Saul und Orna Kenan: *Das Dritte Reich und die Juden. 1933–1945*, München: Beck, 2010

Gärtner, Peter: „Rätsel um zwei Massaker", in: *Mitteldeutsche Zeitung*, 02.01.2009

Gallie, William B.: „Essentially Contested Concepts", in: *Proceedings of the Aristotelian Society* 56 (1955/6), 167-198

Galtung, Johan: „Gewalt, Frieden und Friedensforschung", in: Johan Galtung: *Strukturelle Gewalt. Beiträge zur Friedens- und Konfliktforschung*, Reinbek: Rowohlt, 1975, 7-37

Garver, Newton: „Violence and Social Order", in: Ota Weinberger (Hg.): *Philosophie des Rechts, der Politik und der Gesellschaft. Akten des 12. Internationalen Wittgenstein-Symposiums*, Wien: Hölder-Pichler-Tempsky, 1988, 218-224

Gauthier, David: *Morals by Agreement*, Oxford: Clarendon Press, 1987
Gehlen, Arnold: *Moral und Hypermoral. Eine pluralistische Ethik*, Frankfurt (Main): Klostermann, 2004
– *Der Mensch. Seine Natur und seine Stellung in der Welt*, Wiebelsheim: AULA, 2004
Gehring, Petra: „Liberale Forderungen nach Sterbehilfe. Die Gewalt in einem tödlichen Autonomiediskurs", in: Burkhard Liebsch und Dagmar Mensink (Hg.): *Gewalt Verstehen*, Berlin: Akademie Verlag, 2003, 131-141
– *Über die Körperkraft der Sprache. Studien zum Sprechakt*, Frankfurt (Main) und New York: Campus, 2019
Gert, Bernard: „Justifying Violence", in: *The Journal of Philosophy* 66:19 (1969), 616-628
Gesang, Bernward: *Eine Verteidigung des Utilitarismus*, Stuttgart: Reclam, 2003
Gibbard, Alan: *Wise Choices, Apt Feelings. A Theory of Normative Judgment*, Oxford: Clarendon Press, 1990
Gilbert, Margaret: *On Social Facts*, Princeton: Princeton University Press, 1992
– „What Is It for Us to Intend?", in: Margaret Gilbert: *Sociality and Responsibility. New Essays in Plural Subject Theory*, Lanham u.a.: Rowman & Littlefield, 2000, 14-37
Görgen, Thomas und Werner Greve: „Alter ist kein Risikofaktor an sich für die Opferwerdung", in: Wilhelm Heitmeyer und Monika Schröttle (Hg.): *Gewalt. Beschreibungen, Analysen, Prävention*, Bonn: bpb, 2006, 144-164
Görlich, Petra: „Die Toten von Treuenbrietzen", in: *Portal. Das Potsdamer Universitätsmagazin* 04/2010, 41
Gordon, Joy: „Economic sanctions and global governance. The case of Iraq", in: Vittorio Bufacchi (Hg.): *Rethinking Violence*, London und New York: Routledge, 2011, 64-76
Gupta, Akhil: „On Structural Violence", in: Kalpana Kannabiran (Hg.): *Violence Studies*, Oxford: Oxford University Press, 2016, 339-358

Haan, Willem de: „Violence as an Essentially Contested Concept", in: Sophie Body-Gernot und Pieter Spierenburg (Hg.): *Violence in Europe. Historical and Contemporary Perspectives*, New York: Springer, 2009, 27-40

Hagemann-White, Carol: „Gemeinsamkeiten und Unterschiede der Gewalt gegen Frauen und Männer", in: Wilhelm Heitmeyer und Monika Schröttle (Hg.): *Gewalt. Beschreibungen, Analysen, Prävention*, Bonn: bpb, 2006, 117-124

Hare, Richard M.: *Moral Thinking. Its Levels, Method, and Point*, Oxford: Clarendon Press, 1981

Harris, John: „The Marxist Conception of Violence", in: Vittorio Bufacchi (Hg.): *Violence. A Philosophical Anthology*, Houndmills, Basingstoke: Palgrave Macmillan, 2009, 185-207

Heitmeyer, Wilhelm und Monika Schröttle (Hg.): *Gewalt. Beschreibungen, Analysen, Prävention*, Bonn: bpb, 2006

Herzberg, Guntolf: *Moral extremer Lagen. Menschliches Handeln unter Entscheidungsdruck zwischen Leben und Tod*, Würzburg: Königshausen & Neumann, 2012

Hilberg, Raul: *Die Vernichtung der europäischen Juden*, Frankfurt (Main): S. Fischer, 2017

Hirsch, Alfred: „Philosophie", in: Christian Gudehus und Michaela Christ (Hg.): *Gewalt. Ein Interdisziplinäres Handbuch*, Stuttgart: Metzler 2013, 347-354

Hirsch, Alfred: *Recht auf Gewalt? Spuren philosophischer Gewaltrechtfertigung nach Hobbes*, München: Wilhelm Fink, 2004

Hitzler, Ronald: „Gewalt als Tätigkeit. Vorschläge zu einer handlungstypologischen Begriffsklärung", in: Sighard Neckel und Michael Schwab-Trapp (Hg.): *Ordnungen der Gewalt. Beiträge zu einer politischen Soziologie der Gewalt und des Krieges*, Opladen: Leske + Budrich, 1999, 9-21

Hobbes, Thomas: *Leviathan oder Stoff, Form und Gewalt eines kirchlichen und bürgerlichen Staates*, hrsg. von Iring Fetscher, Frankfurt (Main): Suhrkamp, 1984

– *Vom Menschen (Elemente der Philosophie II)*, in: Thomas Hobbes: *Vom Menschen / Vom Bürger. Elemente der Philosophie II/III*, hrsg. von Günter Gawlick, Hamburg: Meiner, 1994

Hofstätter, Peter R.: *Gruppendynamik. Kritik der Massenpsychologie*, Reinbek: Rowohlt, 1990

Holmes, Robert L.: „Violence and Nonviolence", in: Jerome A. Shaffer (Hg.): *Violence. Award-Winning Essays in the Council for Philosophical Studies Competitions*, New York: McKay, 1971, 101-137

– „Violence and the Perspective of Morality", in: Vittorio Bufacchi (Hg.): *Violence. A Philosophical Anthology*, Houndmills, Basingstoke: Palgrave Macmillan, 2009, 267-294
Honderich, Ted: *Violence for Equality. Inquiries in Political Philosophy*, Harmondsworth: Penguin, 1980
– *Nach dem Terror. Ein Traktat.* Erweiterte, revidierte und neu übersetzte Ausgabe, Neu-Isenburg: Melzer 2003
Hugger, Paul: „Elemente einer Kulturanthropologie der Gewalt", in: Paul Hugger und Ulrich Stadler (Hg.): *Gewalt. Kulturelle Formen in Geschichte und Gegenwart*, Zürich: Unionsverlag, 1995, 17-28

Imbusch, Peter: *Moderne und Gewalt. Zivilisationstheoretische Perspektiven auf das 20. Jahrhundert*, Wiesbaden: Verlag für Sozialwissenschaften, 2005

Jaeggi, Rahel: *Kritik von Lebensformen*, Berlin: Suhrkamp, 2014
James, William: *Pragmatism. A New Name for Some Old Ways of Thinking*, in: *Pragmatism and Other Writings*, hg. von Giles Gunn, London: Penguin, 2000, 1-133
– *The Will to Believe*, in: *The Will to Believe and Other Essays in Popular Philosophy*, Cambridge: Harvard University Press, 1979, 13-34
Johnson, David E.: „Ethical Education in the Military. Controlling the Institution of Violence", in: Deane Curtin und Robert Litke (Hg.): *Institutional Violence*, Amsterdam und Atlanta: Rodopi, 1999, 317-327

Kant, Immanuel: *Die Metaphysik der Sitten*, in: *Werkausgabe*, hrsg. von Wilhelm Weischedel, Frankfurt (Main): Suhrkamp, 1968, Bd. VIII, 309-637
– *Grundlegung zur Metaphysik der Sitten*, hrsg. von Bernd Kraft und Dieter Schönecker, Hamburg: Meiner, 1999
Katz, Jack: „Epiphanie der Unsichtbarkeit. Wendepunkte bei Unruhen: Los Angeles 1992", in: Axel T. Paul und Benjamin Schwalb (Hg.): *Gewaltmassen. Über Eigendynamik und Selbstorganisation kollektiver Gewalt*, Hamburg: Hamburger Edition, 2015, 63-103
Keane, John: *Violence and Democracy*, Cambridge u.a.: Cambridge University Press, 2004

Kegel, Sandra: „Die Köchin sah die Mörder tanzen. Interview mit Eduard Erne", in: *Frankfurter Allgemeine Zeitung*, 26.10.2007

King, Anthony: „Der Massenangriff. Infantrietaktiken im 20. Jahrhundert", in: Axel T. Paul und Benjamin Schwalb (Hg.): *Gewaltmassen. Über Eigendynamik und Selbstorganisation kollektiver Gewalt*, Hamburg: Hamburger Edition, 2015, 291-312

Klatetzki, Thomas: „,Hang 'em high'. Der Lynchmob als temporäre Organisation", in: Axel T. Paul und Benjamin Schwalb (Hg.): *Gewaltmassen. Über Eigendynamik und Selbstorganisation kollektiver Gewalt*, Hamburg: Hamburger Edition, 2015, 147-175

Klee, Ernst: *„Euthanasie" im NS-Staat. Die „Vernichtung unwerten Lebens"*, Frankfurt (Main): S. Fischer, 1983

Kleffner, Heike: „Ludwigsburgs letzte Mordpuzzles", in: *taz*, 17.05.05

Klemperer, Viktor: *LTI. Die unbewältigte Sprache*, München: dtv, 1969

Klewin, Gabriele und Klaus-Jürgen Tillmann: „Gewaltformen in der Schule – ein vielschichtiges Problem", in: Wilhelm Heitmeyer und Monika Schröttle (Hg.): *Gewalt. Beschreibungen, Analysen, Prävention*, Bonn: bpb, 2006, 191-209

Koloma Beck, Teresa und Klaus Schlichte: *Theorien der Gewalt zur Einführung*, Hamburg: Junius, 2014

Krämer, Sybille: „Sprache als Gewalt oder: Warum verletzen Worte?", in: Steffen K. Hermann u.a. (Hg.): *Verletzende Worte. Die Grammatik sprachlicher Missachtung*, Bielefeld: transcript, 2007, 31-49

– und Elke Koch (Hg.): *Gewalt in der Sprache. Rhetoriken verletzenden Sprechens*, Paderborn und München: Fink, 2010

Krakauer, Jon: *Die Schande von Missoula. Vergewaltigung im Land der Freiheit*, München und Berlin: Piper, 2015

Krebs, Angela: „Werden Menschen schwanger? Das ‚gute menschliche Leben' und die Geschlechterdifferenz", in: Holmer Steinfath (Hg.): *Was ist ein gutes Leben? Philosophische Reflexionen*, Frankfurt (Main): Suhrkamp, 1998, 235-248

Krey, Volker: „Zum Gewaltbegriff im Strafrecht. 1. Teil: Probleme der Nötigung mit Gewalt (§ 240 StGB)", in: BKA (Hg.): *Was ist Gewalt? Auseinandersetzungen mit einem Begriff*, Bd. 1, Wiesbaden 1986, 11-109

Krüger, Gesine: „Bestien und Opfer. Frauen im Kolonialkrieg", in: Jürgen Zimmerer und Joachim Zeller (Hg.): *Völkermord in Deutsch-Südwestafrika. Der Kolonialkrieg (1904-1908) in Namibia und seine Folgen*, Berlin: Links Verlag, 2016, 142-160

Kühl, Stefan: „Gewaltmassen. Zum Zusammenhang von Gruppen, Menschenmassen und Gewalt", in: *Aus Parlament und Zeitgeschichte* 67/4 (2017), 22-27

Kühnel, Wolfgang: „Keine etablierte Forschungstradition zu Gewalt und Polizei", in: Wilhelm Heitmeyer und Monika Schröttle (Hg.): *Gewalt. Beschreibungen, Analysen, Prävention*, Bonn: bpb, 2006, 557-566

Kuhn, Helmut: „Macht – Autorität – Gewalt", in: Eduard J. Kroker (Hg.): *Die Gewalt in Politik, Religion und Gesellschaft*, Stuttgart u.a.: Kohlhammer, 1976, 11-31

Kultgen, John: „Managing Violence und Military Professionalization", in: Deane Curtin und Robert Litke (Hg.): *Institutional Violence*, Amsterdam und Atlanta: Rodopi, 1999, 283-303

Lauber, Heinz: *Judenpogrom. „Reichskristallnacht" November 1938 in Großdeutschland. Daten – Fakten – Dokumente – Quellentexte – Thesen und Bewertungen*, Gerlingen: Bleicher, 1981

Lawrence, John: „Violence", in: *Social Theory and Practice* 1/2 (1970), 31-50

Lee, Steven: „Is Poverty Violence?", in: Deane Curtin und Robert Litke (Hg.): *Institutional Violence*, Amsterdam und Atlanta: Rodopi, 1999, 5-13

Lehnstaedt, Stephan: *Der Kern des Holocaust. Bełżec, Sobibór, Treblinka und die Aktion Reinhardt*, München: C.H. Beck, 2017

Lenz, Hans-Joachim: „Gewalt gegen Männer als neues Thema in Forschung und Gesellschaft", in: Wilhelm Heitmeyer und Monika Schröttle (Hg.): *Gewalt. Beschreibungen, Analysen, Prävention*, Bonn: bpb, 2006, 98-117

Liebsch, Burkhard: *Verletztes Leben. Studien zur Affirmation von Schmerz und Gewalt im gegenwärtigen Denken. Zwischen Hegel, Nietzsche, Bataille, Blanchot, Levinas, Ricœur und Butler*, Zug: Die Graue Edition, 2014

Liell, Christoph: „Der Doppelcharakter von Gewalt. Diskursive Konstruktion und soziale Praxis", in: Sighard Neckel und Michael Schwab-Trapp (Hg.): *Ordnungen der Gewalt. Beiträge zu einer politischen Soziologie der Gewalt und des Krieges*, Opladen: Leske + Budrich, 1999, 33-55

Lindenberger, Thomas und Alf Lüdtke: „Einleitung: Physische Gewalt – eine Kontinuität der Moderne", in: Thomas Lindenberger und Alf Lüdtke (Hg.): *Physische Gewalt. Studien zur Geschichte der Neuzeit*, Frankfurt (Main): Suhrkamp, 1995, 7-39

Lisak, David und Paul M. Miller: „Repeat Rape and Multiple Offending Among Undetected Rapists", in: *Violence and Victims* 17/1 (2002), 73-84

Litchfield, David: „Die Gastgeberin der Hölle", in: *Frankfurter Allgemeine Zeitung*, 18.10.2007

Locher, David A.: *Collective Behavior*, Upper Saddle River: Prentice Hall, 2002

Loick, Daniel: „But who protects us from you? Zur kritischen Theorie der Polizei", in: jour-fixe-initiative berlin (Hg.): *Souveränitäten. Von Staatsmenschen und Staatsmaschinen*, Münster: Unrast, 2010, 159-179

– „Was ist Polizeikritik?", in: Daniel Loick (Hg.): *Kritik der Polizei*, Frankfurt (Main) und New York: Campus, 2018, 9-39

Lukes, Steven: *Power. A radical view*. 2nd edition, New York und Basingstoke: Palgrave Macmillan, 2005

MacCallum, Gerald C.: „What is Wrong with Violence", in: Vittorio Bufacchi (Hg.): *Violence. A Philosophical Anthology*, Houndmills, Basingstoke: Palgrave Macmillan, 2009, 112-134

Mackie, John Leslie: *Ethik. Die Erfindung des moralisch Richtigen und Falschen*, Stuttgart: Reclam, 1983

Manoschek, Walter: „Nationalsozialistische Moral, situativer Rahmen und individuelle Handlungsspielräume als konstitutive Elemente bei der Vernichtung der Juden", in: Walter Manoschek (Hg.): *Der Fall Rechnitz. Das Massaker an den Juden im März 1945*, Wien: Braumüller, 2009, 5-29

Marx, Karl: „Einleitung zur Kritik der politischen Ökonomie", in: Karl Marx und Friedrich Engels: *Werke*, hrsg. vom Institut für Marxismus-Leninismus u.a., Berlin: Dietz, 1954ff., Bd. 13, 615-641

Matz, Ulrich: *Politik und Gewalt. Zur Theorie des demokratischen Verfassungsstaates und der Revolution*, Freiburg / München: Alber, 1975

McDowell, John: „Non-Cognitivism and Rule-Following", in: John McDowell: *Mind, Value, and Reality*, Cambridge: Cambridge University Press, 1998, 198-221

McMahan, Jeff: *Kann Töten gerecht sein? Krieg und Ethik*, Darmstadt: WBG, 2010

McWorther, Stephanie u.a.: „Reports of Rape Reperpetration by Newly Enlisted Male Navy Personnel", in: *Violence & Victims* 24:2 (2009), 204-218

Meßelken, Daniel: *Gerechte Gewalt? Zum Begriff interpersonaler Gewalt und ihrer moralischen Bewertung*, Paderborn: Mentis, 2012

Metzler, Dieter: „Bilderstürme und Bilderfeindlichkeit in der Antike", in: Martin Warnke (Hg.): *Bildersturm. Die Zerstörung des Kunstwerks*, München: Hanser, 1973, 65-99

Mielke, Michael: „Das Massaker von Treuenbrietzen", in: *Die Welt*, 02.12.2008

Milgram, Stanley: *Das Milgram-Experiment. Zur Gehorsamsbereitschaft gegenüber Autorität*, Reinbek: Rowohlt, 1982

Mill, John Stuart: *Utilitarianism – Der Utilitarismus. Englisch / Deutsch*, hrsg. von Dieter Birnbacher, Stuttgart: Reclam, 2006

Miller, Ronald B.: „Violence, Force and Coercion", in: Jerome A. Shaffer (Hg.): *Violence. Award-Winning Essays in the Council for Philosophical Studies Competitions*, New York: McKay, 1971, 9-45

Montaigne, Michel de: „Die Feigheit ist die Mutter aller Grausamkeit", in: Michel de Montaigne: *Essais. Sämtliche 107 Essais nach der ersten deutschen Gesamtausgabe von Johann Daniel Tietz*, Frankfurt (Main): Zweitausendundeins, 2010, 777-787

Moore, G.E.: *Principia Ethica. Erweiterte Ausgabe*, Stuttgart: Reclam, 1996

Müller, Ursula und Monika Schröttle: „Gewalt gegen Frauen in Deutschland – Ausmaß, Ursachen und Folgen", in: Wilhelm Heitmeyer und Monika Schröttle (Hg.): *Gewalt. Beschreibungen, Analysen, Prävention*, Bonn: bpb, 2006, 77-98

Narr, Wolf-Dieter: „Gewalt und Legitimität", in: Otthein Rammstedt (Hg.): *Gewaltverhältnisse und die Ohnmacht der Kritik*, Frankfurt (Main): Suhrkamp, 1974, 9-59

– „Physische Gewaltsamkeit, ihre Eigentümlichkeit und das Monopol des Staates", in: *Leviathan* 8 (1980), 541-560

Nedelmann, Birgitta: „Gewaltsoziologie am Scheideweg. Die Auseinandersetzungen in der gegenwärtigen und Wege der künftigen Gewaltforschung", in: Trutz von Trotha (Hg.): *Soziologie der Gewalt*, Opladen und Wiesbaden: Westdeutscher Verlag, 1997, 59-86

Neidhardt, Friedhelm: „Gewalt – Soziale Bedeutungen und sozialwissenschaftliche Bestimmungen des Begriffs", in: BKA (Hg.): *Was ist Gewalt? Auseinandersetzungen mit einem Begriff*, Bd. 1, Wiesbaden 1986, 109-147

Nirenberg, David: *Communities of Violence. Persecution of Minorities in the Middle Ages*, Princeton: Princeton University Press, 2015

– *Anti-Judaism. The Western Tradition*, New York und London: Norton & Company, 2014

Nunner-Winkler, Gertrud: „Überlegungen zum Gewaltbegriff", in: Wilhelm Heitmeyer und Hans-Georg Soeffner (Hg.): *Gewalt. Entwicklungen, Strukturen, Analyseprobleme*, Frankfurt (Main): Suhrkamp, 2004, 21-62

Nussbaum, Martha: „Menschliches Tun und soziale Gerechtigkeit. Zur Verteidigung des aristotelischen Essentialismus", in: Holmer Steinfath (Hg.): *Was ist ein gutes Leben? Philosophische Reflexionen*, Frankfurt (Main): Suhrkamp, 1998, 196-235

– *Frontiers of Justice. Disability, Nationality, Species Membership*, Harvard: Belknap Press, 2006

Pantle, Christian: *Der Dreißigjährige Krieg. Als Deutschland in Flammen stand*, Berlin: Ullstein, 2017

Paul, Axel T.: „Masse und Gewalt", in: Axel T. Paul und Benjamin Schwalb (Hg.): *Gewaltmassen. Über Eigendynamik und Selbstorganisation kollektiver Gewalt*, Hamburg: Hamburger Edition, 2015, 19-63

Peirce, Charles Sanders: „Die Festlegung einer Überzeugung", in: Charles Sanders Peirce: *Schriften*, Bd. 1: *Zur Entstehung des Pragmatismus*, hrsg. von Karl-Otto Apel, Frankfurt (Main): Suhrkamp, 1967, 293-326

– „Wie unsere Ideen zu klären sind", in: Charles Sanders Peirce: *Schriften*, Bd. 1: *Zur Entstehung des Pragmatismus*, hrsg. von Karl-Otto Apel, Frankfurt (Main): Suhrkamp, 1967, 326-359

Platon: *Der Staat (Politeia)*, in: Platon: *Werke in acht Bänden*, Bd. VIII, Darmstadt: WBG, 2005

Perry, Charner: „Violence. Visible and Invisible", in: *Ethics* 81/1 (1970), 1-21
Perry, Gina: *Behind the Shock Machine. The Untold Story of the Notorious Milgram Psychology Experiments*, Melbourne: Scribe, 2012
Pichl, Maximilian: „Polizei und Rechtsstaat: Über das Unvermögen, exekutive Gewalt einzuhegen", in: Daniel Loick (Hg.): *Kritik der Polizei*, Frankfurt (Main) und New York: Campus, 2018, 101-119
Plessner, Helmuth: „Die Frage nach der Conditio humana", in: *Gesammelte Schriften*, hrsg. von Günter Dux u.a., Bd. IV, Frankfurt (Main): Suhrkamp, 2003, 136-218
Pöllhuber, Karl: „In der Nacht auf Palmsonntag", in: Walter Manoschek (Hg.): *Der Fall Rechnitz. Das Massaker an den Juden im März 1945*, Wien: Braumüller, 2009, 29-57
Popitz, Heinrich: *Phänomene der Macht*, 2., stark erweiterte Auflage, Tübingen: Mohr Siebeck, 1992
– *Soziale Normen*, hrsg. von Friedrich Pohlmann und Wolfgang Eßbach, Frankfurt (Main): Suhrkamp, 2006
– *Einführung in die Soziologie*, hrsg. von Jochen Dreher und Michael K. Walter, München: Konstanz University Press, 2010
Putnam, Hilary: *Für eine Erneuerung der Philosophie*, Stuttgart: Reclam, 1997
– „The Collapse of the Fact/Value Dichotomy", in: Hilary Putnam: *The Collapse of the Fact/Value Dichotomy and other Essays*, Cambridge und London: Harvard University Press, 1994, 7-67

Reemtsma, Jan Philipp: „Gewalt: Monopol, Delegation, Partizipation", in: Wilhelm Heitmeyer und Hans-Georg Soeffner (Hg.): *Gewalt. Entwicklungen, Strukturen, Analyseprobleme*, Frankfurt (Main): Suhrkamp, 2004, 346-362
– *Folter im Rechtsstaat?*, Hamburg: HIS, 2005
– *Vertrauen und Gewalt. Versuch über eine besondere Konstellation der Moderne*, Hamburg: Hamburger Edition, 2008
Reicher, Stephen: „,Tanz in den Flammen'. Das Handeln der Menge und der Quell ihrer Freude", in: Axel T. Paul und Benjamin Schwalb (Hg.): *Gewaltmassen. Über Eigendynamik und Selbstorganisation kollektiver Gewalt*, Hamburg: Hamburger Edition, 2015, 175-204

Reinhardt, Volker: *Blutiger Karneval. Der Sacco di Roma 1527 – eine politische Katastrophe*, Darmstadt: WBG, 2009

Reuter, Julia und Wieser, Matthias: „,Dazwischen-Sein'. Zur Konvergenz postkolonialer und postfeministischer Diskurse", in: Michael Schultze u.a. (Hg.): *Diskurse der Gewalt – Gewalt der Diskurse*, Frankfurt (Main): Peter Lang, 2005, 59-73

Röttgers, Kurt: *Spuren der Macht. Zur Begriffsgeschichte und Systematik*, Freiburg / München: Alber, 1990

– „Andeutungen zu einer Geschichte des Redens über die Gewalt", in: Otthein Rammstedt (Hg.): *Gewaltverhältnisse und die Ohnmacht der Kritik*, Frankfurt (Main): Suhrkamp, 1974, 157-235

Ross, William David: *The Right and the Good*, hrsg. von Philip Stratton-Lake, Oxford: Clarendon Press, 2002

Roy, Klaus-Bernhard: „Strukturelle Gewalt. Zur Aktualität einer politikwissenschaftlichen Fragestellung", in: Michael Schultze u.a. (Hg.): *Diskurse der Gewalt – Gewalt der Diskurse*, Frankfurt (Main): Peter Lang, 2005, 141-153

Runkle, Gerald: „Is Violence Always Wrong?", in: *The Journal of Politics* 38/2 (1976), 367-389

Ryle, Gilbert: *Der Begriff des Geistes*, Stuttgart: Reclam, 1969

– „Phenomenology versus ,The Concept of Mind'", in: Gilbert Ryle: *Collected Papers*, Bd. 1: *Critical Essays*, hrsg. von Julia Tanney, London / New York: Routledge, 2009, 186-205

– „Discussion of Rudolf Carnap: ,Meaning and Necessity'", in: Gilbert Ryle: *Collected Papers*, Bd. 1: *Critical Essays*, hrsg. von Julia Tanney, London / New York: Routledge, 2009, 233-244

– „Knowing how and knowing that", in: Gilbert Ryle: *Collected Papers*, Bd. 2: *Collected Essays 1929–1968*, hrsg. von Julia Tanney, London / New York: Routledge, 2009, 222-236

– „The theory of meaning", in: Gilbert Ryle: *Collected Papers*, Bd. 2: *Collected Essays 1929–1968*, hrsg. von Julia Tanney, London / New York: Routledge, 2009, 363-386

– „Use, usage and meaning", in: Gilbert Ryle: *Collected Papers*, Bd. 2: *Collected Essays 1929–1968*, hrsg. von Julia Tanney, London / New York: Routledge, 2009, 429-428

– „Thinking thoughts and having concepts", in: Gilbert Ryle: *Collected Papers*, Bd. 2: *Collected Essays 1929–1968*, hrsg. von Julia Tanney, London / New York: Routledge, 2009, 459-464

- „Thinking and Reflecting", in: Gilbert Ryle: *Collected Papers*, Bd. 2: *Collected Essays 1929–1968*, hrsg. von Julia Tanney, London / New York: Routledge, 2009, 479-494
- „The thinking of thoughts. What is ‚le Penseur' doing?", in: Gilbert Ryle: *Collected Papers*, Bd. 2: *Collected Essays 1929–1968*, hrsg. von Julia Tanney, London / New York: Routledge, 2009, 494-511

Salmi, Jamil: „The Different Categories of Violence", in: Vittorio Bufacchi (Hg.): *Violence. A Philosophical Anthology*, Houndmills, Basingstoke: Palgrave Macmillan, 2009, 311-320

Sanyal, Mithu M.: *Vergewaltigung. Aspekte eines Verbrechens*, Hamburg: Edition Nautilus, 2016

Savigny, Eike von: *Die Philosophie der normalen Sprache. Eine kritische Einführung in die „ordinary language philosophy"*, Frankfurt (Main): Suhrkamp, 1993

Scarry, Elaine: *The Body in Pain. The Making and Unmaking of the World*, Oxford: Oxford University Press, 1985

Schaper, Ulrike: „Deutsche Kolonialgeschichte postkolonial schreiben", in: *Aus Parlament und Zeitgeschichte* 69/40-42 (2019), 11-16

Scheer, Regina: *Der Umgang mit den Denkmälern. Eine Recherche in Brandenburg*, Brandenburg: LPB, 2003

Schinkel, Willem: *Aspects of Violence. A Critical Theory*, New York: Palgrave Macmillan, 2012

Schmid, Hans Bernhard: *Wir-Intentionalität. Kritik des ontologischen Individualismus und Rekonstruktion der Gemeinschaft*, Freiburg / München: Alber, 2005

Schnell, Felix: „Von dörflicher Selbsthilfe zur paramilitärischen Miliz. Spontane Vergemeinschaftung durch Gewalt im Russischen Bürgerkrieg (1918)", in: Axel T. Paul und Benjamin Schwalb (Hg.): *Gewaltmassen. Über Eigendynamik und Selbstorganisation kollektiver Gewalt*, Hamburg: Hamburger Edition, 2015, 312-337

Schneider, Sebastian C.T.: *„Krieg"? Philosophische Reflexionen über den Kriegsbegriff im 21. Jahrhundert*, Münster: mentis, 2016

Schopenhauer, Arthur: *Preisschrift über die Grundlage der Moral*, in: Ders.: *Werke in fünf Bänden*, hrsg. von Ludger Lütkehaus, Bd. 3, Darmstadt: WBG, 2006, 463-633

Schotte, Dietrich: „Minimale Moral und die Realität moralischer Praxis. Zur Reichweite des moralischen Kontraktualismus", in: *Zeitschrift für philosophische Forschung* 69/1 (2015), 26-43
- „Geschändete Statuen und getötete Ideen. Anmerkungen zur Rede von ‚Gewalt gegen Sachen'", in: *Archiv für Rechts- und Sozialphilosophie*, 104/1 (2018), 84-102
- „‚Grausamkeit' als essentiell umstrittener Begriff", in: *Zeitschrift für philosophische Forschung* 73/4 (2019), 550-569

Schröder, Winfried: Art. „Wildheit; Grausamkeit; Rohheit", in: *Historisches Wörterbuch der Philosophie*, hrsg. von Joachim Ritter u.a., Basel: Schwabe, 1977ff., Bd. 12: W-Z, 755-763

Schroer, Markus: „Gewalt ohne Gesicht. Zur Notwendigkeit einer umfassenden Gewaltanalyse", in: Wilhelm Heitmeyer und Hans-Georg Soeffner (Hg.): *Gewalt. Entwicklungen, Strukturen, Analyseprobleme*, Frankfurt (Main): Suhrkamp, 2004, 151-174

Schröttle, Monika und Ursula Müller: *Lebenssituation, Sicherheit und Gesundheit von Frauen in Deutschland. Eine repräsentative Untersuchung zu Gewalt gegen Frauen in Deutschland*, hrsg. vom Bundesministerium für Familie, Senioren, Frauen und Jugend, Berlin 2004

Schwalb, Benjamin und Axel T. Paul: „Nicht-organisierte kollektive Gewalt", in: Axel T. Paul und Benjamin Schwalb (Hg.): *Gewaltmassen. Über Eigendynamik und Selbstorganisation kollektiver Gewalt*, Hamburg: Hamburger Edition, 2015, 383-411

Schweikardt, David P.: *Der Mythos des Singulären. Eine Untersuchung der Struktur kollektiven Handelns*, Paderborn: mentis, 2011

Searle, John: *Making the Social World. The Structure of Human Civilization*, Oxford: Oxford University Press, 2011

Shaw, Martin: *What is Genocide?*, Cambridge: Polity Press, 2015

Shklar, Judith: *Ordinary Vices*, Cambridge: Belknap Press, 1984

Singer, Peter: *Praktische Ethik. Dritte Auflage*, Stuttgart: Reclam, 2013

Sofsky, Wolfgang: *Traktat über die Gewalt*, Frankfurt (Main): S. Fischer, 1996
- *Die Ordnung des Terrors. Das Konzentrationslager*, Frankfurt (Main): S. Fischer, 1997
- *Zeiten des Schreckens. Amok, Terror, Krieg*, Frankfurt (Main): S. Fischer, 2002

Spaemann, Robert: „Moral und Gewalt", in: *Philosophische Essays. Erweiterte Ausgabe*, Stuttgart: Reclam, 1994, 151-185

Spierenburg, Pieter: „Violence. Reflections About a Word", in: Sophie Body-Gendrot und Pieter Spierenburg (Hg.): V*iolence in Europe. Historical and Contemporary Perspectives*, New York: Springer, 2009, 13-27

Steinweis, Alan E.: *Kristallnacht 1938. Ein deutscher Pogrom*, Stuttgart: Reclam, 2011

Stemmer, Peter: „Was es heißt, ein gutes Leben zu leben", in: Holmer Steinfath (Hg.): *Was ist ein gutes Leben? Philosophische Reflexionen*, Frankfurt (Main): Suhrkamp, 1998, 47-73

– *Handeln zugunsten anderer. Eine moralphilosophische Untersuchung*, Berlin / New York: de Gruyter, 2000

– *Normativität. Eine ontologische Untersuchung*, Berlin / New York, de Gruyter, 2008

Stümke, Volker: „Ethische Normen für Soldaten im Umgang mit Gewalt", in: Nina Leonhard und Jürgen Franke (Hg.): *Militär und Gewalt. Sozialwissenschaftliche und ethische Perspektiven*, Berlin: Duncker & Humblot, 2015, 251-265

Sussman, David: „What's wrong with torture?", in: *Philosophy & Public Affairs*, 33/1 (2005), 1-33

Sutterlüty, Ferdinand: „Kollektive Gewalt und urbane Riots. Was erklärt die Situation", in: Axel T. Paul und Benjamin Schwalb (Hg.): *Gewaltmassen. Über Eigendynamik und Selbstorganisation kollektiver Gewalt*, Hamburg: Hamburger Edition, 2015, 231-257

Tilly, Charles: *The Politics of Collective Violence*, Cambridge: Cambridge University Press, 2003

Tomasello, Michael: *Warum wir kooperieren*, Berlin: Suhrkamp, 2017

Tomforde, Maren: „‚Good shot'. Gewalterfahrungen von Bundeswehrsoldaten im Auslandseinsatz", in: Nina Leonhard und Jürgen Franke (Hg.): *Militär und Gewalt. Sozialwissenschaftliche und ethische Perspektiven*, Berlin: Duncker & Humblot, 2015, 213-251

Trieweiler, Terry: „‚Straight Talk' Was Long Overdue", in: *Missoulian*, 22.03.2013

Trotha, Trutz von: „Zur Soziologie der Gewalt", in: Trutz von Trotha (Hg.): *Soziologie der Gewalt*, Opladen und Wiesbaden: Westdeutscher Verlag, 1997, 9-59
Tugendhat, Ernst: *Vorlesungen über Ethik*, Frankfurt (Main): Suhrkamp, 1993
Turner, Ralph und Lewis Killian: *Collective Behavior*, Englewood Cliffs: Prentice Hall, 1987

Vasilache, Andreas: „Feigheit und Sicherheit in der internationalen Politik", in: Franziska Martinsen und Oliver Flügel-Martinsen (Hg.): *Gewaltbefragungen. Beiträge zur Theorie von Politik und Gewalt*, Bielefeld: transcript, 2014, 143-165
Vorobej, Mark: *The Concept of Violence*, New York und London: Routledge, 2016

Waldenfels, Bernhard: „Aporien der Gewalt", in: Mihran Dabag u.a. (Hg.): *Gewalt. Strukturen, Formen, Repräsentationen*, München: Fink, 2006, 9-25
Walzer, Michael: *Just and Unjust Wars. A Moral Argument with Historical Illustrations*, New York: Basic Books, 1977
Walzer, Michael: *Arguing about War*, New Haven und London: Yale University Press, 2004
Martin Warnke, „Durchbrochene Geschichte? Die Bilderstürme der Wiedertäufer in Münster 1534/35", in: Martin Warnke (Hg.): *Bildersturm. Die Zerstörung des Kunstwerks*, München: Hanser, 1973, 65-99
Wells, Donald A.: „Is ‚Just Violence' like ‚Just War'?", in: *Social Theory and Practice* 1/1 (1970), 26-39
Wendt, Fabian: *Politische Autorität. Eine Einführung*, Paderborn: mentis, 2018
Williams, Bernard: *Ethics and the Limits of Philosophy*, London und New York: Routledge, 2011
Wimmer, Hannes: *Gewalt und das Gewaltmonopol des Staates*, Berlin: LIT, 2009
Wittgenstein, Ludwig: *Philosophische Untersuchungen*, in: Werkausgabe, Bd. 1: *Tractatus logico-philosophicus u.a.*, Frankfurt (Main): Suhrkamp, 1984, 225-619
Wolff, Robert Paul: „On Violence", in: *The Journal of Philosophy* 66/19 (1969), 601-616

Zeller, Joachim: „‚Ombepera i koza – Die Kälte tötet mich'. Zur Geschichte des Konzentrationslagers in Swakopmund (1904-1908)", in: Jürgen Zimmerer und Joachim Zeller (Hg.): *Völkermord in Deutsch-Südwestafrika. Der Kolonialkrieg (1904–1908) in Namibia und seine Folgen*, Berlin: Links Verlag, 2016, 64-80

Zimmerer, Jürgen: „Der koloniale Musterstaat? Rassentrennung, Arbeitszwang und totale Kontrolle in Deutsch-Südwestafrika", in: Jürgen Zimmerer und Joachim Zeller (Hg.): *Völkermord in Deutsch-Südwestafrika. Der Kolonialkrieg (1904–1908) in Namibia und seine Folgen*, Berlin: Links Verlag, 2016, 26-45

– „Krieg, KZ und Völkermord in Südwestafrika. Der erste deutsche Genozid", in: Jürgen Zimmerer und Joachim Zeller (Hg.): *Völkermord in Deutsch-Südwestafrika. Der Kolonialkrieg (1904–1908) in Namibia und seine Folgen*, Berlin: Links Verlag, 2016, 45-64

Zimmermann, Michael: *Rassenutopie und Genozid. Die nationalsozialistische „Lösung der Zigeunerfrage"*, Hamburg: Christians, 1996

Žižek, Slavoj: *Gewalt. Sechs abseitige Reflexionen*, Hamburg: LAIKA, 2011

Zurbriggen, Verena: „Sexuelle Gewalt, im besonderen gegen Frauen", in: Paul Hugger und Ulrich Stadler (Hg.): *Gewalt. Kulturelle Formen in Geschichte und Gegenwart*, Zürich: Unionsverlag, 1995, 299-321

Personenregister

Ali, Muhammad 44–45
Aly, Götz 129, 140
Ambrus, Katalin 117
Anscombe, Elizabeth 225, 232
Arendt, Hannah 34, 69, 166, 173, 217
Audi, Robert 86
Austin, John 20, 22, 24, 27–30, 45

Baberowski, Jörg 55, 69, 153, 162, 189, 207
Bacon, Francis 22
Baz, Avner 14
Behr, Raphael 191
Behrensen, Maren 43
Benjamin, Walter 217, 219
Bon, Gustave Le 122, 126, 130–131, 133, 135
Bonacker, Thorsten 41
Bratman, Michael E. 107, 112–115, 123, 144
Brison, Susan 231
Bufacchi, Vittorio 65, 89

Canetti, Elias 122, 126, 128–129, 132–134, 137, 187
Cavell, Stanley 27
Christ, Manuela 101
Coady, C.A.J. 88, 159, 161
Conteh-Morgan, Earl 101

Dahrendorf, Ralf 184

Dancy, Jonathan 221
Derrida, Jacques 29, 227

Eglau, Victoria 117
Erne, Eduard 117

Foot, Philippa 232
Forschner, Maximilian 82–83
Foucault, Michel 188
Freud, Sigmund 122, 126, 131, 133, 135

Gallie, Walter B. 17, 40, 44–47, 95, 211, 234
Galtung, Johan 29, 151–152, 155–158, 161–162, 213
Gauthier, David 224
Gehring, Petra 75, 88
Gert, Bernard 62–63
Gesang, Bernward 227
Gilbert, Margaret 107, 112–115, 144
Grynszpan, Herschel 134

Heinrich, Margareta 117
Hirsch, Alfred 75
Hobbes, Thomas 22, 104, 158, 224
Hofstätter, Peter R. 132
Honderich, Ted 101, 216

Imbusch, Peter 41, 101

James, William 197, 221
Jeffries, James J. 135, 139
Johnson, David 186
Johnson, Jack 135, 139

Kegel, Sandra 117
Kietzmann, Christian 106
Klatetzki, Thomas 139
Klemperer, Victor 30
Krakauer, Jon 163, 168–169, 171–172, 178
Krebs, Angelika 231
Kühl, Stefan 132, 134–135
Kultgen, John 182

Lehnstaedt, Stephan 179, 197-198
Lisak, David 169, 171
Litchfield, David 117
Locke, John 22
Loick, Daniel 177, 190
Lorenz, Konrad 176

Mair, Nina 117
Marciano, Rocky 45
Matar, Mariam 94
Mayweather, Floyd 45
Mazouz, Nadja 29
McWhorter, Stephanie 171
Meßelken, Daniel 63–64, 66
Metzler, Dieter 81
Milgram, Stanley 187
Mill, John Stuart 227
Miller, Paul 169, 171
Müller, Ursula 169

Neidhardt, Friedhelm 41, 69, 83
Neumann, Matthias 117

Nunner-Winkler, Gertrud 74
Nussbaum, Martha 226, 230

Pichl, Maximilian 190
Plessner, Helmuth 184
Podezin, Franz 117
Popitz, Heinrich 69, 71, 75

Rath, Ernst vom 134
Reemtsma, Jan Philipp 31, 167, 181
Reicher, Stephen 127
Robinson, Sugar Ray 45
Röttgers, Kurt 154
Ross, William David 221
Ryle, Gilbert 18, 20, 24, 28, 45

Sanyal, Mithu 72, 79
Savigny, Eike von 14
Scarry, Elaine 231
Schneider, Sebastian 103
Schnell, Felix 135
Schröttle, Monika 169
Schweikardt, David 115
Searle, John 142
Shklar, Judith 161
Sofsky, Wolfgang 128, 178, 207
Sokrates 186
Spaemann, Robert 63–64, 216
Spierenburg, Pieter 48, 64
Stark, Arya 72
Steinfath, Holmer 61
Stemmer, Peter 224
Stöver, Bernd 117
Streicher, Julius 134

Tilly, Charles 104, 165–166
Titus Andronicus 72
Tomasello, Michael 106, 114, 142
Trotha, Trutz von 207

Vorobej, Mark 112

Waldenfels, Bernhard 75, 224

Walzer, Michael 189
Warnke, Martin 81
Williams, Bernard 43–44, 47
Wittgenstein, Ludwig 147
Wolfe, Ann 45
Wolff, Robert Paul 216
Wolin, Sheldon 186

Sach- und Begriffsregister

Absicht [s.a. gemeinsame Absicht], als Merkmal von G. 50–51; A. / Grund, Motiv: 51; A. / Verantwortung: 54–55; A. / Ziel bei kollektiver G.: 110, 123
Aggression 14, 31; A. / Gewalt: 36–37; als seelische Gewalt: 37
Amoklauf (als terrorististische G.) 102
Alltagssprache 13, 18–19
Asymmetrie (zw. Täter und Opfer institutionalisierter G.) 154–155
Autorität (als Form von Macht) 32

Bartholomäusnacht 139
Begriff 18–20; B. / Wort 21–22; einen B. besitzen: 23; Inhalt von B.: 24–25

Damnatio memoriae 81
Dichte Begriffe 17, 42–44
Diskriminierung 13
Disziplinierung 188–189

Essentiell umstrittene Begriffe 15, 44–47; Grenzfälle / umstrittene Fälle: 85–86

Fachsprache 19, 28

Familienähnlichkeiten, zwischen Fällen von G. 26–27; zwischen Fällen kollektiver G.: 124, 144, 147
Folter 67, 70–72, 74, 214, 231

Gemeinsame Absicht, als Merkmal kollektiver G. 107–108, 110; latente gem. A.: 124–125, 142–143
Gewalt,
– Definition 39, 85, 95, 235
– als Einzelhandlung 56, 59; G. verletzt berechenbar schwer: 67–68, 73; G. ist vom Opfer ungewollt: 77–80
– körperliche / nicht-körperliche G. 67–73
– G. als essentiell umstrittener Begriff 47–48, 8, 94–95; G. als Verletzung basaler Rechte: 62–65; G. als Verletzung der Integrität des Opfers: 65–66, 75–76, 94, 225–229; als „Universalsprache": 69–70, 223
– G. ist moralisch schlecht 35, 40, 211, 213, 233; ist illegal: 216–218; strategischer Gebrauch des

G.begriffs: 40–41, 213–215
– G. gegen Sachen 12, 60, 77, 80–84; G. durch Unterlassung: 39, 56; G. durch Sprache: 68, 73–75; G. gegen sich selbst: 86–88; kulturelle Relativität: 72–73
Gewaltressourcen 151, 163–168, 172–173; asymmetrische Verteilung als Merkmal institutionalisierter G.: 173–174
Gewaltspezialisten 165–166, 182–183; haben professionalisierte Sicht auf G.: 182–183, 190–192
Giftmord [s. Vergiftung]
Genocide [s. Völkermord]
Grausamkeit 31; Gr. / Gewalt: 38–39
Gruppengewalt 99, 116–119, 121, 149; als Bestandteil von Massengewalt: 137; Gruppeng. / Massengewalt: 141, 146

Holocaust [s. Schoah]

Institutionalisierte Gewalt [Kap. 4, s.a. Militärg., Polizeig., sexualisierte G., soziale Strukturen] 92, 98, 105; Definition: 204, 209; durch soziale Strukturen geprägt: 152; institutionalisierte G. / kollektive G.: 153; als durch soziale G.rollen bestimmt: 192–193; Probleme der Diagnose: 205–207

Kollateralschäden 52–54, 79
Kollektive Gewalt [Kap. 3, s.a. Gruppengewalt, Massengewalt] 97; Definition: 143, 149; als gemeinsam ausgeübte G.: 104–105; Unterstützung von / Verantwortung für kollektive G.: 109, 115–116; kollektive G. / institutionalisierte G.: 153
Konzentrationslager 178–181, 197–198
Koordination / Kooperation (bei G.handlungen) 106–108; als Merkmal kollektiver G.: 108; Aufgabenteilung bei kollektiver G.: 110–111
Kraft 31; K. / Gewalt 37–38
Krieg 100–101, 103–105, 108, 144–145

Lynchmob 99, 119–120, 125–126, 129, 133, 139–140, 143–144, 186

Macht 17–18, 31; M. / Gewalt: 31–34
„Magdeburger Hochzeit" 136
Massaker, von Treuenbrietzen 116–117, 119–120;

M. von Rechnitz: 117, 119–120
Masse 127–128; bei Freud, Le Bon, Canetti: 126–127; M. / Menge: 127–129; Anonymität von M.: 129, 131–132
Massengewalt 99, 125, 144, 149; nicht vollkommen unberechenbar: 129, 136; durch emotional-affektive Verbindung der Täter verursacht: 132–133; durch „Führer" ausgelöst und angeleitet: 133–136; folgt einem „Skript": 137–142; M. / Gruppengewalt: 141, 146
Militärische Gewalt, als kollektive G. 145–146, 148; als institutionalisierte G.: 151, 153, 163, 185–193
Missbrauch 80
Mobbing 11, 91–93; M. als nicht-körperliche G.: 72; M. als kollektive G.: 124–125, 143, 145–146

Nähe, räumliche u. zeitliche, bei kollektiver G. allgemein 122–123; für Massengewalt notwendig: 142–143
Naturgewalt 33

Ordinary language philosophy [s. Philosophie der normalen Sprache]

Philosophie der normalen Sprache 14, 17
Pogrom [s.a. „Reichskristallnacht"] 97, 99, 101, 118–121, 125–126, 129–131, 139, 144–145, 186; von Rostock-Lichtenhagen (1992): 132; von Hoyerswerda (1991): 132; antijüdische P.: 140
Polizeigewalt, als kollektive G. 145–146, 148; als institutionalisierte G.: 151, 153, 163, 185–193
potentia 31
potestas 31

Rassistische Gewalt 151–153; gegen Nama u. Herero: 201 – 203
„Reichskristallnacht" 134–135
Ressentiment 120; als Aspekt institutionalisierter G.: 199–200
Revolution 103–105, 108
Rolle,
– bei kollektiver Gewalt 110; Anführer / Mitläufer: 112–114
– soziale R. 183–184, 196–197; soziale R. / soziale Position: 182; soziale R. als Aspekt institutionalisierter G.: 151, 182–185

Sachbeschädigung 12, 81
„Sacco di Roma" 136
Sadomasochismus 78, 89–90

Schändung 83
Schoah 101
Sexualisierte Gewalt 11, 72, 76, 79, 136, 194–195; als institutionalisierte G.: 151–153, 163, 168–172, 175–176; zwischen Ehepartnern: 164, 166–167, 215
Sprachpraxis 18
Sterbehilfe [s. Tötung auf Verlangen]
Strukturelle Gewalt 29, 98, 151–152; nach Galtung: 155–159, 161; analytisch unbrauchbar: 158–159
Strukturen (soziale), als Ursache von G. 13, 98, 151, 155; verteilen Gewaltressourcen asymmetrisch: 173–174; institutionalisieren Anreize zu Gewalthandeln: 181–182; vermitteln Ressentiments u. Vorurteile: 203–204
Systemische Gewalt 158

Terrorismus 101–103, 108, 145; stray dog / lone wolf T.: 102

Tiere (als Opfer von Gewalt) 84–85
Tötung auf Verlangen 78, 88–89, 92

Umgangssprache 14, 18–19, 30, 60; als Werkzeug: 26; Wechselwirkungen von U. und Fachsprachen: 28–29
Unterlassene Hilfeleistung 58

Vandalismus 12
Vergewaltigung [s. Gewalt, sexualisierte]
Vergiftung 58, 85–86
Verletzung 18, 223; Gewalt als schwere V.: 57; aus der Opferperspektive: 60–62, 66
Victim blaming 73–75
violentia 31
Völkermord 101, 103–105, 145

Widerstand (passiver) 63

Zwang 14, 17–18, 31; Z. / Gewalt: 34–35; moralisch schlecht: 35